世界はありのままに見ることができない

なぜ進化は私たちを真実から遠ざけたのか

ドナルド・ホフマン Donald Hoffman 高橋洋 訳

THE CASE AGAINST REALITY

WHY EVOLUTION HID THE TRUTH FROM OUR EYES

青土社

世界はありのままに見ることができない

目次

ホアキン、ノエミ、ケイターノに赤い錠剤を提供しよう

世界はありのままに見ることができない

なぜ進化は私たちを真実から遠ざけたのか

思うに味、におい、色などは、（……）意識に宿っている。したがってこの世から生物が取り除かれたら、これらの性質はすべて、拭い去られてしまうだろう。

――ガリレオ・ガリレイ

はじめに

目は、きょうもあなたの命を救ってくれるだろう。その導きによって、階段を転げ落ちる、猛全と突っ走るマセラティ［イタリアのスポーツカー］の直前に飛び出す、ガラガラヘビの尻尾をつかむ、カビの生えたリンゴをかじるなどといった行為に及ばずに済むのだから。

なぜ私たちの目や他の感覚器官は、これらの例が示すように信頼できる指南役になれるのだろうか？読者には、その答えに心当たりがあるかもしれない。それは、「それらが真実を語っているからだ」というものだ。世界は空間と時間の内部に存在する車や階段やその他の物体から構成されると、私たちは考えている。それらは、私たちのような生物が観察していなくても存在しており、感覚はこの客観的実在《オブジェクティブリアリティ》［以下単に実在と訳す。実在については訳者あとがき参照］に臨む窓にすぎないと考えるのだ。ただし感覚は実在に関する真実をまるごと開示するわけではないと仮定する。はっきりととらえるには小さすぎるものもあれば、はるか遠方に存在するものもある。感覚は、まれに誤ることすらある。だからアーティストや心理学者や映画製作者は、鑑賞者を騙す幻覚を生み出すことができる。とはいえ感覚は通常、人生を無事にわたっていくのに十分なだけの真実をとらえている。そう考えるのだ。

ではなぜ、私たちには真実を開示するための感覚が備わっているのか？　この問いの答えにも、心当たりがあるのではないか。それは、「人類の祖先のあいだでは、実在をより正確に把握する能力を持つ者のほうが、そうでない者より、とりわけ食糧調達、闘争、逃走、繁殖などの生存に関わる活動という側面で有利な立場を占めていた。その結果前者は、より正確な知覚をコードする自己の遺伝子を次世代に容易に受け継ぐことができたからだ」というものである。この考えに従えば、私たちは、各世代において実在をより正確にとらえることができた人々の末裔であることになる。だから私たちは、実在を正確にとらえていると信じ込んでいるのだ。端的に言えば、「知覚は、真の実在をうまくとらえていればいるほど、それだけ環境に適合している」「進化は真実を開示しない知覚を淘汰する」「知覚は、実在に臨む窓である」と考えている。

　これらは思い込みにすぎない。ヘビやリンゴの知覚は、あるいは空間や時間の知覚でさえ、実在を開示するのではない。問題は、特定の細部に対する知覚が誤っているということではない。そうではなく、空間と時間の内部に存在する物体を記述するまさにその言語が、実在を記述する言語として不適切なのだ。これは単なる思い込みではない。私たちの思い込みを打ち砕くのは、自然選択による進化の原理である。

　知覚が実在に関して、全体的にせよ部分的にせよ私たちを間違った方向に導くという見方は古来より流布している。紀元前四〇〇年頃、デモクリトスは熱さ、冷たさ、甘さ、苦さ、色の知覚は、慣習であって実在ではないと主張したことで知られている。[*1] それから数十年後、プラトンは人間の持つ知覚と概念を、不可視の実在によって洞窟の壁に投げかけられた揺らめく影にたとえている。[*2] それ以来哲学者たちは、知覚と実在の関係をめぐって盛んに議論してきた。そして進化の理論［ダーウィンに明示的に言及している場合は「進化論」、そうでない場合は「進化の理論」と訳した］は、この議論に新たな厳密性を加えた。

　実在に関する真実を告知しないのなら、知覚はどうして有用でありうるのか？　いかに私たちの生存に資するのか？　直観を導いてくれるたとえ《メタファー》を用いて説明しよう。あなたが編集しているファイルは、デスクトップ画面の中央に青い長方形のアイコンで示されていたとする。この事実は、そのファイル自体が青く、長方形をし、コンピューターの中央部に存在していることを意味するのか？　もちろんそうではない。アイコンの色はファイルの色ではない。それには色などなく、アイコンの形や位置は、ファイルの真の形や位置を示しているのではない。そもそも形、位置、色に関する言葉は、コンピューター上のファイルを記述することなどできない。

デスクトップインターフェース［この例ではデスクトップ画面を指す］の目的は、利用者にコンピューターの「真実」を開示することにあるのではない。ちなみに、このたとえでの「真実」とは、電子回路や電圧や一連のソフトウェアを指す。むしろインターフェース［インターフェースについては訳者あとがき参照］の目的は、「真実」を隠して、Eメールを書く、画像を編集するなどといった有用な作業がしやすくなるよう、単純な図像《グラフィック》を提示することにある。Eメールを書くために自分で電圧を調節しなければならなかったら、あなたが書いたEメールが友人のもとに届くことは決してないだろう。

これは進化がなし遂げた仕事である。つまり進化は、真実を隠して、子孫を生み育てるのに十分なだけ生存するために必要とされる単純なアイコンを表示する感覚作用を私たちに与えてくれたのだ。周囲を見渡したときにあなたが知覚する空間は三次元のデスクトップ画面であり、それらのアイコンが有用である理由の物体は、この三次元デスクトップ画面上のアイコンにすぎない。それらのアイコンが有用である理由の一つは、実在の持つ複雑さを隠蔽してくれるからだ。感覚は、自分が必要としているものを提供するべく進化してきた。あなたは真実を知りたいと思っているのかもしれないが、真実を知る必要はない。それどころか、真実の知覚は人類を絶滅に追いやるだろう。私たちが必要としているのは、生存するためにはいかに行動すべきかを示してくれる単純なアイコンなのだ。知覚は実在に臨む窓ではなく、有用なアイコンという覆い《ベール》の背後にある実在を隠すインターフェースなのである。

ここで読者は次のように思うかもしれない。「猛然と突っ走るあのマセラティが、インターフェース上のアイコンにすぎないとのたまうのなら、あなたはなぜその直前に飛び込もうとしないのか？　かくしてあなたが死ねば、マセラティがただのアイコンなどではないことが証明されるはずだ。それはリアルなものであり、実際にあなたを殺すことができる」

私が猛スピードで突っ走るマセラティの直前に飛び込もうとしない理由は、青いアイコンをうかつにもごみ箱にドラッグ&ドロップしない理由と同じである。アイコンを文字通りに解釈しているからではない。ファイルが実際には青くないことくらい知っている。そうではなく、それを真剣にとらえているからだ。アイコンをごみ箱にドラッグ&ドロップすれば、本日の仕事がおじゃんになる。

問題の肝はそこにある。進化は、私たちが生存できるよう感覚を形作った。だから私たちは、その報告を真剣にとらえなければならない。疾走するマセラティを見たら、その直前に飛び出してはならない。カビの生えたリンゴを見たら、食べてはならない。だが、感覚を真剣にとらえる必要があるのなら、それは文字通りにとらえられねばならないと考えることも、文字通りとらえることができると考えることさえも、論理的に誤っている。

私は自分の知覚を真剣にとらえるが、文字通りにはとらえない。本書は、あなたもそうすべき理由、そしてそうすることがなぜ重要なのかを検討する。

本書で私は、進化が実在を隠し、その代わり空間と時間の内部に存在する物体で構成されるインターフェースを私たちに与えた理由を明らかにする。また直観に反するこの考えが、同様に直観に反する物理学の発見といかに整合するかを見ていく。さらには、私たちが持つインターフェースはどのように機能するのか、そして化粧《メイクアップ》、マーケティング、デザインなどの手段を用いてそれをいかに操作できるのかを検討する。

第1章は、科学の最大の謎に挑戦する。つまりダークチョコレートの味、すりつぶしたガーリックのにおい、トランペットの響き、豪華なビロードの肌触り、リンゴの赤さなどの経験について考える。神経科学者は、その種の意識的経験と脳の活動のさまざまな相関関係を発見してきた。また、メスを使って意識を半分に分割できることを、そしてそれらのおのおのが、独自の好みや宗教観を持つ異なる人格を持ちうることを見出した。たとえば一方は無神論者で、他方は敬虔な宗教信者だったりする。しかしそれらの事例にもかかわらず、いまだに私たちは、脳の活動がいかにして意識的経験を生むのかを説明する有望な理論を手にしていない。この驚くべき不首尾は、私たちが間違った前提に依拠していることを示唆する。私はその原因を探る過程で、私たちの感覚が自然選択によっていかに形作られてきたのかを綿密に検討した。

美的感覚は、そのもっとも明瞭な例になる。第2章では、進化のレンズを通して美や魅力について検討する。私たちは、誰かを目にすると、ただちに、そして無意識のうちに多数の感覚的な手がかりを拾い上げ、進化によって構築された複雑なアルゴリズムを通してある一つの判断、すなわちその人が子孫を生み育てることに成功する可能性、つまり生殖能に関する判断を下す。このアルゴリズムは、魅力的、魅力的でないなどといった単純な感覚を用いて一瞬のうちに複雑な分析を行なう。第2章では特に、人間の目に見出される美の手がかりが検討される。男性は、大きな光彩と瞳孔、わずかに青い強膜（白目の部分）、顕著なリンバルリング（光彩と強膜のあいだの暗色の境界）を備えた目を持つ女性に惹かれる。女性が何に惹かれるかについてはもっと複雑で、第2章で綿密に検討する。かくして人間の美の感覚を検討していくにつれ、私たちは進化の主たる概念を吸収し、おしゃれをして他者を欺くよう誘導するロジックを含めた自然選択の論理を知り、それを通じて自撮り画像をよく見せるためのトリックを学べるだろう。

進化や神経科学の専門家の多くは、実在に関する真実を報告するために感覚が進化したと主張する。ただし真実全体ではなく、子どもを生み育てるのに必要とされるものに限られる。第3章では、彼らの見解に耳を傾ける。それにあたってまず、ジェームズ・ワトソンと共同でDNAの構造を解明したフランシス・クリックの見解を取り上げる。亡くなる一〇年ほど前のクリックと私が交換した一連の書簡のなかで、彼は「人間の知覚は実在と一致する」「太陽は誰かがそれを見る前から存在していた」と述べている。次に、神経科学の知見と人工知能の知見を結びつけて人間の視覚の研究を革新した、MIT教授デイヴィッド・マーの見解を取り上げる。彼は、古典的な著書『ビジョン――視覚の計算理論と脳内表現』で、「私たちは実在に関する真の記述を見るよう進化してきた」と主張している。マーは、三五歳で死去するまで私の博士課程の指導教官を務めてくれた。そして、この分野全体に関して若い頃の私に大きな影響を及ぼした。さらに、「感覚は実在に対する正確な視点を提供するために進化した」と主張する、聡明な進化理論家ロバート・トリヴァースを取り上げる。古くから哲学者は、「実在に関する真実を知るにあたり、感覚を信頼してもよいのか？」と問うてきた。それに対して、大勢のすぐれた科学者が「イエス」と答えている。

第4章では、それに対する答えが「ノー」であることを示唆する事例を取り上げる。そこでは、「適応は真実に勝る（Fitness-Beats-Truth）」と呼ばれる驚くべき定理が紹介される。この定理は、「自然選択による進化は、真の知覚［真実をとらえる知覚の意］を選好せず、つねに絶滅へと追いやる」と主張する。むしろ自然選択は、真実を隠蔽し、有用な行動を導く知覚を選好するのだ。第4章ではさらに、数式や難解な記号を用いずに進化ゲーム理論と呼ばれる新たな分野を紹介する。この理論は、衝撃的なＦＢＴ定理に至る厳密な数学へとダーウィンの考えを転換する。そこで読者は、ＦＢＴ定理の予測を確証する、進化ゲームに関するコンピューターシミュレーションについて知ることになるだろう。そして、遺伝的アルゴリズムに依拠するシミュレーションによって、知覚と行動が共進化することを示すさらなる検証を得る。

ＦＢＴ定理によれば、空間、時間、形、色、彩度、明度、肌理《テクスチャ》、味、音、におい、動きなどの知覚の言語は、誰も見ていないときにも存在する実在を記述する能力を持たない。それは単にあれやこれやの特定の知覚が誤っているということではなく、この言語で表現されるいかなる知覚も、正しくはあり得ないことを意味する。

ここで私たちの直観はつまずく。真実を報告しないのなら、感覚は無用の長物ではないのか？　第5章では、インターフェースのたとえを用いて、つまずいた直観を立て直す。空間、時間、物体は実在ではなく、生存というゲームを私たちが首尾よく演じられるよう導く、感覚によって提供される仮想世界《バーチャルワールド》にすぎないのである。

読者は次のように言うかもしれない。「空間、時間、物体が実在でないと主張するあなたは、物理学の領分に侵入した。だから物理学者があなたの間違いを正してくれるだろう」。第6章では、何人かの著名な物理学者が、空間、時間、物体は根源的なものではないと主張していることを見ていく。彼らはそれらに代わるものを見極めようと苦慮しているところだ。アインシュタインの相対性理論によって要請される空間と時間の統合である時空の概念には見込みがないと宣言する者もいる。*3 情報の断片から構成されるホログラムこそが、その代替物だと主張する者もいる。また実在は観察者ごとに異なる、あるいは宇宙の歴史は固定されておらず、たった今行なう観察に依存すると論じる者もいる。物理学と進化の理論は、同じ結論に至っている。時空や物体は根源的なものではない。もっと根源的な何かがあり、時空はそこから出現するのである。

時空が宇宙のドラマが繰り広げられる根源的な舞台ではないのなら、時空とはいったい何か？　第7章では、私たちはさらに興味深い領域に分け入っていく。そこでは、時空は携帯端末のデータ構造にもよく似た、私たちの生存に資するデータフォーマットであると論じられる。感覚は適応度を報告する。この報告の誤りは生存を危うくしうる。だから感覚は、「エラー訂正コード」を用いて誤りを検出し訂正する。時空とは、感覚が適応度利得を報告し、その誤りを訂正するために用いるフォーマットにすぎない。それがいかに機能するのかを知るために、いくつかの錯視の事例を紹介する。それらの事例を見ることで、自分自身が誤りの訂正を行なっているところを実地に体験できるはずだ。さらに、この洞察を生かしてファッションについて考える。たとえば男性も女性も、ジーンズの着こなしをよく見せるよう、縫い目、ポケット、仕上げ、刺繍に周到な変化を加えることで、人々が持つ視覚コードを操作することができる。

次に、色を取り上げる。快晴の青空のすがすがしい青から、春の草原の生き生きとした緑に至るまで、私たちが住む光と色の豊かな世界は、目のなかの四種類の光受容体のありがたい贈り物である。だがノハラガラシに似た小さな雑草シロイヌナズナ（*Arabidopsis thaliana*）は、一一種類の光受容体を持つ。*4 また、遅くとも二〇億年前には地球上に生息していた原始的な生物シアノバクテリアは、二七種類の光受容体を持つ。*5 第8章では、色は多くの動物が用いている、適応度に関するメッセージを記述するためのコードであること、そしてこのコードは、コンピューター上で画像を圧縮するときのような効率的なデータ圧縮を可能にすることを見ていく。また色は、行動を導くことで適応度を高める情動や記憶を喚起する。企業は色の持つ力をブランド戦略の道具として利用し、知的財産として保護しようと懸命に努力している。しかしいくら色が影響力を持ち刺激的であったとしても、肌理をともなう色「クロマチュア」は、単なる色よりはるかに強力で用途が広い。それには、すぐれた進化的理由がある。クロマチュアは、特定の情動や連想を引き起こすようデザインすることができる。適応度を記述するコードを理解すれば、自分の利益のためにそれを巧妙に利用することができるだろう。

適応度を記述する感覚コードがあってこそ進化は生じる。進化は今でも、人間という進取的な生物を対象に新たなインターフェースを試している。全人口の四パーセントは、一般人とは異なった様態で世界を知覚している「共感覚者」だ。第8章では、口で味わったものを手で感じる、たとえばスペアミントを口にすると、背の高い冷たいガラス製の円柱を感じ、アンゴスチュラ・ビターズ［苦味の強いアルコール飲料］を飲むと「つり篭から乱雑に生い茂るつた」のように感じるマイケル・ワトソンを紹介する。彼にとって、おのおのの味覚はそれ独自の三次元の物体に対応する。彼はそれを味わった瞬間に作り出し、味わい終わると破壊するのである。また色の識別に長け、それぞれの数、文字、曜日、月に対して独自の色を見る共感覚者もいる。

知覚はごく自然に生じるように思えるが、実際にはかなりのエネルギーを必要とする。何かを知覚するたびに費やされる貴重な熱量《カロリー》は、それを蓄えたジャガイモや動物の肉などから摂取しなければならない。カロリーの摂取は困難で危険でもありうる。だから進化は私たちの感覚を倹約家にしたのだ。第9章で検討するように、その結果の一つとして生じたのが、視覚の省力化である。私たちの目は、腕を伸ばしたときに見える親指の幅程度の狭い円形領域の内部においてのみ細部を鮮明にとらえられる。片目を閉じて伸ばした腕の親指を見れば、その狭さがわかるだろう。私たちは、視野全体にわたって細部まで見ているように感じるが、それは錯覚である。私たちが視線を送る先はつねに、細部を鮮明にとらえられる狭い領域に限定される。私たちは、あらゆるものを細部まで見ているかのように思い込む。だが実際には、この狭い領域の内部を対象としてのみ、私たちの感覚インターフェースは、適応度利得に関する詳細な報告をまとめ上げることができるのだ。生存に不可欠なこの報告は、形、色、肌理、動き、物体の素性としてフォーマットされる。私たちは物体を一瞥すると、それに関する適応度利得の記述を生み出す。別の物体に目を向けると、もとの物体の記述は破壊され、新たな物体の記述を生み出す。かくして視野は、報告に値する重要な適応度利得が存在する箇所、そしてそれゆえ生み出すに値する物体に目を向けさせる。第9章では、この注意の働きを支配している規則を探究し、それをマーケティングやデザインに適用する方法、またこの規則を無視すると、自社製品の宣伝が思いがけず他社製品に資する場合があることを見ていく。

感覚がインターフェースの背後に実在を隠しているのなら、実在とはいったい何か？　その答えは、私にはよくわからない。とはいえ第10章では、その根源には意識的経験が存在するという見方を検討する。鏡の前に立つと、あなたは自分の皮膚、髪、目、唇、表情を見る。だが、顔の背後には、夢、恐れ、政治的見解、音楽への愛情、文学的嗜好、家族愛、さらには色、におい、音、味、手触りの経験などといった、はるかに豊かな世界が隠されていることを知っている。鏡に映るあなたの顔はインターフェースにすぎない。その背後には、経験や選択や行動から成る生き生きとした世界が控えているのである。もしかすると世界そのものが、経験し、決定し、世界に働きかける意識的主体《コンシャスエージェント》によって構成される巨大な社会的ネットワークなのかもしれない。その見方が正しければ、意識は物質から生じるのではない。そうではなく物質や時空のほうが、知覚インターフェースとして意識から生じるのである。第10章では、この大胆な主張について詳しく検討する。

本書は読者に赤い錠剤を差し出す。[*6]　バーチャルリアリティ関連のテクノロジーによって、ヘッドセットを外したときには得られないような迫真の経験がいつの日か体験できるようになったとしよう。そのとき、ヘッドセットを外したときには実在をありのまま見ているのだと、どうして確信していられるのか？　本書の目的は、知らず知らずのうちに自分がこれまでずっと装着していたヘッドセットをはずせるよう読者を導くことにある。

第1章　謎　意識を二つに分離するメス

「意識のような驚くべき現象が神経組織の興奮によって生じるというのは、アラジンがランプをこすったときに魔神が出現するのと同様に不可解だ」

――トマス・ハクスリー『生理学と衛生の要素（*The Elements of Physiology and Hygiene*）』

「運動が感情になった！　これほど意味不明な言葉が誰かの口から発せられたことはない」

――ウィリアム・ジェイムズ『心理学の根本問題』

一九六二年二月、ジョセフ・ボーゲンとフィリップ・ヴォーゲルは、計画どおりビル・ジェンキンスの脳を注意深く二つの部位に離断した。当時四〇代後半だったジェンキンスは手術から回復し、それまで数年間失われていた豊かな人生を送れるようになった。その後一〇年にわたり、ボーゲンとヴォーゲルはカリフォルニア州で次々と脳の離断手術を行ない、「西海岸の畜殺者」という異名を奉られた。[*1]

離断された脳は、治療の困難な重度のてんかんを持つ患者のものであった。ちなみにてんかんは、脳内で異常な神経活動が広がることで引き起こされる。当時もっとも効果があった薬は重度のてんかんには効かず、発作、痙攣、「ドロップアタック」が生じるのを防げなかった。ドロップアタックとは、筋緊張が突然失われ、しばしば負傷に至る転倒が引き起こされることをいう。患者は正常な日常生活を送ることができない。車の運転も仕事もできなければ、気ままにナイター観戦に出掛けることもできない。日常生活は骨の折れる仕事と化し、その合間に恐怖の発作が襲ってくるのだ。

ボーゲンとヴォーゲルは、それぞれ南カリフォルニア大学とカリフォルニア工科大学に所属する優秀な神経科学者であった。二人は、患者の生活を破壊する異常な神経活動を隔離しようと大胆な試みを行なうなかで、てんかん患者の脳を離断したのである。

離断術自体は緻密な手術だが、発想は単純である。人間の脳が宿す八六〇億本のニューロンは、互いに電気化学的な会話を交わしている。これは、メンバーがフォローし合い、おのおの独自のスタイルでツイートやリツイートをしている巨大なソーシャルネットワークにもたとえられる。各ニューロンは軸索を通じてツイートし、樹状突起を介して他のニューロンをフォローしているのだ。このネットワークは複雑ではあるが、通常は安定しており、メッセージの交換が秩序正しく行なわれている。しかし衝突事故が都市の交通の流れを阻害し、その影響が周囲に波のように広がっていくのと同様、脳内における異常なシグナルの突然の増大は、電気化学的なメッセージの交換を阻害し、発作や痙攣や意識の喪失を引き起こす場合がある。

ボーゲンとヴォーゲルは、脳全体に拡大する前に破壊的な波の広がりを止めようとした。幸いにも、脳の構造自体によって、それに好都合な場所と手段があることが示されていた。脳は左右二つの半球に分かれており、各半球には四三〇億本のニューロンが存在する。ニューロンの軸索は木の枝のように分岐し、一兆の結合を形成している。しかし半球内の稠密な相互結合に比べ、両半球のあいだは、二億を超える程度の軸索から構成される（したがって半球内と半球間の軸索数の比は、およそ二〇〇対一になる）、脳梁と呼ばれる細いケーブルで結合している。この隘路《ボトルネック》は、切断するのに理想的な場所をなす。そこで切断すれば、一方の半球から他方の半球への破壊的な波の伝播を止めることができるからだ。このやり方は、大西洋を横断するすべての海底ケーブルを切断することで、ヨーロッパからアメリカへのコンピューターウイルスの拡大を防ごうとするのにも似て荒療治であることは確かだが、トリアージ［災害や疫病などで多数の負傷者や患者が出た際に、緊急度に従って手当ての優先順を決定すること］は必要である。ボーゲンとヴォーゲルは、一方の半球と本人が楽になることを期待して、他方の半球をてんかんの猛威に耐えさせる道を選んだ。

専門的には「脳梁離断術」と、通称では「分離脳手術」と呼ばれるこの外科手術は、臨床的な成功を収めた。ビル・ジェンキンスは「ドロップアタック」を起こさなくなり、その後の一〇年間で二度の全身痙攣を経験しただけだった。他の患者も、同様な回復を見た。数年ぶりに野球場に一人で出かけられるようになった患者もいれば、生まれて初めて職を手にすることができた患者もいた。脳梁離断術はすぐに、「西海岸の畜殺」ではなく「有望な新しい治療法」と見なされるようになった。

一九九五年にボーゲンと初めて会ったときに私が彼とした会話の内容は、脳梁離断術の劇的な成功ではなく、手術によって引き起こされた風変わりな意識の変化についてであった。ジョーは、ヘルムホルツクラブの会合で講演するよう招待されていた。このクラブは神経科学者、認知科学者、哲学者から成る小さなグループで、カリフォルニア大学アーヴァイン校に何年も毎月集まっていた。その目的は、神経科学の進歩が、いかにして意識に関する科学的理論を生むのかを検討することにあった。われわれがアーヴァイン校で会っていたのは、同校が北はカリフォルニア工科大学、南カリフォルニア大学、カリフォルニア大学ロサンゼルス校、南はカリフォルニア大学サンディエゴ校、ソーク研究所に至る諸研究機関の中心に位置し、メンバーが集まりやすかったからだ。メンバーの一人にフランシス・クリックがいたために、彼の名声に引き寄せられて強引に割り込んでこようとする人が出てくることを恐れて、われわれは秘密裡に会議を行なっていた。当時のクリックは、彼のたぐいまれなる知性を意識の謎を解くことに投下していたのだ。会議は、アーヴァイン校の大学クラブでビュッフェ式昼食を取りながら開会し、午後は六時まで、二人のゲストスピーカーに根掘り葉掘り質問しながら費やした。それからレストラン（たいていは近くのサウスコーストプラザ）に繰り出して、そこで夜が更けるまで議論を続けた。

ヘルムホルツクラブの探究の焦点をなしボーゲンの講演のテーマでもあった意識の謎は、とどのつまり人間の本性をめぐる謎だと言える。私たちの身体は他の物体と同様、位置、質量、速度などの物質的な属性を持つ。あってはならないことだが、石とあなたの身体がピサの斜塔から並んで落下すれば、両者は地面に同時に達するだろう。

その一方、人間は二つの重要な点で石と異なる。一つは、私たちが感覚を経験することである。私たちはチョコレートを味わい、頭痛を覚え、ガーリックのにおいをかぎ、トランペットの響きを聞き、トマトを見、めまいを感じ、オーガズムを享受する。石がオーガズムを経験したとしても、それを外には出さないだろう。

二つ目は、私たちが「石が頭痛を覚えることはない」などの信念、株価が暴落することへの恐れ、タヒチ島で休暇を過ごしたいという願望、「どうしてクリスは電話をよこさないのか？」と訝る疑念のような「命題態度」をとることだ。人間は、そのような態度をとることで自分や他者の態度を予測したり解釈したりすることができる。あなたがタヒチ島での休暇を熱望し、「そのためには航空券を入手しなければならない」という信念を持っていれば、あなたがタヒチ島行きの航空券を購入する可能性は高い。このように、命題態度はその人の態度を予測し説明する。クリスが「明日の朝九時に電車で行く」と電話で伝えてくれれば、「クリスは電車で来ようとしている」という、あなたの彼に対する命題態度の割り当ては、彼の身体を構成するあらゆる分子の状態を知るよりはるかにすぐれた効率で、明日の朝九時に彼がどこにいるかを予測することを可能にする。

私たち人間は、石と同じく正真正銘の物質的特性を持つ。しかし石とは異なり、意識的経験と命題態度も持っている。それらもまた、物質的なものなのか？　そうだったとしても、そのことは明瞭でない。めまいの重さ、頭痛の速度、「クリスはなぜ電話をよこさないのか？」という疑念の位置とは、いったい何だろうか？　どれも問いそのものが混乱しており、カテゴリーエラーに陥っている。めまいは、はかりで計測できるようなものではない。疑念に位置などない。頭痛は、スピードガンで速度を測れるようなものではない。

それに対し、意識的経験と命題態度は、人間の本性に不可避的にともなう。それらを取り去れば、自己は失われ、残された身体はあてもなく生き続けるしかない。

では、人間とはいかなる生物なのか？　身体は意識的経験や命題態度とどう関係しているのか？　お茶を飲む経験は、どのように脳の活動と関係しているのか？　人間は生物化学的な機械にすぎないのだろうか？　それが正しいのなら、いかにして脳から意識的経験が生じるのか？　これらは根本的に自己のあり方に関する問いであり、ときに深遠な謎をつきつける。

ドイツの数学者で哲学者のゴットフリート・ライプニッツは、この謎に関して一七一四年に次のように述べている。「しかし告白しなければならないのだが、知覚とそれに基づく事象は、機械的な原因、つまり形や運動によっては説明できない。思考、感覚、知覚を生み出す機械があったとしよう。すると私たちは、比率を一定に保ちつつ、工場に入るかのごとく人が内部に入れるくらいの大きさに拡大したものとして、その機械をとらえることができよう。さてその場合、この機械の内部に入った人は、もろもろの部品が互いに協調しながら動いている様子を目にするだけで、知覚を説明してくれるような何かを発見することは決してないはずだ[*2]」

ライプニッツは、時計、ランプ、ポンプ、プロペラ、潜水艇、水圧機などのさまざまな機械を発明し、一六桁までの数値の加減乗除が可能な「段階計算機」と呼ばれる計算機械を組み立てた。そして人間の行なう推論は、原理的に計算機械によって模倣することができると考えていた。その彼にとっても、知覚的経験を生む機械など論外であった。

この謎に当惑したイギリスの生物学者トマス・ハクスリーは、一八六九年に次のように述べている。「意識のような驚くべき現象が神経組織の興奮によって生じるというのは、アラジンがランプをこすったときに魔神が出現するのと同様に不可解だ[*3]」

ハクスリーは神経学と神経解剖学の専門家で、人間の脳と他の霊長類の脳を比べて、両者の構造の類似がダーウィンの進化論を支持することを示した。しかし、意識的経験の形成を説明する何かを脳内に見出すことはできなかった。

アメリカの心理学者ウィリアム・ジェイムズは、意識の謎を検討し一八九〇年に次のように述べている。「運動が感情になった！　これほど意味不明な言葉が誰かの口から発せられたことはない」。そして、アイルランドの物理学者ジョン・ティンダルの「脳の物理からそれに対応する意識の事実に至る道筋は、想像すらできない」という見解に同意している。[*4]　フロイトも意識の謎に当惑し、「精神や心と呼ばれるものに関連して、二つの事象をあげることができる。一つは身体器官で（……）もう一つは意識に依拠する行動である。（……）私たちが知る限り、両者のあいだに直接的な関係はない」と述べている。[*5]　ジェイムズとフロイトは、人間の心理に関して深い洞察を持ち、心理学と神経生物学が相関することを理解していた。その二人にしても、脳の活動からいかに意識的経験が生み出されるのかを説明する理論を持っておらず、意識の謎を解明する糸口をつかめないでいた。

意識は現在でも、科学の大きな謎の一つとして残されている。二〇〇五年に刊行された『サイエンス』誌特別号には、科学における一二五の未解明の問いがランキングされている。栄えある第一位は「宇宙は何から構成されているのか？」で、宇宙の物質とエネルギーの九六パーセントが「ダークマターとダークエネルギーを指している」なものとされている点に鑑みれば（「ダーク［ダ暗い］と告白しているようなものであろう）、これは当然の結果と言えよう。

第二位は「意識の生物学的基盤は何か？」だ。この問いは、世界中の研究者が今でも解明しようと躍起になっている謎で、ヘルムホルツクラブもその解明を目標にしていた。

ここで、「意識の生物学的基盤は何か？」という『サイエンス』誌の言い回しに注目されたい。それは、ほとんどの科学者が期待している答えを先取りしている。つまり「意識には生物学的基盤が存在する」「意識は多かれ少なかれある種の生物学的プロセスによって引き起こされる、あるいは生物学的プロセスから生じる、もしくはそれに一致する」という答えを。そのように仮定した場合、生物学的基盤を発見し、そこから意識がいかに生じるかを説明することが探究の目的になるのは当然だろう。

「意識には神経的な起源がある」が、フランシス・クリックの作業仮説であった。彼は次のように主張している。「〈あなた〉や、あなたの喜び、悲しみ、記憶、野心、自己の感覚、自由意志は、実のところ神経細胞と、関連する分子の巨大な集合が呈する振る舞いにすぎない。(……)あなたはニューロンの集合にすぎない。これが私の驚異の仮説だ[*6]」

それはヘルムホルツクラブの作業仮説でもあり、クラブのゲストスピーカーの多くがジョー・ボーゲンのような神経科学者であったのは、そのためである。われわれは、意識の謎を解く重要な神経細胞や分子の発見に導いてくれる手がかりを探していた。発掘現場の古生物学者のように、ゲストスピーカーの研究成果を渉猟して、物理系には意識を持つものと持たないものがある理由を説明してくれる洞察を得ようとしていたのだ。

われわれの期待には根拠があった。生物学者は数世紀にわたり、物理系には生命を持つものと持たないものがある理由を説明するメカニズムを探していた。だが、生物は無生物とは根本的に異なると考える生気論者は、「物質世界に起源を持つ生命のない構成要素から生命を作り出すことは不可能であるがゆえに、そのような探究は必ずや失敗する」と主張した。彼らの考えでは、物質的構成要素に加え、特殊な非物質的構成要素、エラン・ヴィタールが必要とされたのだ。生気論者と生物学者の論争は、一九五三年にジェームズ・ワトソンとフランシス・クリックによってDNAの二重らせん構造が発見され、生気論の間違いが証明されるまで続いた。四文字のコードから成り複製が可能なこの構造は、いかにして純粋に物質的な構成要素から生命が機械的に生み出されるのかという問いをみごとに解明した。それによって、分子生物学という新分野と、ダーウィンが提唱した自然選択による進化の理論が無理なく結びつけられ、数十億年にわたる波乱万丈の生物の進化を理解し、望みどおりに生物を再設計する技術をあみ出すためのツールが私たちの手に入ったのである。生気論に対する機械論的物理主義の勝利は決定的であった。

ヘルムホルツクラブはこの勝利に鼓舞され、やがて意識の謎が神経科学の言語に身を包んだ機械論的説明に屈し、科学研究と技術革新の新たな展望が開けると期待していた。一九九三年、クラブの会合でランチを食べていたとき、私はクリックから、『DNAに魂はあるか――驚異の仮説』と題する、神経科学と意識に関する本を書いていると聞かされた。そのとき私は、「赤い色を見る経験のような意識的経験が、神経活動によっていかに引き起こされるのかを説明できるのですか?」と尋ねたのだが、彼の答えは「ノー」だった。「好きなように生物学的事実を作り出せるとしたら、この問題を解決できる事実を何か思いつけますか?」とさらにしつこく尋ねると、彼はそれにも「ノー」と答えたが、何らかの発見によって謎が解けるまで、神経科学の研究を続けていかねばならないとつけ加えた。

クリックは正しかった。数学的な反証がなく、DNAをめぐる瞠目すべき先例を考えれば、神経科学の二重らせん構造、すなわち意識の謎を解くカギの探究は理にかなう。夢、願望、恐れ、自己の感覚、自由意志から成る意識の網の目は、何らかの未解明のメカニズムを介して一群のニューロンが紡ぎ出しているのかもしれない。そのようなメカニズムが発見されていないことは、その存在の反証にはならない。全知ではない私たちが椅子にすわってただ推測しているだけではわからない事実が、実験によってつまびらかになることもあるだろう。そもそも意外な結果が得られることが多いからこそ、私たちは実験に資金をつぎ込むのだ。

一例として、神経生物学者ロジャー・スペリーが分離脳患者を対象に行なった実験について考えてみよう。彼の実験は、人間の意識に関するいくつかの驚くべき事実を明らかにしている。ある実験では、被験者は画面の中央に表示された十字を凝視するよう求められた。それから〈KEY RING〉のように、二つの単語が一〇分の一秒間画面上に表示された。この場合、十字の左側に〈KEY〉が、右側に〈RING〉が表示され、よって画面には「KEY ＋ RING」と表示された。

この画面を正常な被験者に見せた場合、全員が「〈キーリング〉を見た」と答えた。一〇分の一秒もあれば画面上に表示された文字を読み取るには十分であり、正常者にとってこの課題は朝飯前だ。

それに対し、分離脳患者は「リング」と答えた。さらに「どんな種類のリングか？　結婚指輪《リング》か、呼び鈴《ドアベルリング》か、キーリングか？」と尋ねても、「リング」としか答えず、その種類を特定できなかった。

次に実験者は、分離脳患者に目隠しをして、リング、キー、鉛筆、スプーン、キーリングなどのアイテムがたくさん入った箱を持ってきた。それから患者に、左手を箱の中に入れて、画面上に表示された言葉に対応するアイテムを取り出すよう求めた。患者は箱の中に左手を突っ込み、画面上に名前を見たと思うアイテムを手探りし拾った。かくして箱から手を抜いたとき、彼らが手にしていたアイテムはつねにキーであった。手探りしているあいだ、キーリングにも手を触れたはずだが、それを拾うことはなかったのである。

さらに、目隠しをしたままの患者に「左手は何を持っていますか?」と尋ねると、彼らは「わかりません」と答えた。「推測できますか?」と訊くと、鉛筆やスプーンなどの箱の大きさに見合ったアイテムの名前をあげたが、偶然にしか正しく答えられなかった。

それから患者は、目隠しをしたまま右手を箱に入れて、画面上に名前が表示されたアイテムを取り出すよう求められた。すると患者の右手はリングを取り出し、キーリングにも触ったはずなのに、それを取り出すことはなかった。そこで「右手は何を持っていますか?」と尋ねると、患者は自信を持って「リング」と正答した。

次に実験者は、両手に持っているアイテムが見えるよう患者の目隠しをはずし、「あなたは〈リング〉という単語を見たと言いました。それなのに、どうして左手はキーを持っているのですか?」と尋ねた。すると患者はまったく答えられないか、あり得そうなストーリーをでっち上げた。それから「あなたが見たものを左手で絵に描いてください」と言うと、患者はカギの絵を描いた。

このような実験の結果を説明することで、ロジャー・スペリーは一九八一年度のノーベル生理学・医学賞を共同受賞したのだ。

スペリーの説明は単純かつ奥が深い。被験者が〈KEY + RING〉の十字に目を凝らすと、目から脳に達する神経経路を介して、〈KEY〉は右半球のみに、〈RING〉は左半球のみに送られる。脳梁が無傷なら、右半球は左半球に「〈KEY〉を見た」という情報を、左半球は右半球に「〈RING〉を見た」という情報を伝え合い、したがってその人は「キーリングを見た」と答えられる。

しかし脳梁が切断されると、両半球間の情報の交換は途絶える。それゆえ右半球は〈KEY〉を、左半球は〈RING〉を見ても、どちらの半球も〈KEY RING〉を見ていない。ちなみに左半球は話すことができるが、右半球はできない（ののしることならできる。そのことは、左半球に卒中を起こした人がまともに話すことができないのに、周囲を凍りつかせるような悪態ならつけることを見てもわかる）。したがって分離脳患者が「何を見ましたか？」と尋ねられると、話すことのできる左半球が「リング」と答えるのである。

左半球は右手を感じコントロールしている。「あなたが見たものを右手で拾ってください」と促されれば、右手をコントロールしている患者の左半球はそれが見たもの、つまりリングを取り上げる。それに対し、右半球は左手を感じコントロールしている。「あなたが見たものを左手で拾ってください」と促されれば、左手をコントロールしている患者の右半球はそれが見たもの、つまりキーを取り上げる。「左手は何を持っていますか？」と尋ねると患者が何も答えられなかったのは、左手が何を持っているのかを知っているのは右半球だけなのに、話せるのは左半球のみだからである。

「驚異の仮説」は、それについて説得力のある説明を与えてくれる。意識が一群のニューロン間の相互作用から生じるのなら、ニューロン群、ならびにニューロン間の相互作用を分割すれば意識も分割できる。

直観に従えば、意識をメスで二つに分割できるとは思えない。自分の感情、知識、情動、信念、人格、自己を分割するとはいったいどういう意味なのか？　たいていの人は、「そのような考えはばかげている」として退けるだろう。しかし何年も周到な実験を続けてきたスペリーには、次の点は明らかだった。「実のところ、われわれが得た証拠は、劣位半球［一九七四年の論文なので右半球を指すと思われる］も実のところ意識的であるとする見方、さらに言えば分離された左半球も右半球も、並行して存続するさまざまな、そしてときには互いに対立する心的経験において、同時に意識的でありうるとする見方を裏づける」[*7]

この結論を裏づける証拠は増え続けてきた。おのおのの半球の人生の目標が互いに異なる患者もいた。左半球は「製図職人」になりたいと言い、右半球は左手で紙になぐり書きをすることで「カーレーサー」になりたいという希望を表明したのだ。[*8]また左半球が右手でシャツのボタンを留めるはなから、右半球が左手で留めたボタンをはずす、あるいは右手がタバコに火をつければ左手がすぐさまそれをもみ消すなどといった振る舞いを呈する患者もいた。どうやら趣味の異なる二つの人格が、ときにはけんかをしながら一個の頭蓋に並んで収まっているらしい。

左右両半球の相違は、日常生活の次元を超えて神学的なレベルに達する場合もあるようだ。たとえば神経科学者V・S・ラマチャンドランが研究したある被験者の場合、敬虔な左半球は神を信じ、不信心な右半球は信じていなかった。[*9]そのときがきて、この患者の両半球が天国の門を前にしたとき、ペテロは知恵者ソロモン王から助言を得られるのだろうか？　それともソロモン王の冷徹な裁定にも似た審判が、ボーゲンのメスが入った時点ですでに下っているのだろうか？　これは神経神学の難題である［日本人にはわかりにくい説明だが、著者の言う神経神学の難題とは、次のような問いを指す。この患者の魂は脳梁離断術を受けてはいても一つのままで、死んで天国の門の前に立ったときに、門をくぐれるよう左半球（ペテロ）が右半球（知恵者ではあったが敬虔とは言えなかったソロモン王）から助言を得て一つの魂としてくぐることができるのか、それとも脳梁離断術を行なった時点で魂も二つに分かれ、天国の門をくぐれるか地獄に落ちるかは、手術の瞬間におのおのの魂ごとに決まるのか？（著者に確認済）」。

信念、欲望、人格、そしておそらくは魂の運命でさえメスで分割できるのなら、人間とはいかなる生物なのか？　なぜ私たちは意識を持っているのか？　そもそも意識とは何か？　神経科学は人間の意識をめぐる古来の謎を解明できるのか？　ブラックホール、クォーク、プレートテクトニクスなどといった物質的な領域に関する洞察をもたらしてきた科学のサーチライトは、私たちにとってもっとも重要なことがら、つまり信念、欲望、情動、感覚などの、自己に深く関係する事象に向けられるようになった。自己を垣間見、理解することは可能なのか？　その実現は意識の科学の野望の一つだ。

この目標の達成には、巧妙な実験とわずかばかりの運が必要とされる。神経活動と意識の相関関係を見出すために、多くの実験が行なわれてきた。実験を重ね、相関関係の一覧が長くなっていけば、決定的な発見がなされ、DNAの二重らせん構造の発見によって生命の謎が解明されたように、意識の謎が解き明かされることが期待されているのだ。

私たちは、脳の特定の活動が特定の意識的な（もしくは無意識的な）心的状態と相関することを知っている。すでに見たように、左半球全体の活動は、外科手術によって右半球から切り離されると、右半球のものとは異なる一連の意識的状態と相関するようになる。しかしもっと微細なレベルで神経組織を観察すると、興味深い相関関係が多数見られることがわかる。

たとえば側頭葉に位置するV４と呼ばれる領域の活動は、色に関する意識的経験と相関する。[*10] 左半球のV４で卒中が生じると、視野の右半分の色が失われる。ちなみにこの症状は、半色盲症と呼ばれる。左半球半色盲症患者が赤いリンゴの真ん中を凝視すると、リンゴの左半分は赤く、右半分は灰色に見える。卒中が右半球のＶ４で生じた場合には、リンゴの右半分は赤く、左半分は灰色に見える。

経頭蓋磁気刺激法（ＴＭＳ）を用いれば、正常者でも一時的に半色盲症の世界を体験することができる。ＴＭＳの刺激は、頭蓋の近くに設置された強力な磁石によって引き起こされる。磁場は、近傍の脳領域の活動を高めるよう、あるいは阻害するよう設定することができる。ＴＭＳによって左半球のＶ４の活動が阻害されると、被験者は視界の右半分から色があせていく様子を見る。赤いリンゴを見れば、その右半分が色褪せ灰色に変わる。[*11] ＴＭＳをオフにすれば、リンゴの右半分の色がもとの赤に戻る。またＴＭＳでＶ４に刺激を与えると、被験者は色つきの円環や光輪の幻覚を見る。[*12] このようにＴＭＳを用いれば、意識に色を注ぎ込んだり、意識から色をはく奪したりすることができる。

中心後回と呼ばれる脳領域の活動は、触覚の意識的経験と相関する。神経外科医ワイルダー・ペンフィールドが発表した一九三七年の論文によれば、左半球の中心後回を電極で刺激すると、患者は身体の右側を、右半球の中心後回を刺激すると身体の左側を触られる感覚が生じたと報告した。[*13] その相関関係は系統的で、中心後回上の互いに隣接するいくつかの領域を刺激すると、それに対応して身体の互いに隣接する部位に触覚が生じた。また唇や指先などの敏感な身体領域のほうが、中心後回ではより広い領域を占めていた。脳の中心に近い中心後回の領域を刺激すると、つま先に触れられたように感じるはずだ。そこから電極を側頭に向けてずらしつつ刺激を加えていくと、触れられた感覚も、いくつかの例外を除き身体に沿って系統的にずれていく。だが、いくつかの例外は興味深い。たとえば顔は、中心後回上では手に隣接する。また、つま先は生殖器に隣接する。Ｖ・Ｓ・ラマチャンドランが指摘しているように、この事実はおそらく、脚フェティシズムを説明するものと考えられる。[*14]

今日では、「意識と相関する神経活動（NCC）」の発見を目指す実験があまた行なわれている。[*15] この探究は、神経活動を測定するための種々のテクノロジーに支援されている。たとえば機能的磁気共鳴画像法（fMRI）は、脳内の血流を測定することで神経活動を追跡する。ちなみに神経活動は筋肉の活動と同様、活動に要するエネルギーや酸素を供給するために、より多量の血流を必要とする。脳波検査法（EEG）は頭蓋に装着した電極を用いて、生成された電圧の微細な変動を測定することで、また脳磁図（MEG）は、磁場の微細な変動を測定することで神経活動を追跡する。微小電極は、一本のニューロンやニューロンの小グループを対象に、スパイクあるいは活動電位と呼ばれる個別的な信号《シグナル》を記録することができる。光遺伝学の技術は、特定の色に反応するよう遺伝的に操作されたニューロンの活動を、色光を用いてコントロールしたり観察したりすることができる。

NCCの発見を目指す戦略は理にかなう。ニューロンと意識を結びつける理論の考案を目標にしながらも、有望な手がかりが得られなければ、両者のあいだの相関関係を探すことから始めるのが妥当なやり方だからだ。NCCを探しているうちに、何らかの概念的な洞察をもたらしてくれるパターンが発見されるかもしれない。相関関係から因果関係へ至る道には、さまざまな罠が待ち受けていることは確かだが、駅のプラットフォームに人だかりができていれば、たいていすぐに電車が入ってくるはずだ。[*16] しかし、人だかりが電車の到着を引き起こすのではなく、別の何か、つまり運行スケジュールが人だかりと電車の到着の相関関係を形成しているのである。

NCCは、意識に関する理論の構築に重要なデータを提供してくれる。意識に関する理論は二つの課題を達成しなければならない。まず意識と無意識のあいだに境界を画さねばならない。そしてレモンの味、クモに対する恐れ、発見の喜びなどといった、私たちが持つ経験の起源や際立った多様性を説明しなければならない。

絶対的に単純だとは言えないものの後者に比べてより単純な前者の課題に関して言えば、意識と無意識のあいだの神経活動の相違を知りたいところだ。それについては興味深いデータがある。たとえば通常の意識ある状態のもとでは、神経活動はランダムでもなければ過度に安定してもいない。むやみにあちこちふらふらすることも、一か所に居座ってぼやっとしていることもなく、知的好奇心を研ぎ澄ませてあたりを探索するベテランハイカーのごとく、二つの状態のあいだのバランスをとっているのだ。全身麻酔を引き起こすことがあるプロポフォールは、神経活動をゆっくりと安定化させる。[*17]

チョコレートを味わう、クモを恐れるなどといった複雑な経験の説明という後者の課題に関して言えば、神経活動とおのおのの経験のあいだの緊密な相関関係を発見する必要がある。だが、「緊密な」とはどういう意味か？　それを明確に定義することはむずかしい。多くの研究者の想定では、それは「正常な条件のもとで当該の経験を引き起こすに十分な最低限の神経活動」を意味する。[*18]彼らは、経験が変わった際に神経活動がどう変化するのかを比較する「対照分析」によってこの最小限の神経活動を探究している。一例をあげよう。図1に示される「ネッカーの立方体」を見ると、二つの経験が得られる。一つは面Aが前方に見える経験で、もう一つは面Bが前方に見える経験である。中央の立法体を見ると、これら二つの経験が交互するはずだ。両者の経験の交替を追跡する神経活動の変化をとらえれば、それはネッカーの立方体を見るという経験のNCCと見なせるだろう。この実験の巧妙なトリックは、経験が変化しても、図自体は変化していない点にある。だから、意識的経験の交替が神経活動の変化によっ

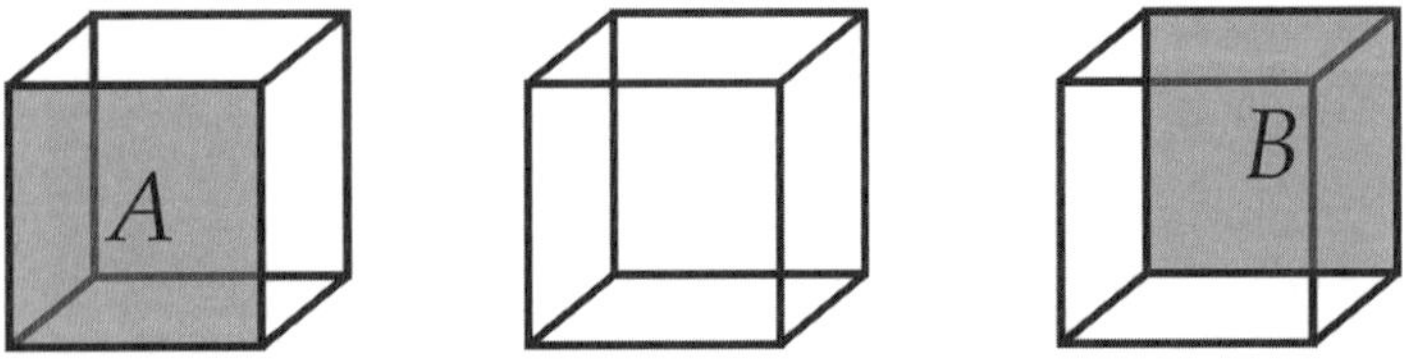

図1：ネッカーの立方体。中央の立方体を見ると、面Aを前方に見ることもあれば、面Bを前面に見ることもある。©DONALD HOFFMAN

て生じたと結論したくなる。だがそれでも、この活動はＮＣＣではないのかもしれない。ＮＣＣそのものではなく、その前兆もしくは結果なのかもしれない。[*19] それらの可能性を除外するためには、注意深い実験が必要とされる。

ＮＣＣは理論面でも実践面でも重要である。クモ恐怖症は扁桃体の活動と相関する。クモ恐怖と扁桃体におけるそのＮＣＣを故意に喚起することで、両者とも消滅させることができる。たとえばオランダの心理療法士メレル・キントは、以下のようにしてクモ恐怖症を治療している。まずクモ恐怖症患者に生きたクモ《タランチュラ》をさわらせて、恐れとそのＮＣＣを引き起こす。次に彼女は、ＮＣＣが記憶に蓄積されるのを阻止する交感神経β受容体遮断薬プロプラノロールを四〇ミリグラム患者に投与する。すると翌日には、患者のクモ恐怖症は消え失せている。[*20] この療法は他の恐怖症や心的外傷後ストレス障害（ＰＴＳＤ）の治療にも有望である。

他の例として、遺伝的に操作したニューロンを、光を用いてコントロールする光遺伝学の技術の適用があげられる。今や光遺伝学の技術を用いれば、スイッチ操作一つで、ポジティブな感情に対応するＮＣＣを引き起こしたり止めたりすることができる。コロンビア大学のクリスティーン・デニーは、感光性のタンパク質をコードする、藻類から抽出した遺伝子を用いて遺伝子操作したマウスを使って、この瞠目すべき偉業を達成している。[*21] 自然環境のもとでは、藻類はこのタンパク質を用いて光に知的に反応する。遺伝子操作されたマウスでは、この遺伝子はタモキシフェンという薬が注射されるまで発現しない。それを注射すると、電気的に興奮したニューロンのすべてがこの遺伝子を発現させ、感光性のタンパク質が膜組織に挿入される。デニーは、タモキシフェンを注射したマウスを、それが好む環境、つまり柔らかく、薄暗く、隠れ場所のある環境に置いた。するとマウスは、この理想的な環境を嬉々として探索し始め、幸福のNCCの生成に関与するあらゆるニューロンが、膜組織に感光性のタンパク質を挿入した。それからデニーは、脳内で色光を発する光ファイバーを用いてこのタンパク質を活性化させ、幸福のNCCを喚起することができたのだ。しかもマウスは、固く、明るく、隠れる場所のない通常は恐れを引き起こす場所に置かれても、光ファイバーがオフになって恐れで凍りつくまでは安穏としていた。再度光ファイバーをオンにすると、再びマウスは嬉々として毛繕いをしたり、探索したりするようになった。

以上は印象的なNCCの適用事例である。だがそれと同程度に印象的なのは、NCCと意識の関係が私たちにはまったく理解できていないことだ。私たちは、脳の作用、あるいはコンピューターの動作などいかなる種類の物質的活動であれ、それらがいかにして意識的経験を引き起こすのか、もしくはそこから生じるのかを説明する科学的理論を手にしていない。少しでも見込みのある説さえ、一つも存在しない。脳の活動のみならず、脳、身体、環境三者のあいだの複雑な相互作用ともなると、まったくの手詰まりで袋小路につきあたっている。そのような状況から、この問題を意識の「ハードプロブレム」、あるいは単純に「謎」と呼ぶ者もいる。[*22] 現代に生きる私たちは一八六九年当時のハクスリーより、はるかによく神経科学について知っている。ところが、脳、身体、環境間の複雑な相互作用をもとに意識を説明しようとするあらゆる科学的理論が、まさにその複雑性から経験が花開かんとする決定的な瞬間を説明するために、つねに奇跡を持ち出しているような始末だ。それらの科学的理論は、重要なドミノを一枚欠くせいで、動作を完結させるのにずるい手立てを講じなければならないループ・ゴールドバーグ・マシン〔簡単にできることをあえて手の込んだ仕掛けをたくさん使い、それらをつなげていくことで特定の課題を実行する機械〕にも等しい。

私たちは、意識に関する科学的理論に何を求めているのか？　ここでバジル〔ハーブの一種〕を味わうことと、サイレンの音を聞くことを考えてみよう。脳の活動が意識的経験を引き起こすという主張が科学的理論であるためには、正確にどの脳活動がバジルを味わうという意識的経験を引き起こしているのか、また、なぜその活動が、たとえばサイレンの音を聞く経験を引き起こさないのか、さらにはその活動がどのように変化することで、バジルを味わう経験がローズマリー〔ハーブの一種〕を味わう経験に変わるのかを記述する数学的な法則や原理が要請される。それらの法則や原理は、生物種を超えて適応可能であるか、そうでない場合には、なぜ生物種によって異なる法則が必要になるのかが説明されねばならない。だが、そのような法則も、それどころか有望な説さえもこれまでに提起されたことはない。

このように「意識的経験は脳の活動に等しい」、あるいは「脳の活動によって意識的経験が生じる」と主張するのなら、バジルの味わいのような個別的な意識的経験と、それに等しい、もしくはそれを引き起こす特定の脳活動を結びつける、正確な法則や原理が求められる。だが現時点では、そのような法則や原理は提起されていない。*23 また、「意識的経験は他のプロセスを監視する特定の脳のプロセスに等しい」という主張には、そのようなプロセスとそれに等置される意識的経験を正確に記述する法則や原理が要請される。さらに言えば、「意識的経験は、他の脳のプロセスに関与したり、それを監視したり記述したりする脳の特定のプロセスに由来する幻覚である」という主張には、それらのプロセスやそれらが生む幻覚を正確に記述する法則や原理を、「意識的経験は脳の諸プロセスから生じる」とする主張には、正確にいついかなるあり方でおのおのの経験が生じるのかを記述する法則や原理が求められる。これらの要求が満たされるまでは、以上の主張は誤りですらない。他の脳のプロセスを記述する、脳の特定のプロセスを大げさに喧伝することは、量的な予測を可能にする正確な法則や原理を提起することの代わりにはならない。

私たちはブラックホール、クォークの動力学、宇宙の進化を記述する科学的法則を手にしている。ところが、ハーブティーを味わう、街路の騒音を聞くなどといった、ごくありきたりの経験を予測する法則や原理やメカニズムをいかに定式化できるのかという問題を解く手がかりをまったく持っていないのだ。おそらくクリックは正しかったのだろう。突破口になる考えを導く決定的な実験が、まだ考案されていないだけなのかもしれない。資金さえ十分にあれば、いつの日か神経科学の二重らせん構造が発見され、正真正銘の意識の理論が誕生するのかもしれない。

あるいはもしかすると、私たちは進化の程度が低く、脳と意識の関係を理解するのに必要な概念が得られていないという可能性も考えられる。ネコは微積分ができないし、サルは量子力学を理解できない。ならば、ホモ・サピエンスが意識の謎を解明できるという保証は、いったいどこにあるのか？　私たちに必要なのは、さらなるデータではなく、既存のデータを理解する能力を与えてくれる突然変異なのかもしれない。

ノーム・チョムスキーは、進化の考えに依拠して人間の認知能力の限界を唱える議論を否定する。しかしその彼も、「人間の理解力の範囲と限界を認識する必要がある」と、また「私たちのものとは構造が異なる何らかの知性が、人間の謎を単純な問題と見なし、私たちがその答えを見つけられないでいるのを不思議がっているかもしれない。あたかも認知系の設計のせいで素数迷路［数学的な規則性がある迷路］をうまく移動できないラットの様子を、私たちが観察しているかのごとく」と主張している。[*24]

チョムスキーは正しいのだろう。確かに人間の理解力には限界がある。またこの限界が、進化に由来するものであれ、他の要因によるものであれ、意識と神経活動の関係の理解を妨げているという点も、私は認めるにやぶさかではない。

しかし意識のハードプロブレムを投げ出す前に、それとは異なる可能性を考えてみる必要がある。もしかすると私たちは、その問題を解明するのに必要な知性を備えているにもかかわらず、誤った信念がその行使を妨げているのかもしれない。

生得的な限界などではない誤った信念によって、問題を解く試みが挫かれることはある。それに関しては、認知科学の教科書でお馴染みの格好の事例がいくつかある。その一つを紹介しよう。被験者は、ろうそくと画びょうが入った箱と二つ折り紙マッチ［二つ折りの厚紙の間に挟まれた紙マッチ］を与えられ、点火したときにろうが床にこぼれ落ちないよう、ろうそくを壁に留めよという課題が与えられた。被験者の多くは、この課題を達成できなかった。彼らは、画びょうの箱が画びょうを収納するためだけに使われるものだと暗黙のうちに仮定していたため、箱から画びょうを取り出し、取り出した画びょうを用いてその箱を壁に留め、そこにろうそくを立てるという方法を思いつけなかったのだ。この課題を達成するためには、被験者は誤った前提に疑問を抱く必要があった。

では、いかなる誤った前提が脳と意識の関係を解明する努力を妨げているのか？　私の考えでは、その前提とは「私たちは実在をありのままに見ている」というものである。

もちろん、あらゆる実在をありのままに見ていると考えている人はいない。たとえば物理学者は、私たちが見ることのできる光が、人間には不可視の紫外線、赤外線、電波、マイクロ波、エックス線、宇宙線を含む広大な電磁スペクトルのほんの一部を占めるにすぎないということを教えてくれる。私たちが知覚できないものを知覚できる動物もいる。鳥類やミツバチは紫外線を、マムシは赤外線を「見る」ことができる。ゾウは超低音を聞き、クマは遠方の死骸のにおいをかぎ、サメは電場を「感じ」、ハトは磁場をもとに渡りを行なう。

だが私たちのほとんどは、正常なケースでは自分たちがある範囲の実在をありのまま正確に見ていると考えている。ここで、あなたは目を見開いて一メートル先の赤いトマトとして記述できる視覚的経験を得たとしよう。次に目を閉じると、視覚的経験はまだらの灰色の視野に変わる。そのとき、しらふで健康であれば、また誰かに騙されていると思い込んでいなければ、目を閉じ灰色の視野を経験していても、あなたは一メートル先に赤いトマトが間違いなく存在していると思うはずだ。再び目を開くと、一メートル先の赤いトマトとして記述できる経験がよみがえる。そしてその事実を、目を閉じているあいだも赤いトマトが存在し続けていたことを示す証拠と見なす。それからあなたは、自分の信念を確証するさらなる証拠を求めて、目を閉じて手を伸ばし、トマトに触り、近づいてにおいをかぎ、トマトがまだ存在していることを友人に確かめさせる。かくして得た証拠を集めることで、あなたは、誰一人見も触りもしていなくても存在するリアルなトマトがそこに存続していることを確信するのだ。

しかし、その考えは間違っていないだろうか？

この問いは、少しばかげているように聞こえるかもしれない。それだけの証拠を手にしていれば、正気な人ならたいてい、「トマトは存在し続けている」と結論するだろう。見ていなくても、触っていなくてもトマトの存在は明らかな事実であって、見当違いの信念などではないように思える。

しかしこの結論は、厳密な論理の帰結でも、疑いのない事実でもなく、誤った信念である。その妥当性は、認知神経科学、進化ゲーム理論、物理学などの最新の知見を用いて検証されねばならない。そうすれば、この信念は誤りであることがわかるだろう。

本書のテーマは、この驚くべき結論を説明することにある。私は本書で意識の謎を解明するつもりはないが、以後の章を通じてそれを妨害する信念を玉座から引きずり下ろすつもりだ。最終章では、この誤った信念の課す重荷をひとたび下ろしたあと、いかに意識の謎に挑めばよいかを検討する。

自分が見ていないときにはトマトは存在しないという主張は、いったいどういう意味なのか？　それについて考えるにあたっては、ネッカーの立方体をもう一度眺めてみることが役立つ。すでに述べたように、あなたは面A（B）が前面をなす立方体を見る場合があるが、それを立方体A（B）と呼ぶことにしよう。あなたは図を見るたびに、立方体Aか立方体Bのどちらかを見るはずだが、両方を同時に見ることはない。

では、あなたが図から目をそらしたとき、立方体Aと立方体Bのどちらが存在しているのだろうか？

ここであなたは、図から目をそらす寸前に立方体Aが見えていたので、その問いに対して立方体Aと答える。もう一度図を見れば、その答えを検証することができる。この検証を繰り返すと、何度かは立方体Bが見える。では、検証によって立方体Bが見えた場合、図から目をそらしているあいだに立方体Aが立方体Bに変化したのか？

あるいは友人たちに検証してもらうこともできる。その場合、ある友人は立方体Aが見えたと、また別の友人は立方体Bが見えたと言い、両者の見解が一致しないかもしれない。うそ発見器を使えば、彼らがうそをついていないことを確かめられるだろう。

このことは、誰も図を見ていないときには、立方体Aも立方体Bも存在していないこと、誰かに観察されることなく存在する客観的な立方体など存在しないこと、そして皆に見られることを待っている公共的な立方体など存在しないことを示唆する。実のところ、あなたが立方体Aを、友人が立方体Bを見た場合、二人はそれぞれ、図を見た瞬間に自らの視覚系が構築した立方体を見たのである。だから立方体は、それを構築する観察者の数だけ存在することになる。そしてあなたが図から目をそらせば、自らが構築した立方体は消える。

この例は、「あなたが見ていないときにはトマトは存在しない」という言明が何を意味しているのかを説明するために取り上げたにすぎない。だからもちろん、「あなたが見ていないときにはトマトは存在しない」ことを証明したのではない。そもそもネッカーの立方体が錯覚であるのに対し、トマトは錯覚ではないと言えばそれで終わりだ。誰にも観察されていないトマトの存在を否定するのは容易ではない。ここでの要点は、トマトに関する経験を構築するよう促している実在は、あなたが見ているものや味わっているものとはまったく異なるということである。私たちは知覚に惑わされているのだ。

実のところ、私たちははるか昔から知覚に惑わされ続けてきた。ソクラテス以前のギリシャを含め古代の文化の多くでは、知覚に惑わされて「地球は平らである」と信じられていた。目の証言に逆らって、地球がおおむね球状であることが発見されるには、ピタゴラス、パルメニデス、アリストテレスの天才が必要とされた。さらにはその発見のあと何世紀も、アリスタルコス（紀元前三一〇年頃〜紀元前二三〇年頃）を除くほとんどの天才たちが、知覚に惑わされて「球状の地球は宇宙の不動の中心に位置している」と信じていた。つまるところ、地震を除けば地球が動いているようには決して感じられず、太陽、惑星、恒星が地球の周囲を回っているかのように見える。プトレマイオス（八五年頃〜一二〇年頃）は、地球を宇宙の中心に据える、この知覚の読み違いを宇宙のモデルに組み込んだ。そして彼のモデルは、一四世紀間カトリック教会から聖書のお墨付きをもらっていた。

哲学者ルートヴィヒ・ウィトゲンシュタインが同僚の哲学者エリザベス・アンスコムに指摘したように、知覚を読み違える私たちの傾向は、知覚に対する、すなわち「のように見える」によって意味されるものに対する無批判な態度に由来する。アンスコムはウィトゲンシュタインについて次のように述べている。「かつて彼は、〈なぜ人々は、地球がその軸に沿って回転していると考えるより、太陽が地球の周りを回っていると考えるほうが自然だと言うのだろうか?〉と私に問いかけてきたので、私は〈たぶん太陽が地球の周りを回っているように見えるからではないでしょうか〉と答えました。すると彼は〈では、地球がその軸に沿って回転しているように見えたとしたら、それはどのように見えるのか?〉と尋ねたのです。彼のこの問いは、〈太陽が地球の周りを回っているように見える〉という私の発言にある〈ように見える〉という言い回しに対して、私がいかなる妥当な意味も付与していないことを明らかにしてくれたのです」。[*25]ウィトゲンシュタインの論旨は、実在が私たちの知覚に一致する、あるいは一致しないと主張したくなったときにはつねに参考にすべきであろう。これから見ていくように、進化ゲーム理論のツールを用いて、それらの主張に正確な意味を付与することができる。私たちは、「知覚が自然選択によって形作られたのなら、それはほぼ確実に実在を隠蔽するべく進化してきた」ということを証明できるのだ。知覚は適応度を報告するにすぎない。

コペルニクスの著書『天球の回転について』は、一五四三年に死後出版されている。そのなかで彼は、かつてアリスタルコスが主張したように、地球や他の惑星が太陽の周りを回っているという説を提起した。ガリレオは望遠鏡を覗いて、コペルニクスの理論を支持する証拠を見出した。木星が衛星を持つことや、月と同様、金星の相が変化することを発見したのだ。教会はこの理論に反対し、一六三三年に「人は、聖書に反すると宣言されたあとでも、自分の意見を有望なものとして持ち続け擁護することができる」と大胆にも言い放ったガリレオを異端のかどで裁判にかけている。ガリレオは自説の撤回を余儀なくされ、以後の生涯を自宅監禁の刑に服さねばならなかった。教会が自らの過ちを認めたのは、一九九二年にもなってからのことだ。

この過ちにはいくつかの要因が寄与している。その一つは、神と完全なる天球を上位に置き、人間と不完全な月下の世界を下に置く「存在の大いなる連鎖」という、プトレマイオスのシステムとよく調和する考えに対する信念である。[*26]しかし主要な要因としてあげられるのは、知覚の単純な読み違いだ。私たちが見ることができるのは、地球が決して動かず宇宙の中心に位置することだと、教会は考えていたのである。

本書の巻頭句《エピグラフ》にあげたように、ガリレオは私たちが他のあり方でも知覚を読み違えていると主張した。「思うに、味、におい、色などといったものは、私たちがそれらを位置づけている物体に関して言えば、単なる名称以上のものではなく、意識の内部に宿る。ゆえにこの世から生物を取り去れば、これらの性質はすべて、除去され消滅するだろう」[*27]。私たちは、誰も見ていなくても、トマトが、味、におい、色を含めてそこに依然として存在していると、ごく自然に考える。ガリレオはそれに異議を唱える。彼の主張によれば、トマト自体は存在していても、味、におい、色は存在しない。それらは知覚に由来する性質であって、知覚とは別に存在する実在ではない。したがって意識を失えば、それらも失われる。とはいえガリレオは、トマト自体に関しては、実体、形、位置を含め存在し続けると考えていた。彼の考えでは、それらの性質に関して言えば、私たちは実在をありのままに見ているのだ。たいていの人は、その見解に同意するだろう。

しかし、進化はそれに異議を唱える。第4章では、自然選択による進化が、「私たちが実在をありのままに見ている可能性はゼロである」という、直観に反する原理を導くことを見ていく。この原理は、味、におい、色のみならず形、位置、質量、速度、さらには空間や時間にさえ適用される。私たちは、いかなる実在もありのままには見ていない。トマトをめぐる経験の形成を促す実在、トマトを見ていようが見ていまいが存在する実在とは、あなたが見たり味わったりするものとは似ても似つかないのだ。

今では、地球平面説や地動説を信じている人などまずいない。私たちは、知覚を読み違えたことを認識し、それを訂正してきたのだ。それは簡単なことではなかった。その過程を通じて、ありきたりの直観や教会の教えが木っ端みじんに砕かれた。だが、それは準備運動にすぎない。今や私たちは、時空それ自体、ならびにその内部に存在するあらゆるものを放棄しなければならない。

人間とはいかなる生物なのか？　進化に沿って考えれば、実在をありのままに見る生物ではない。その事実は、脳と意識の関係をどう考えるかに影響を及ぼす。空間と時間が知覚の内部にしか存在しないのなら、ニューロンや神経活動のような時間と空間の内部で生じる何かが、どうして意識を生み出せるのか？

知覚の進化の理解は、人間の本性と意識の起源の理解に向けて重要な一歩をなす。

第2章　美　遺伝子のサイレーン

「遠い将来、はるかに重要な研究のための領域が開けると私は考えている。心理学は新たな基盤に依拠するようになるだろう」

——チャールズ・ダーウィン『種の起源』

「ボイエット卿、私の美しさなどとるにたらぬものですが、あなたのほめことばで飾っていただく必要はありません。美しさは目の判断によって買いとられるべきもの、商人のことばによってたたき売られるものではありません」

——ウィリアム・シェイクスピア『恋の骨折り損』
［（小田島雄志訳、白水社、一九八五年）参照］

一七五七年、デイヴィッド・ヒュームは著書『嗜好の標準について（*Of the Standard of Taste*）』で、「美は観察者の目のなかにある」と述べた。彼はさらに、「美は物自体の性質ではなく、それを見る観察者の心のなかにしか存在しない。そしておのおのの心は、独自の美を知覚する」と述べている。この言葉は、「なぜこの美の標準が、あの観察者の目のなかにあるのか？」という問いを自ずと喚起する。それから一世紀が経過したあと、ダーウィンは、自然選択による進化という、その理由を説明する心理学の基盤を提供する説を提起した。それによれば、美は、このリンゴを食べる利得、あの人とデートする利得などといった、眼前に提示されている適応度利得の知覚なのである。この知覚は、生物種の違いによって、人によって、さらにはタイミングが異なっても、必要度や環境条件の違いに応じて変化する。繁殖成功度は、適応度ポイントの蓄積の如何にかかっている。美はこの適応度ポイントが何であり、どこにあるのかを教えてくれるのだ。

進化心理学は、「人間の美」に関する判断について新たな驚くべき予測を提示する。たとえばあなたは、誰かの顔を見るたびに、細かなチェックリストに基づいて採点しながら目を精査し、無意識のプロセスを介して美に関する判断を下す。女性が男性の目に感じる魅力と、男性が女性の目に感じる魅力は異なる場合がある。私たちの祖先は、数千年にわたってこの暗黙のチェックリストに従ってきたのだが、新たな美の科学は、そこに記載されている項目をいくつか明らかにした。本章では、それらの項目の内容と、その発見の論理、さらにはいくつかの実践的な応用について検討する。

美に関する進化の予測は意外なものだが、第9章で見るように、物体に関する進化の予測は人を不安にする。物体は美と同様、観察者の目のなかにあり、実在ではなく適応度について教えてくれる。物体に関する、この人を当惑させる見方を受け入れる準備を整えるために、動物界における美の知覚を探究することで、私たちの直観を鍛えておこう。

ニセフトタマムシ (*julodimorpha bakewelli*) のオスは、美しいメスに関して一家言を持っている。[*1] オスはあちこち飛び回って、くぼみのある茶色のぴかぴかしたメスを探す。近頃、ホモ・サピエンスと呼ばれる霊長類のオスが、オーストラリア西部にあるこの甲虫の生息地を車で走り抜け、「スタビー」と呼ばれるビールビンを、中身を飲み干したあとであたりにまき散らすようになった。スタビーには、甲虫のオスの目を惹くには十分な程度にぴかぴかしていて、ほどよいくぼみ［ビン底のくぼみを指す］があり、しかも茶色をしたものもある。だからオスは、正真正銘のメスには目もくれず、スタビーを見て生殖器をむき出しにしながら興奮し、ガラスの表面にはね返されても執拗に交尾をしようとするようになったのだ（オスがメスを捨てて酒に走ることはよくある）。この甲虫にとってはさらに不運なことに、*Iridomyrmex discors* というアリの一種が、生殖器を勃起させて当惑している甲虫のオスが現われるのを、スタビーのまわりをうろつきながら待つという行動を学習していた。それからアリは、本来の機能を果たせなかった生殖器を先頭に甲虫をむさぼり食うのである。

かくして、この哀れな甲虫は絶滅寸前になり、オーストラリアの当局は甲虫を救うためにビールビンの仕様を変えねばならなかった。

この甲虫のヘマは驚くべきものだ。オスは何千年ものあいだ、メスと交尾し続けてきたのだから、オスは確かにメスを知っているはずではないか。だが、どうやらそうではないらしい。身体をすりつけながらスタビーの表面を這いまわっていても、オスはそれを歌姫《セイレーン》、あるいは三七〇ミリリットルの魅惑的なアマゾーンと見なしていたのだから。

この話では何かが狂っている。なぜ甲虫がビールビンに熱をあげるのか？　脳が小さいからか？　もっと大きな脳を持つ哺乳類なら、その手の愚かな間違いは犯さないのではないか？　いや、そんなことはない。アラスカ州やモンタナ州などに生息するヘラジカは、ヘラジカ、さらには野牛《バイソン》の金属製の像とさえ、ときに何時間も交尾し続けているところを観察されたり、撮影されたりしている。私たちは笑うかもしれないが、ホモ・サピエンスもその点では負けていない。数世紀前のインドのムガール帝国時代の絵に描かれ、人気のあったセックスドールや、今日開催されている「ロボットとの愛とセックスに関する国際会議（International Congress on Love and Sex With Robots）」で取り上げられているセックスロボットなど枚挙にいとまがない。ということはより大きな脳を持つ私たちも、正真正銘の人間の美だけに惹かれるわけではないようだ。

ならば美とは何か？　甲虫やヘラジカやホモ・サピエンス、さらには他の多くの動物の揃いも揃ってのヘマを考えてみれば意外に思えるかもしれないが、美とは、複雑ながらも無意識的な計算に由来する知的な判断なのである。誰かに会うたびに、あなたの感覚は、数十、あるいは数百のまぎれもない手がかりを自動的に、そして瞬間的に精査している。長い進化の過程を通して慎重に選択されてきたそれらの手がかりは、たった一つのことを私たちに教えてくれる。生殖能だ。あの人は健康な子どもを生み、育てられるのか？　もちろん私たちは通常、この問いに関する明示的な考えや、判断を導くはっきりした手がかりを人との出会いで経験しているわけではなく、判断そのものをさまざまな感情の形態で経験しているのである。辛抱強い調査の要約である、この感情こそが観察者の目のなかの美なのだ。

このことは、美が観察者の気まぐれであるとする考えの誤りをあばく。それどころか美は、数千年をかけて自然選択の論理によって構築されてきた、観察者の脳内で生じる無意識的な推論の結果なのである。この推論が、あまりにも頻繁に本来「美しくはない」と判断すべきところで「美しい」という判断を下すようなら、その観察者は、健康な子どもを育てられそうにもない相手をむやみに好む結果になるだろう。その場合、観察者の誤りを導く遺伝子や、間違った推論が次世代に受け渡される可能性は低い。要するに美を読み違える遺伝子は、情け無用の自然選択の論理に従って淘汰されるということだ。

すべては遺伝子間の競争に、言い換えると自然選択による進化の中心概念である適応度に関係している。他の遺伝子を押しのけて次世代に受け渡されることに長けた遺伝子は、より適応度が高いと言える。他の遺伝子を押しのけることに少しでも巧みであれば、その遺伝子は世代交代を通じて増殖し、凡庸な競争者を根絶やしにする。「凡庸は致命的だ。(……)過ぎたることほど成功に至るものはない」と書いたオスカー・ワイルドは、この論理をよく理解していた。*2

遺伝子はじかに競い合うのではなく、代理を立てる。身体や心(表現型)を立ち上げて、それらに競わせるのだ。けんかに強い表現型は、対応する遺伝子型と同様、適応度が高いと見なされる。もちろん表現型の適応度は、遺伝子のみならず健康、発達、栄養面での変化や一般的な経時的劣化にも依存する。たとえば表現型の適応度は、一卵性双生児のあいだでも異なりうる。だが、間違ってはならない。遺伝子は代理を立てて争ってはいても、身銭を切っているのだ。飛行機のパイロットのように、遺伝子は表現型に縛られており、墜落すればそれ自体も死ぬ。

美の計算はそのような代理戦争の一部をなす。それは、遺伝子が他の遺伝子と競うために、つまり適応度を高めるために装備している巧妙な装置の一つなのである。競争相手より効率的に美を計算できれば、美の計算は繰り返し自身の適応度を高められる。自然選択による進化は、適応度を高めること、評価すること、評価を通じて高めることに専念しているのだ。美を計算する神経回路は人生の早い時期に配線され、生後二か月の乳児でさえ、おとなが魅力的であると評価する顔をより長く見つめる。*3

美の計算、すなわち遺伝子の適応度の測定にともなわれる問題は、遺伝子それ自体が不可視であることだ。そのため遺伝子は適応度に関する証拠を、表現型という、それが見つけられる唯一の場所に、つまり他の遺伝子が作り出し作動させている身体や心のなかに探さなければならない。だが表現型は、適応度をあからさまに示すことがめったにない。だから、その手がかりをかき集める必要がある。

シャーロック・ホームズの言葉によれば、捜査の成功の秘訣は「些細なものごとに対する観察力」である。[*4] 美の探求における些細なものごとの一つとして、有色の虹彩と白い強膜のあいだにある輪、すなわちリンバルリングと呼ばれる目の構造があげられる。私がこの輪の存在に最初に気づいたのは、一九八五年六月に刊行された『ナショナル・ジオグラフィック』誌の表紙を飾った、シャーバート・グーラーという名の少女を撮影した「アフガニスタンの少女」という写真を見たときのことだった。この写真は、同誌の歴史のなかでも、もっとも世に知られた一枚になった。[*5] 私はそのとき、彼女の目をまるで射的のまと《ブルズアイ》のように見せている際立つリンバルリングが見る者の目をくぎ付けにし、彼女の美を強調しているのではないかと思った。

際立つリンバルリングは、なぜ魅力的なのか？ 進化の用語で問い直すと、リンバルリングがより高い適応度を告知する理由は何か？

実のところ際立つリンバルリングは、その人が健康であることを示唆する。リンバルリングが目立つには、はっきりと見えていなければならず、そのためには外側の透明な層をなす角膜が健康で澄んでいなければならない。緑内障や角膜浮腫などの疾病は角膜を曇らせ、リンバルリングを目立たなくする。不十分な脂質代謝は、角膜老人環を引き起こしうる。これはコレステロールの乳状の堆積で、リンバルリングを隠す。血中のカルシウムの調節不全は、同様にリンバルリングを隠す、リンブス徴候と呼ばれるコレステロールの乳状の堆積を生じる場合がある。このようにリンバルリングは、種々の疾病によって不明瞭になりうる。だからはっきりしたリンバルリングを持つ人は、それらの疾病に罹患している可能性が低い。

また際立つリンバルリングは、本人の若さを示唆することで適応度の高さを示す。かつて私の研究室に所属していた大学院生ダレン・ペシェクが学部生の協力のもとで行なった調査では、リンバルリングの厚さ、よって顕著さが、年齢とともに低下していくことがわかった。[*6]

以上をまとめると、原理的に言ってリンバルリングは若さと健康を、したがって適応度の高さを示唆する。だがほんとうに進化は、ホモ・サピエンスの鑑賞者にしつらえた美のメーター、すなわち美の計算メカニズムを、適応度に関する微妙な手がかりをリンバルリングに検知できるよう調整したのだろうか?

その答えを見出すために、ペシェクは実験の各トライアルで、被験者に顔写真を二枚見せた。二枚の写真は、一方の目にはリンバルリングがあり、他方にはないことを除けば同じであった。被験者は、より魅力的に見える写真を選ぶよう求められた。この実験の結果ははっきりしている。被験者は男女とも、顔を逆さまに見せた場合でさえ、リンバルリングを持つ男女の写真を選好したのだ。[*7] それから一連の実験を通じて、ペシェクは理想的な、つまり最適な性質（厚さ、不透明度、漸減度など）を持つ、もっとも魅力的なリンバルリングを特定した。[*8]

理想的なリンバルリングについて知ることで、自撮り画像のリンバルリングを修正して自分の顔を魅力的に見せることもできれば、魅力的なリンバルリングを模倣する市販のコンタクトレンズをはめて、目それ自体にじかに化粧を施すのと同じような効果を得ることができる。

そのことは、美の観察者が直面しなければならない危険を強調する。遺伝子は、適応度に関してうそをつくことができる。つまり身体に偽りの手がかりを、また心に欺瞞を埋め込むことで表現型を操作できるのだ。かくして見る者に偽りの適応度を提示することで、遺伝子は自己の適応度を高められる。うそには罪のないものもある。口紅やアイライナーが人を傷つけることはない。

他者をあざわらううそや、他者を利用しようとするうそもある。オーストラリア西部に分布するセンネンボク属のハンマーオーキッド［ランの一種］は、ハナバチに性を商う。[*9] ハナバチのメスはその気になったとき、草の葉にとまり脚をこすり合わせてオスを惹きつけるにおいを散布する。それに魅せられたオスは、そのメスを見つけるまで、においを追って蛇行しながら風上に向けて飛び続ける。オスはメスを抱擁し、高度一メートルの会［高度一マイルの会は、飛行機のなかでセックスしたことのある人が参加する会という意味で実在しない］へと連れ去って、それからあらかじめごちそう（甲虫の幼虫）を並べておいた巣に招待する。メスはそこで卵を産み死ぬ。

そこらに咲いている普通の花では、ハナバチのオスを誘うことはできない。しかしハンマーオーキッドの遺伝子は、この花をハナバチのオスにとってのセレブに変身させる。茎は草のようにすらりとし、花冠からは格好の良い曲線を描きながら唇弁《しんべん》が垂れ下がり、色は魅力的で、ビロードのような肌理を持ち、メスのハナバチの魅惑的なにおいを発散しているのだから。そそのかされたオスは、唇弁を高度一メートルの会に連れ出そうとするが、この相手は言うことを聞かないことを知る。やがてフラストレーションに駆られたオスは、気分が萎える難行に専念しているあいだに、いつのまにか身体に塗りつけられた花粉を運びながら飛び去る。そして別のニセの相手にモーションをかけたときに、オスはその花に授粉するのである。この茶番劇では、ハンマーオーキッドの遺伝子は適応度を高め、ハナバチは単に利用される。

遺伝子が適応度を高めようとしてつくうそは、搾取の領域を超えて邪悪なものにもなりうる。フォツリス属のホタルのメスは、フォティヌス属のホタルのオスを誘惑し、オスは悲劇的な最期を迎える。[*10] フォティヌス属のオスは夜になると、一連の閃光を放つ。受け入れの準備が整ったフォティヌス属のメスは、オスの閃光に答えて自らも一連の閃光を発し、演出されたデュエットを奏でる。メスの応答を受けたオスは、喜び勇んでメスがいる方へ飛んで行き交尾する。

フォツリス属のメスはこのフォティヌス属の規約を侵犯し、フォティヌス属のオスの閃光に呼応してデュエットを奏でる。あいびきをしようとやって来たフォティヌス属のオスが、メスが思っていた以上に大きいことに気づいたときには時すでに遅く、食べられてしまうのだ。

このようにフォツリス属の無神経な遺伝子は、適応度をめぐってフォティヌス属に最高の報酬を約束しておきながら、究極の懲罰を与える。この邪悪なおとり商法は、生存に必要なカロリーの提供という明々白々たるあり方でフォツリス属の適応度を高める。しかしこの話には、ちょっとしたおまけがある。フォティヌス属のホタルは、多くの捕食者にとって有毒なステロイド、ルシブファギン（LBGs）を含有しており、噛まれたり締めつけられたりすると、捕食者にはまずい味のする（「自らの適応度を損なう」ことを意味する）LBGsを多量に含む血液を滲み出させる。すると捕食者は、急いでホタルを解放する。したがってフォツリス属のホタルは、LBGsを多量に含むフォティヌス属を摂取することで、いわば捕食者に対する予防接種をしているのだ。

美は生殖能の最善の評価方法である。だがフォツリス属やハンマーオーキッドや他の無数の事例が示すように、美をめぐるゲームの背後に控えている遺伝子は無慈悲な操作者《オペレーター》であり、良心に制約されることがない。適応度ポイントを蓄積して自己の適応度を高めることに専念するにあたって、躊躇せずに他者を騙し破壊する。遺伝子は、ゼロサムゲームに賭ける。フォッリス属はフォティヌス属をむさぼり、カロリーとLBGsを吸い上げて適応度ポイントを獲得する。フォティヌス属はすべてを失う。ハンマーオーキッドはハナバチを騙し、受粉という形態で適応度ポイントを獲得する。ハナバチは、ハンマーオーキッドのために時間とカロリーを浪費することで適応度ポイントを失う。適応度ポイントは進化という領域の通貨であり、蓄積すればするほど、それだけ繁殖に成功する可能性は高まる。かくしてマキャベリの化身たる遺伝子は、まっとうな稼ぎではなく、薄汚いもうけによって適応度ポイントを奪い取るのだ。

適応度ポイントは不変ではなく、それを求める生物によって異なり、欲望のごとく変わりやすい。交尾の相手を探すフォティヌス属のオスにとって、受け入れ準備の整ったフォティヌス属のメスは適応度の金脈を提供する。しかしホモ・サピエンスの好色なオスには、何も提供しない。生物が異なれば、他のあらゆる条件が同一であっても、適応度利得は大幅に変わりうる。

また適応度利得は、その個体の状態とともに変わる。明瞭な例の一つは飢餓である。腹をすかせたティーンエイジャーがピザのにおいをかぎつけたときに見せる歓喜は、最初の一切れが持つ適応度の豊かさを反映する。それに対し、さらに六切れを腹に詰め込み一時間が経過したときに、同じピザのにおいに対してティーンエイジャーが示す無関心や嫌悪は、適応度の枯渇を反映する。同じティーンエイジャー、同じピザであっても、本人の状態やニーズが変わるがゆえに、提供される適応度が大幅に変わるのである。このように、適応度ポイントは生物種、状態、行動の如何に依存する。

性的魅力によって喚起される感情は、生殖能に関する高度な評価を表す。すでに見たように、この評価はリンバルリングの状態に着目する。他に評価の対象になる目の特徴はあるのだろうか？　私は顔写真をめくっているとき、成人より乳児のほうが、目の有色の虹彩が大きく見えることに気づいた。かつて私の研究室に属していた大学院生ネガル・サマクネジャドは学部生の協力を得て、写真のデータベースを注意深く調査し、私の個人的な観察が正しいことを検証したうえで、その見方を洗練させた。この調査によると、強膜と比較しての虹彩のサイズは、誕生時から五〇歳までは小さくなるが、五〇歳を超えると目の周りの組織が垂れ下がって強膜を覆うようになるために大きくなる。[*11] つまり強膜と比較しての虹彩のサイズは、年齢とともに系統的に変化していく。

この結果を得た私は、男性は五〇歳未満の女性に対しては、やや大きな虹彩を持つ人を好むと予測した。この予測の根拠は単純で、「五〇歳未満の女性では、大きな虹彩と受胎能力は若さと相関する」というものだ。女性の不妊率は二〇歳でおよそ三パーセント、三〇歳でおよそ八パーセント、四〇歳でおよそ三二パーセント、五〇歳で一〇〇パーセント、女性が妊娠する可能性は二〇歳でおよそ八六パーセント、三〇歳でおよそ六三パーセント、四〇歳でおよそ三六パーセント、五〇歳でおよそ〇パーセントである。[*12]

女性の受胎能力の低下は、自然選択を介して男性による女性の美の判断を形成してきた。その論理は単純である。たとえば五〇歳を超えた女性を愛でる美の計算をコードする遺伝子を持つ男性がいたとする。もちろん彼が美しい熟女と楽しくつき合うことは自由だ。しかし、その熟女が彼の遺伝子と女性美の計算論理を受け継ぐ子どもを生む可能性はどれくらいあるのだろうか？ ほぼゼロと言ってよい。では、二〇歳の女性を愛でる遺伝子を持つ男性についてはどうだろうか？ ほぼ確実であろう。

しかしそこにはひねりがある。女性の受胎能力は、彼女に将来期待できる子どもの数を示す生殖価と同一ではない。生殖価の高い女性を愛でる遺伝子は、勝ちを収め他の遺伝子を押しのけて次世代に受け渡されやすい。たとえば二五歳の女性は、彼女が二〇歳のときより受胎能力が高かったとしても、生殖価は二〇歳のときのほうが高い。[*13]

したがって自然選択は、二〇歳頃の女性をもっとも美しいと感じるよう男性を形作ってきたと考えられる。すると「二〇歳以上の男性は年下の女性を好む」「二〇歳未満の男性は年上の女性を好む」というはっきりとした予測が得られる。

これら二つの予測は実験で確かめられている。二〇歳以上の男性は年下の女性を好んだ。特に意外ではない。しかしティーンエイジャーの男性はやや年上の女性を好んだ。[*14] この結果は、進化による説明が他の説明よりすぐれていることを示唆する。たとえばティーンエイジャーの嗜好は、彼らの言い寄りにめったに呼応しない年上の女性によるポジティブな強化によるものではない。また、ティーンエイジャーの支配欲に基づくものでもない。彼らが年上の女性を支配するのはむずかしいからである。さらに言えば、それは文化に起因するのでもない。というのも実験の結果は、数か国で検証されているからだ。

要するに、自然選択は生殖価に関する証拠に依存する、美に対する感情を男性に植えつけたのである。大きな虹彩などの若さを示すいかなる兆候も、女性の生殖価を表す重要な指標になる。だから私は二〇一〇年に、「男性は、五〇歳未満のより大きな虹彩を持つ女性を好む」と予測したのである。この予測はリンバルリングの魅力に関する予測とは異なる。虹彩の大きさは、リンバルリングの可視性や大きさが変わらなくても異なりうるからだ。

この予測を検証するための実験で、サマクネジャドは被験者に二枚の顔写真を見せ、魅力的と感じるほうを選ぶよう求めた。ちなみに二枚の写真は、一方の写真の虹彩が他方のそれより大きいことを除いて同じであった。[*15] 実験の結果は明らかだった。写真を逆さまに見てさえ、男性はより大きな虹彩をした女性の顔を好んだのである。[*16]

つまり遺伝子は、女性の適応度に関する微細な手がかりを検知し、それに欲望を抱くよう男性を強要しているということだ。それを知る女性は自分の美しさを高められる。顔写真を魅力的に見せるには、虹彩を編集しさえすればよい。日常生活では、虹彩を大きく見せる「ビッグアイズ」コンタクトレンズをはめればよい。このコンタクトレンズは、日本、シンガポール、韓国で流行っている。虹彩の大きさの影響について熟知しているアーティストは、鑑賞者を操作することができる。この点に関して言えば、実のところアートは科学に先んじている。日本のアニメは、われわれが研究に着手するよりはるか以前から、若々しく見せるために女性キャラクターの目に大きな虹彩を描いてきた。

では、女性は虹彩が大きい男性を好むのか? ここで、際立つリンバルリングは若さと健康を示唆すること、また女性は際立つリンバルリングを持つ男性を好むべく進化してきたことを思い出そう。しかし大きな虹彩は若さのみを示唆する。濁りがなくゆえに疾病に罹患していないことを示す際立つリンバルリングとは異なり、虹彩はその人の健康に関しては、若さ以外にはほとんど何も教えてくれない。だからリンバルリングと違い、虹彩をめぐって女性が何を望んでいるのかを予測することはむずかしい。

それに対する女性の好みは、より複雑である。

この嗜好の複雑さには、親の投資という妥当な進化的理由がある。育児は、ある程度の時間とエネルギーの投資を両親に求めるが、その量は両性のあいだで異なりうる。哺乳類では、メスは懐胎と養育の面で多大な投資をしなければならない。それに対してオスは、エサの調達や保護を提供することで多大な投資をする場合もあるが、交尾して立ち去るだけで投資を最小限に抑えることもある。

投資量が増えれば増えるほど、それだけパートナーの選択にはうるさくならざるを得ない。[*17] 子どもをもうけるたびにコストがかかるのなら、あなたは慎重にパートナーを選択せざるを得ない。向こう見ずな選択をコードする遺伝子は、次世代に受け渡される可能性が低い。しかし投資を少なく済ませられるのなら、別の戦略を取ることが可能になる。選択に慎重にならず、たくさんのパートナーを持つという戦略だ。そのような質より量を優先する戦略をとる遺伝子は、たとえ各子孫の生存の可能性が低くても、子孫へと受け渡され続けるだろう。

投資量の多い性は、パートナーを選ぶ際に慎重になる。それに対して投資量の少ない性は、それほど慎重にパートナーを選ばず、より慎重に選択するもう一方の性へのアクセスを求めて競い合う。その際、身体的な闘争が生じる場合もあれば、クジャクのように印象度を競い合う場合もある。これは、普通は男性が言い寄って女性がパートナーを選ぶ理由を説明する。

しかし投資や、その量に基づく役割分担は、生物種によって逆転する場合もある。たとえばある種のタツノオトシゴでは、オスが育児嚢を持ち、メスが言い寄って、オスがパートナーを選ぶ。[*18]

両性の投資量が等しい生物種では、両性とも好みがうるさい。たとえば北太平洋やベーリング海に生息する海鳥エトロフウミスズメは、つがいが一羽の子を育て、卵の孵化やヒナの養育には両親が等しく参加する。[*19]両性とも色彩に富んだ羽毛と冠羽を持ち、強い柑橘類のにおいを発散させ、トランペットのような鳴き声を誇る。

人間の生物学的条件からすると、女性はそれぞれの子どもに対して多大な投資が求められる。それに対して、男性には選択肢がある。ほとんど投資しない男性もいる。しかし、配偶者や子どものために食糧を調達したり、保護を提供したりすることで多大な投資をする男性も多い。他の霊長類で、オスが定期的に食糧を調達し提供する種はない。メスは自分で自分の面倒を見なければならないのだ。[*20]

資源を持ち献身的な男性をパートナーとする女性は、子どもをうまく養育できる可能性が高い。自然選択は、資源と、それに相関する地位を手にする男性を好むべく女性を形作ってきたのである。このような嗜好は文化の境界を超えて見られ、より多くの資源を持つ女性において強められてきた。これは経済的格差の副作用ではない。[*21]男性の年齢や身長は、その人の持つ地位や資源と相関し、どの文化に属する女性も、背が高くて少しばかり年長の男性を好む。[*22]女性は、顔写真から、その男性が浮気性で他の女性に資源をまわしたりしないかどうかを見極めることができる。浮気性の男性は男らしく見えても、女性にとってより魅力的には見えない。[*23]男性は浮気性の女性を見極めるのにそれほど長けていない。[*24]それどころかヘラジカや甲虫が示すように、投資しようとしないオスはビールビンや金属製の像をメスと取り違えることがある。

すぐれた遺伝子を持つ男性をパートナーとする女性は、健康な子どもを育てられる可能性が高まる。そのような遺伝子はテストステロンのレベルと相関する。[*25]テストステロンは骨や筋肉の成長を促すので、思春期にテストステロンのレベルが高い男性は、長く角張ったあごと大きな眉弓《びきゅう》を持つ、より精悍な顔つきを発達させる。それゆえ自然選択は、より精悍な顔つきの男性を好むよう女性を形作ったのである。しかし、ここには一つ問題がある。テストステロンのレベルの高さは、子どもに対する投資の低下や、浮気の可能性の増大とも相関するのだ。[*26]

女性は、テストステロンのレベルが低く献身性の高い男性を選ぶか、それともテストステロンのレベルが高く献身性の低い男性を選ぶかという適応度のトレードオフに直面している。その種のトレードオフは進化ではよく見られるもので、適切な選択を行なった遺伝子は次世代に受け渡されやすい。女性の場合、遺伝子はそれに関して天才的で、両方の選択の良いとこ取りをしようとする。遺伝子は、月経周期のうち受胎の可能性が高い時期には精悍な顔つきをより好むよう女性を仕向ける。[*27]このようなあり方で遺伝子は、月経周期を通じてホルモンや脳の活動を調節して男性の顔に対する女性の欲求を変化させ、[*28]子どもがすぐれた遺伝子と献身的な父親が得られる可能性を高めているのである。

しかし遺伝子は、精悍な顔つきのみに着目しているのではない。男らしい足どり、身体、体臭、声、性格などに対する女性の嗜好も作り出す。[*29]受胎の可能性が低い時期にある女性は、パートナーに対してより献身的になるが、高い時期には、浮気する、浮気を妄想する、派手な服を着る、別の男性といちゃつくなどといった行動に走りやすくなる。[*30]しかしその女性のパートナーが魅力的だったり、パートナーの持つ免疫系関連のMHC遺伝子が彼女のものと相補的で、子どもに健康な免疫系を持たせられそうだったりすると、未知の男性を渉猟しようとする彼女の目は活動しにくくなる。これもまた、適応度利得が自己に有利になるべく賭けようとする遺伝子の賢明な戦略だと言えよう。[*31]このような遺伝子の策略は、たいてい意識的経験の埒外で生じ、特定の行動の選択を、強要はしないとしても促進する。

無節操な遺伝子が駆使するその種の無意識的な策略のせいで、女性が男性のいかなる虹彩に魅力を感じるかを予測するのはむずかしい。小さな虹彩は年齢の高さと、それゆえ資源の豊かさを示唆する。大きな虹彩は若さと、それゆえ健康な遺伝子を示唆する。おそらく女性は、受胎の可能性が低い時期には小さな虹彩を、高い時期には大きな虹彩を好むのかもしれない。残念ながらサマクネジャドの実験は、受胎の可能性を考慮に入れていない。また彼女のデータが月経周期の全体にわたりさまざまな嗜好を平均化したものであるためか、虹彩の大きさに対する嗜好は見出されなかった。

虹彩の中心には、目の内部に光を通過させる瞳孔がある。瞳孔は、環境光の強弱に応じて収縮したり拡大したりする。しかし関心、心的努力などの認知的な状態、あるいは恐れや興味などの情動的な状態によって拡大することもある。[*32] 年齢を重ねるにつれ、瞳孔の拡大可能な最大サイズは小さくなっていく。[*33]

男性は、女性が瞳孔を拡大させ微笑みを浮かべているところを見ると、彼女が自分に関心を持っていると無意識のうちに見なす。男性が女性より親としての投資をあまりしない性であることから類推されるように、男性はそれを魅力的だと思う。[*34] ある実験では、微笑みを浮かべた女性が表紙を飾る本が販売された。表紙のなかには、瞳孔が大きく見えるよう人為的に操作されたものもあった。その結果、大きな瞳孔の女性が表紙に踊る本を買う男性が多かったが、なぜそれを選んだのかを説明することはできなかった。[*35] 彼らは、女性の関心に関する純粋ながら当てにならない手がかりを拾ったのである。というのも、受胎の可能性が高い時期にある女性が性的興奮を喚起するイメージを見ると、彼女の瞳孔は、避妊薬を服用していなければその時期にないときより大きくなるからだ。[*36]

サマクネジャドの最初の実験では、虹彩を黒くして瞳孔が見えないようにし、その影響を除去していた。しかし第二の実験では、虹彩や瞳孔の大きさがいかに相互作用して、その人の魅力に影響を及ぼすかを研究している。[*37] 彼女は各トライアルで、男性被験者に同じ女性を写した二枚の顔写真を見せた。一方の写真には、他方より大きな虹彩と瞳孔が写っている点を除けば、写真は同じものであった。そして被験者に、より魅力的だと思うほうの写真を選ぶよう求めた。被験者は予想どおり、若さと関心の手がかりになる大きな虹彩と瞳孔を持つ顔の写真を選んだ。次にサマクネジャドは被験者を板挟みの状況に陥れた。彼女は各トライアルで、男性被験者に同じ女性を写した二枚の顔写真を見せたが、今度は一方の写真には他方より大きな虹彩と小さな瞳孔が写っていた。この状況によって被験者は、あまり関心を示していない「より若い」女性と、より大きな関心を示している「年長の」女性の選択を強いられた。その結果、被験者によって取った戦略が異なり、より若く見えるほうの写真を選ぶ者もいれば、より大きな関心を示しているほうの写真を選ぶ者もいた。それらの戦略のおのおのが、やがて自然選択の手で刈り込まれるかもしれない若芽をなしているのだ。

受胎の可能性が低い時期にある女性は、より小さな、関心をあまり示していない男性の瞳孔を好む。しかし排卵の数日前になると、より大きな瞳孔を好むようになる。[*38] この早めの切り替えは、気ままなあいびきのための男性候補者名簿を作成し評価する時間を与えるために進化したのかもしれない。「バッドボーイ」、すなわち「気まぐれで軽薄、不道徳で抜け目がなく、ハンサムで自信に満ち、思い上がった男性」に惹かれる女性もいる。[*39] そのような女性は、瞳孔の大きな男性を好む。

強膜、つまり白目の部分は、その人の魅力に影響する。白い強膜を持つ霊長類は人間以外にない。他の霊長類の強膜は暗く、捕食者や、凝視が脅威になる同じ種の他のメンバーから視線の方向を隠している。[*40] 人間の目の白い強膜は、視線の方向を告知し、社会的コミュニケーションのツールとして機能している。また情動や健康も告知する。強膜は、細い血管を含む薄い膜、結膜に覆われている。恐れや悲しみなどの情動や、アレルギーや結膜炎などの疾病は、この血管の拡大を引き起こし、強膜を赤くする。遺伝子はそれに気づく。白目の部分を人為的に赤くした顔写真は情動的に見えて、あまり魅力的に見えない。[*41] また肝臓病や老化は、強膜に黄色の色調を加えることがある。強膜を白く見せられれば、顔がより魅力的に見える。[*42]

乳児の強膜は薄く、その下にある脈絡膜が白い強膜を青みがかったように見せている。[*43] 年齢を重ねるにつれ強膜は厚くなり、青い色調は次第に失われていく。したがって、青みがかった強膜は若さと相関する。男性は女性に若さを求め、女性はやや年長の男性を好むので、女性より男性のほうが、青みがかった強膜を持つ異性に惹かれるのではないかと、私は予測した。サマクネジャドはこの仮説を検証している。彼女は被験者に一連の顔を見せ、青から黄色へと色調を順次変えられるスライダーバーを用いて、おのおのの顔がもっとも魅力的に見えるよう強膜の色を調節するよう求めた。すると女性は、男性の強膜をやや青みがかった色調へと調節したのに対し、男性は予想どおり、女性の強膜をより青くなるよう調節した。[*44] ここでも遺伝子は、適応度を示すわずかな手がかりを拾っているのだ。この結果をうまく応用しよう。自分の顔写真をもっと魅力的に見せたければ、強膜を白くするだけでは足りない。青みがかった色調を加えるべきだ。その際、女性は男性より濃い青を加えたほうがよい。

私たちの目は湿っているので、輝《ハイライト》きを放つ。この現象は目をより魅力的にする。それを知るプロの写真家は、「キャッチライト［瞳に映りこませる光］」を用いて目にハイライトを加える。画家もそのことをよく知っている。フェルメールの『真珠の耳飾りの少女』の目は生き生きと輝いている。『モナ・リザ』の目にハイライトはなく、それによって彼女の謎《エニグマ》は深まっている。アニメではキャラクターの魅力を高めるため、目のハイライトが強調される。映画製作者は悪漢の目にハイライトが映り込まないようにし、極悪で生命感が欠如しているように見せる。

目のハイライトは、涙腺から分泌され、角膜と強膜を覆う涙の薄い膜に光が反射して放たれる。[45] 年齢を重ねると、あるいはシェーグレン症候群、狼瘡、関節リウマチ、甲状腺疾患、マイボーム腺機能不全などの疾病に罹患すると、この涙の膜は次第に薄くなり乾いていく。乾いた目は、豊かな涙の膜に覆われた目より光をあまり反射しない。[46] よって強く輝くハイライトは、若さと健康を示唆する。

魅力的なものに対する私たちの感覚は、この手がかりを追っているのだろうか？ ダレン・ペシェクは、事実そうであることを見出した。目にハイライトのある顔は、まったくハイライトのない、あるいはハイライトが弱い顔より魅力的である。だが一方の目のハイライトが他方の目のハイライトより強く、両目のあいだに非対称性が見受けられると、顔の魅力ははるかに低下する。また自分の顔写真にハイライトを加える場合、縦にそろうよう注意しよう。

目のハイライトに注意を向けるのは人間だけではない。たとえばフクロウチョウは、羽にニセのフクロウの両目を帯び、それらにニセのハイライトが加えられている。この細部へのこだわりは、腹をすかせた鳥類の目が識別力を研ぎ澄ませるにつれ、鳥類の捕食者を脅すためのニセの目がますますほんものらしくなっていったという、進化における軍拡競争を反映する。この軍拡競争のある時点で、おそらく

「Engrailed」「Distal-less」「Hedgehog」「Notch」などの遺伝子に影響を及ぼす突然変異[*47]によって、眼状紋に鳥類を脅して退散させるに十分なほどほんものらしいハイライトが描き込まれ、やがてそれが流布していったのだろう。その種の軍拡競争は繰り返されることが多く、チョウやガの多くの種は、生存競争を通してニセのハイライトのある眼状紋を誇示するようになったのだ。

ニセのハイライトは愛を育むこともある。アフリカに生息するジャノメチョウ（*Bicyclus anynana*）のメスにとってオスの眼状紋のハイライトは、その描写が適正であれば性的な興奮をかき立てる。オスのにおいが標準以上なら、メスはオスの魅力に抵抗できなくなる。[*48]では、なぜニセのハイライトがそれほど魅惑的なのか？　適正なハイライトを持つ眼状紋のあるオスは、捕食者を脅して退散させることに長け、生き残る可能性が高い。したがって、そのようなオスに惹かれるメスは、捕食者をうまく退散させることのできる眼状紋のある子孫を残す可能性が高い。ニセのハイライトは、争いを避けて愛をたぐり寄せるのだ。

遺伝子は、眼状紋に他の戦略を適用することがある。たとえば見る者に催眠術をかけんとしているかのような眼状紋が一面に散りばめられた、クジャクのオスの大きくて派手な羽は、その個体が、重荷を抱えているにもかかわらず捕食を避けるに十分なほど適応しており、愛されるに値するということをメスに知らせる。[*49]このように遺伝子は、次世代に受け渡されるためにさまざまな戦略を駆使する。恋というくさ、そして適応度ポイントの獲得は、道を選ばずということだ。

陸生動物の目のハイライトは、大気中の光の屈折率が涙の薄い膜のそれと異なるために生じる。水生生物では、この屈折率の差異がないため、目にハイライトが生じることがない。魚類にも、カニハゼ、ニセネッタイスズメダイ、ハシナガチョウチョウウオなど、捕食者に対する防御手段として眼状紋を進化させた種がある。しかし、そこにはハイライトが欠けている。水中で目にハイライトが生じることはないからだ。ニセのハイライトの適応度利得は環境に依存する。陸上ならあり得ても、水中ではあり得ない。

　遺伝子はさまざまな欺瞞戦略を駆使して、次世代に受け渡されようとする。だが、自分の身体に宿る遺伝子が、他者の身体に宿る遺伝子を次世代に受け継がせる場合があることを、ロンドンの大学の大学院生だったウィリアム・ハミルトンが発見したのは、一九六三年になってからにすぎない。もちろんどんな他者の身体でも構わないというわけではなく、自分に関連する遺伝子を持つ他者の身体ではあるが。あなたは、あなたの兄弟姉妹や両親と半分の、孫と四分の一の、そしていとこと八分の一の遺伝子を共有している。ハミルトンの発見によれば、自分の適応度に対するコストより、親族の適応度に対する利益のほうが大きければ、自然選択は遺伝子がそのような生き残り戦略を取ることを許す。必要とされる利益とコストの差異は近親度に依存する。たとえば兄弟姉妹が得られる利益は、自分にかかるコストの少なくとも二倍でなければならない。孫への利益は自分へのコストの少なくとも四倍、そしていとこへの利益は少なくとも八倍でなければならない。このより広い適応度の概念は、ここまで説明してきた「個体適応度」と区別するために、「包括適応度」と呼ばれている。[*50] 二つの概念は対立するわけではない。包括適応度は、次世代に受け渡されるよう仕向ける遺伝子の戦略をより包括的な範囲《スペクトル》でとらえているにすぎない。

　包括適応度は、自己を犠牲にして他者の適応度を高めようとする、ある種の利他的行動の進化を説明することができる。一例として、アメリカ北西部に生息するベルディングジリス［リス科の動物］の警戒声をあげよう。ベルディングジリスは食物連鎖のなかで最低の地位に置かれており、ワシ、イタチ、ボブキャット、アナグマ、コヨーテの格好の餌食になる。[*51] 警戒していた個体がワシを見つけると、その個体は、自身をワシの攻撃にさらしても、警報として金切り声をあげる。つまりワシの注意を自分に引きつけることで、自らの命を危険にさらしつつ、近くの仲間に警告を与えるのである。近くの仲間が警戒声を発する遺伝子を共有していれば、この戦略は、ときに見張りが捕食者の餌食になっても、当の遺伝子を次世代へ円滑に受け渡せるようにする。遺伝子は、個体がある程度犠牲になっても、というよりむしろそうであるからこそ生き残れる。それは、遺伝子が甘んじて受け入れなければならないリスクなのだ。とはいえ、ベルディングジリスの利他主義には限界がある。捕食者が空中ではなく陸上からやって来ると、リスは警戒声をあげる前に安全な場所に駆け込むのだ。

　自己を犠牲にして近くの個体を救わせる遺伝子は、その個体も当の遺伝子を持っていれば生き残る。その遺伝子の共有の可能性は、両者の遺伝的な関係に依存する。目で見てDNAの内容がわかるはずはないので、遺伝子は遺伝的な関係に関して、ときに誤りはしたとしてもおおむね適切な評価を下せる戦略を進化させた。その一つは、「自分が属する種のメンバーで近くにいる個体は、遠くの個体より遺伝的な関係が深い」とするものだ。この前提は、「よく目にする人にはより利他的な態度で接しよう」とする有用な発見的問題解決法《ヒューリスティック》を形成するに十分な程度に正しい。[*52]

　感覚的な手がかりをもとに遺伝的な関係を評価する戦略もある。たとえばメスのベルディングジリスは、遺伝的な関係を評価する際、嗅覚に強く依存して自分に近いにおいを選好する。[*53]

ニューヨーク大学心理学部教授ラリー・マロニーと、パデュア大学（イタリア）の心理学部教授マリア・ダル・マルテロは、顔を見ることで見知らぬ人々のあいだの血族関係を評価する能力が私たちには備わっていることを発見した。それによれば、私たちは顔の下半分より上半分から血族関係に関するより多くの情報を得ている。とりわけ目は、その五分の一を占める。[*54] ただし、いかなる目の特徴が血族関係の評価に影響を及ぼしているのかは、まだわかっていない。

本章では、リンバルリングのような目の特徴がその人を魅力的に見せ、個体適応度を高めうることを見てきた。目はまた、血族関係に関する情報を与え、それゆえ包括適応度を高める。目は魂に開かれた窓なのかもしれない。とはいえ、目が進化でもっとも重要な要件、すなわち個体適応度と包括適応度への窓であることは確実だ。

本章では、簡潔を期して、また私たちは他の何にもまして目を見る機会が多いこともあって、目の美に焦点を絞った。もちろん私たちの遺伝子は、身長、体重、におい、声の質など、他の無数の感覚的な手がかりを用いて適応度を評価する。[*55]

遺伝子は、女性の美に対する男性の知覚を形作る。もちろんその事実は、性差別主義、家父長制、女性の抑圧を正当化するものではない。遺伝子ががんに影響を及ぼすという発見ががんを正当化したりはしないように、遺伝子が情動や行動に影響を及ぼすという発見は抑圧的な体制を正当化しない。事実はまったく逆で、分子生物学の進歩ががんを理解し治療するツールを提供してくれるのと同じように、進化心理学の進歩は抑圧を理解し予防するツールを提供してくれる。

進化心理学は、美の知覚が生殖価の評価であることを明らかにする。これは、私たちが生殖のためだけにセックスしているということを意味しない。ある機能のために進化した特徴が新たな機能のために転用される外適応は、自然界ではよく見られる。私たちは、生殖のためだけでなく、絆を深める、遊ぶ、癒す、楽しむためにもセックスする。

それを理解したうえで言えば、本章での美の探究は、「私たちは実在をありのままに見ているのか？」という中心的な問いに取り組む際に必要になる背景知識を提供するにすぎない。本書は、この問いに対して直観に反する答えを出す。私たちの感覚が自然選択によって進化し形作られたのなら、時空も物体も、美と同様、鑑賞者の目のなかに存在すると考えられる。それらは、真実や実在ではなく適応度について私たちに教えてくれるのだ。

第3章　実在　誰も見ていない太陽のいたずら

「進化の観点から言えば、視覚は相応に正確であった場合にのみ有用になる。（……）実のところ、視覚が有用なのは、それが非常に正確だからだ。概して、あなたが見るものは、あなたが得るものである。それが真なら、私たちは真正な知覚と呼ばれるものを持つ。（……）それは環境における諸事象の実際の状態と一致する知覚である。これは、視覚のほぼあらゆる事例に当てはまる」

――ステファン・パーマー『視覚科学（*Vision Science*）』

一九九四年四月一三日、フランシス・クリックは私に次のように書いてきた。「あなたがニューロンを取り上げる理由がよくわからない。あなたも、太陽は誰かが見る前からすでに存在していると考えているはずだ。なぜニューロンは違うのかね？」。それより数週間前、クリックは新著『DNAに魂はあるか』を、親切にも私に送ってくれた。それを読んだ私は、三月二二日にお礼の手紙を書いた。そのときついでに、彼の仮説に関する質問をしたためた。

あなたなら、私には謎に思える問いに答えられるのではないでしょうか。私は、「視覚は能動的で建設的なプロセスである」「私たちは世界の象徴的な解釈を見ている」「事実私たちは、世界内に存在する物体を直接知ることができない」というあなたの見解に全面的に同意します。実のところ私は、知覚を科学のようなもの、つまり利用可能な証拠をもとに理論を構築するプロセスだと見なしています。私たちは自分たちが信じている理論を見ているのです。あなたが言うように、「見ることとは信じること」なのです。

以上の点に関しては、クリックと私は同意見だが、それは常識に反する。だから、議論が生じてもおかしくない。視覚が機能するあり方を正確に知っていると言う人はほとんどいない。だがせっつかれれば、ビデオカメラによく似ているのではないかなどと言うだろう。私たちは、誰も見ていなくても存在するリアルな三次元世界があり、そこには赤いリンゴや霧のかかった滝のような、リアルな物体が含まれていると考える。私たちがそれらを見るときには、単にこの世界のビデオ映像を撮影しているにすぎない。それ以上でも以下でもなく、このビデオカメラはたいていうまく機能し、正確な映像を撮影できる。そう考えるのだ。

しかし、そのように常識的に考える人には驚きが待っている。というのも神経科学は、私たちが目を開くたびに、数十億のニューロンと数兆のシナプスが活動を開始するということを教えてくれるからだ。大脳皮質、すなわち人間が持つもっとも先進的な計算能力のおよそ三分の一は、視覚処理に費やされている。これは、見ることをビデオ撮影のようなものと考えていれば、想像できないだろう。そもそもカメラは、コンピューター時代が到来するはるか以前からあった。では私たちが何かを見るとき、脳はいったい何を計算しているのか？

この問いに対する神経科学者の標準的な答えは、「脳は、リンゴや滝のような物体の知覚をリアルタイムで構築している」というものだ。[*1] 脳が物体の知覚を構築する理由は、目それ自体がリンゴや滝を見ているわけではないからである。目には一億三〇〇〇万個の光受容体があるが、各光受容体は受け取った光子の数という たった一つの事象を検知している。つまり光受容体は一種の光子カウンターであり、「光受容体#1＝光子二〇個、光受容体#2＝光子三個、……光受容体#130000000＝光子六個」などといった凡庸な報告を送り出している。だから目の光受容体には、明確な意味のない数値の膨大な羅列があるだけで、みずみずしいリンゴも、荘厳な滝も存在しない。この一連の数値に意味を付与し、生命のない数値の羅列が現実世界に関して何を語っているのかを理解することは、気が遠くなるほど困難な課題であり、目の内部に存在する数百万本のニューロンを含め、数十億本のニューロンが動員されねばならない。それはギリシア語から英語への翻訳のような課題より探偵の仕事に近く、脳は数を手がかりにして、シャーロック・ホームズのように謎を解かねばならない。あるいは、理論物理学にもたとえられる。その場合、数は実験データに相当し、脳はアインシュタインのごとく考えねばならない。脳は賢明な捜査や理論化を通じて、単なる数値の羅列から首尾一貫した世界の解釈を紡ぎ出す。そしてその解釈が、あなたが見るもの、すなわち脳が考案できる最善の理論になるのである。

クリックはそのように主張し、私も、「視覚は能動的で建設的なプロセスである」「私たちは世界の象徴的な解釈を見ている」「事実私たちは、世界内に存在する物体を直接知ることはできない」、さらには「見ることとは、自分が持つ最善の理論を信じることである」とする見解に同意した。

しかしそこで私は逆説を提起した。自分の見るものすべてを構築しているのなら、私たちはニューロンを見るときにはニューロンを構築していることになる。しかし私たちが構築するものは、構築される以前には存在していない（建てる前に豪邸に住めるのならどんなに安上がりか）。よって私たちが構築するまでニューロンは存在しない。

だがこの結論は、「ニューロンは知覚に先立って存在し、それが生じる原因をなすと主張する〈驚異の仮説〉と矛盾するように思われます」。三月二二日の手紙に、私はそう書いた。

もとより私は、クリックが私の議論を真に受けるとは思っていなかったが、いずれにせよ彼の返答を知りたかった。返信は一九九四年三月二五日にやって来た。そこには、「〈私たちは、ほんとうの世界が何から構成されるかについて限られた知識しか持っていない〉〈ニューロンは、ニューロンとして誰かが観察する以前から存在する〉という仮説は妥当なものである（傍点はクリックによるもので、下線が引かれていた）」とあった。

ニューロンは、誰かがニューロンとして知覚する以前から存在するという彼の議論には、ほとんどの神経科学者が同意するだろう。しかし私は、知覚と実在の関係に関するクリックの考えをもっとよく知りたかった。そこで一九九四年四月一一日に送った手紙で、次のように彼を突っついた。「あなたの言うとおり、私たちは〈ニューロンは、いかなるニューロンの表象にも先立って世界内に存在する〉という仮説を立てることができます。確かにこの仮説は妥当なものではありますが、検証はできません。どうすればそれを原理的に反証することができるのでしょうか？」

それに対するクリックの回答は四月一三日にやって来た。冒頭にあげた「あなたがニューロンを取り上げる理由がよくわからない。あなたも、太陽は誰かが見る前からすでに存在していると考えているはずだ。なぜニューロンは違うのかね？」がその内容だった。しかしそれに続いて次のようにあり、私が望んでいたとおり、知覚と実在の関係について彼が私と考えを共有していることを確認できた。「カントに従って、基本的に知ることができない物自体（上記の例で言えば太陽）と、脳が構築する〈事物に関する観念《アイデア》〉を区別する必要があるように私には思える。ならば、知覚されたものは象徴的な構築物であることになる。太陽それ自体は知覚の対象になりうる。太陽に関する観念は象徴的な構築物であり、その構築に先立っては存在しない。だが太陽それ自体は、それに先立って存在する！」

そのとおりである。クリックも私も、自己と自己の経験のみが存在すると論じる形而上学的独我論を退ける。独我論によれば、私があなたを見ればあなたは存在するが、それは私の経験としてのみである。だから私が目を閉じれば、あなたは存在しなくなる。私は私が構築した宇宙、つまり私の経験という宇宙に宿り、要するに孤独なのだ。そう考える。私自身は、独我論クラブに加入したりはしないし、独我論者がもっといてもよいのではないのかなどとは、皮肉を言いたくなったとき以外には思ったりしない。

クリックは形而上学的実在論を擁護していた。その考えによれば、太陽それ自体は誰も見ていなくても存在する。あなたはその知覚、すなわち太陽に関する自分の観念を構築しているにすぎない。

私たちはたいてい、形而上学的実在論者である。その考えは自然に思える。第1章であげたように、あなたは目を開き、一メートル先の赤いトマトとして記述される経験をしたとする。それから目を閉じると、灰色の視野へと経験が変化する。灰色を見ているあいだも、一メートル先に赤いトマトが存在するという言明は依然として正しいのだろうか？　私たちのほとんどは、その問いに肯定的に答えるだろう。誰も見ていなくても存在すると私たちが信じているこのトマトを、クリックなら「トマトそれ自体」と呼ぶはずだ。それはあなたのトマトの経験、すなわちあなたの「トマトに関する観念」と同じではない。

クリックは手紙には、トマトそれ自体にせよ、ニューロンそれ自体にせよ、物自体は「本質的に知り得ない」とあった。だがほとんどの人はそうは考えず、たとえば自分の経験と同様、赤くてトマトの形をしたトマトそれ自体が一メートル先に存在すると考える。つまり経験が物自体を正確に描いていると考えるのだ。

私は、クリック自身もそう思っていたのではないかと考えている。ニューロンに関する私たちの観念はニューロンそれ自体を描いているというのが、彼の考えだった。だから彼にとって、神経科学者が顕微鏡を通して見るニューロンの三次元の形は、ニューロンそれ自体の真の形状を告知している。あるいは微小電極から聞こえてくる音は、ニューロンそれ自体の真の活動を告知しているのだ。クリックは自著で、「驚異の仮説は、〈あなた〉や、あなたの喜び、悲しみ、記憶、野心、自己の感覚、自由意志が、実際には神経細胞とそれに関連する分子の膨大な集合が示す振る舞いにすぎないと主張する。(……)あなたはニューロンの束にすぎないのだ」。クリックは間違いなく、ニューロンに関する観念の束ではなく、ニューロンそれ自体の束だと述べている。

私は一九九四年五月二日に、この中心的な問題に対する彼の考えを知るためにもう一度手紙を送った。「驚異の仮説は依然として検証不可能です。というのは、実験で観察されるのは、ニューロンに関する観念のみだからです。ニューロンそれ自体ではありません。私の見るところ、このギャップを埋める唯一の方法は、ニューロンそれ自体が、ニューロンに関する私たちの観念と重要な点で類似していると仮定することです(この仮定が正しければ、太陽それ自体などにも有効です)。この仮定を〈架橋仮説〉と呼ぶことにしましょう」

「端的に言えば、驚異の仮説は改訂した形態でも検証不可能だと私は考えています。あるいはむしろ、それは架橋仮説を前提としてのみ検証可能であるのに、知覚されるものと知覚し得ないものの関係を前提とするため、その架橋仮説自体が検証不可能で疑わしいと言ったほうがよいでしょう。(……)物自体という概念は、存在論的重荷であり科学的営為には有益でありません」

私は本気で「存在論的重荷」というくだりを書いたわけではないし、クリックもそれを真に受けるとは思っていなかったが、とにかく彼の考えが聞きたかったのである。

返事は一九九四年五月四日に戻ってきた。そこには次のようにあった。「私は、〈物自体〉を捨て去ることが妥当であるとは思わない。この概念は、私たちが知り得ないものについて警告を与えてくれる点で有用だからである。それはこのような方法で有用に語ることができる仮説ではあれ、(おそらくは)量子力学を含めてあらゆる科学の基礎をなす標準的な仮説でもあるのだ。問題が先鋭化するのは、クオリアについて議論し始めたときに限られる」

「クオリア」という用語は、哲学者が主観的で意識的な経験に言及するときによく使われる。赤の赤さを見るとは、あるいはコーヒーの香りをかぐとはどのようなことなのかを問うのである。そもそもその正確な定義をめぐって議論が巻き起こることも多いので、本書では基本的にこの用語の使用は避け、その代わり意識的経験(conscious experience)という用語を使うことにする。

クリックは続ける。「事実、脳の機能に関する現在の暫定的な見方は、クオリアには伝達不可能な側面もあることを示唆している。むしろ課題は、そもそもなぜクオリアが存在するのかを説明することにある。方針として、クオリアの伝達不可能な側面に無駄に拘泥する前に、NCC（意識と相関する神経活動）の発見を試みるべきだろう」

「それはこのような方法で有用に語ることができる仮説」と述べている点からもわかるように、クリックは物自体の概念に対して実用的《プラグマティック》な姿勢を取っている（彼は「有用に」と「仮説」の部分に下線を引いていた）。彼は意識的経験の問題に関して率直だった。彼の考えでは、意識的経験が存在すること自体、当時にあっては説明がきわめて困難だったのだ。DNAの構造を解明するにあたって、クリックがシュレーディンガーの著書『生命とは何か？』に表明されている遺伝子に関する考えに影響されていたことは、よく知られている。またクリックは、どうやら同書の意識的経験に関するシュレーディンガーの考えにも影響を受けていたらしい。そこには次のようにある。「色覚は、光波に関して物理学者が持つ客観的な見方によっては説明できない。では生理学者は、網膜のプロセスや、それによって視神経の束や脳の内部に設定された神経プロセスに関して現在持っている以上の十全な知識を得たなら、色覚を説明できるのだろうか？　私は、できるとは思わない」

とはいえクリックは、事物に関する私たちの観念や、空間と時間内を移動する物体に関する言葉を用いて物自体を記述することができると考えていた。たとえば熱それ自体は、空間と時間の内部における分子の運動であり、ニューロンそれ自体は空間と時間の内部で進化する、形を持ち活動を行なう物体である。彼の前提では、事物に関する私たちの観念は物自体を正確に記述している。ゆえに、一つの用語がそれら両方を記述しているのである。私は、この前提をあり得ないものとして退ける。しかしクリックは、その考えを物体や空間や時間にさえ適用する。

クリックのこの考えは、一九七〇年代後半から一九八〇年代前半にかけて視覚の理解の革新に貢献した若い神経科学者デイヴィッド・マーによって支持されていた。クリックはマーとイングランドで出会っているが、そののちクリックはサンディエゴにあるソーク研究所に、マーはマサチューセッツ工科大学（MIT）に移っている。一九七九年四月、マーと彼の同僚トマソ・ポッジオは、ソーク研究所でクリックと一か月を過ごし、視覚の神経科学について論じ合った。

マーの主張によれば、私たちの知覚は、通常は実在と一致し、事物に関する私たちの観念は物自体を正しく記述する。彼は一九八二年の著書『ビジョン』のなかで、「私たちの知覚の処理は、通常正しく機能する（そこに存在するものの真の記述を与える）」と述べている。彼は、この知覚と実在の一致が長い進化の過程の産物であると考えていた。「私たちは、（……）外界に実在する可視的な表面の明示的な特徴を計算することができる。そして視覚系の進化の興味深い側面の一つとして、視覚世界のより客観的な側面の表象という困難な課題に向けて、視覚系が漸進的に進化してきた点があげられる」

マーの主張では、人間の視覚系は事物に関する観念が物自体の持つ真の構造に、つねに完全ではないとしても一致するべく進化してきたのだ。「私たちの知覚の処理は、通常正しく機能する（そこに存在するものの真の記述を与える）。だが、知覚処理が（不規則な照明などの）さまざまな環境の変化を許すよう進化してきたのだとしても、水面での光の屈折によるかく乱など、それには例外が存在する」。しかし彼は、自然選択が、概して実在に一致するよう私たちの知覚を形作ったと主張する。「それによって得られる利得はより大きな柔軟性であり、そのコストは分析の複雑さと、それに必要とされる時間と脳の大きさである」

物自体という概念は有用な仮説だとクリックは論じたが、マーは進化論に依拠してその考えを一歩進め、私たちの知覚、すなわち事物に関する私たちの観念が実在、つまり物自体を正確に記述すると主張したのだ。一九九四年のクリックとのやり取りでは、私は進化に依拠し、架橋仮説を支持するマーの議論に反論することはできなかった。

実のところ、知覚と実在に関する私の考えは、マーによって形成された。私が最初に彼の考えを知ったのは、一九七七年から一九七八年にかけての年度にUCLAで人工知能に関する大学院の講座を受けたときのことだった。当時の私は学部四年生で、定量的心理学の学士の取得を目指していたのだが、エドワード・カルテレット教授が親切にも大学院生向けの彼のクラスに迎え入れてくれたのだ。私たちが議論した論文の一つが、マーの論文であった。その論文は、スタイルにおいても内容においても私には衝撃的だった。彼はその論文で、コンピュータープログラムとして書けるほど緻密な視覚のモデルを提起していた。コンピューターにビデオカメラをつなげば、そのプログラムは接続したカメラから入力した画像を解析し、三次元構造などの、周囲の環境の重要な特徴を推定することができた。マーの目的は明らかだった。人間の視覚の緻密なモデルを構築し、そのモデルを用いて視覚能力を備えたコンピューターやロボットを考案しようとしたのだ。

私はとりこになった。この人物はどこにいるのか？　どうすれば彼と共同研究を行なえるのか？　そう思ったのだ。驚いたことに、マーはMITの心理学部にいることがわかった。MITの心理学部？　MITは数学と自然科学《ハードサイエンス》の牙城だと私は思っていたので、心理学部とは思いもよらなかった。のちになって私は、彼が人工知能研究所にも所属していることを知り、MITで彼の学生になることを決心した。

当時は東西冷戦の真っ只中で、私はUCLA在籍中、ヒューズ・エアクラフト社［ハワード・ヒューズが設立した航空機製造会社］に雇われて、F―14などの戦闘機のフライトシミュレーターやコックピット・ディスプレイ用のプログラムをAN／UYK―30と呼ばれるマイクロプロセッサ用の機械語で書き、冷戦戦士として働いていた。一九七八年の六月にUCLAを卒業し、もう一年ヒューズ・エアクラフト社で働いたあと、一九七九年の秋にマーの指導する大学院生としてMITに入学した。

それからすぐに、私はマーが白血病にかかっていることを知った。そして彼は、その一四か月後の一九八〇年一一月に、三五歳の若さで死去した。しかしその一四か月間は、私にとっては期待していた以上に充実した日々になった。マーは、著書とともに個人的なやり取りを通しても私を啓発してくれた。彼は、熱心な学生や才気あふれる同僚から成るグループで中心的な位置を占めていた。そこで飛び交う議論は学際的で生き生きとし、とても革新的だった。

高揚した時期もあった。病状が一時的に回復したマーは、ルシア・ヴァイナと結婚したのだ。陰鬱になった時期もあった。心理学部の大学院生だったジェレミーは、その春に博士号を取得したのだが、その翌日に自から命を絶ったのである。うわさでは、青酸カリによる自殺だったようだ。そのときは、大学院生全員が呆然としていた。数日経ってから、私が人工知能研究所の八階にあるマーの研究室のそばを歩いていたとき、彼は中に入るよう私に手招きした。「もし自分の人生を終えたいと思うことがあれば、まず私のところに来なさい。人生は生きるに値する」。それが彼の言葉だった。

すぐにマーは、ハンカチで鼻と口を覆い、衰弱した様子を見せながら研究室の会合に出席するようになった。それから悲劇的にも、まったく姿を見せなくなった。すぐれた精神物理学者でマーの考えの支持者でもあったホイットマン・リチャーズが、マーが生きているあいだは私の共同指導者になり、マーの死後は単独の指導者になった。リチャーズは、その後二〇一六年に彼自身が死去するまで私の親友だった。

私は一九八三年の春に博士号を取得し、その年の秋にカリフォルニア大学アーヴァイン校の認知科学部に就職した。一九八六年には、私は「私たちは、そこに存在するものの真の記述を知覚するべく進化してきた」というマーの主張を疑うようになっていた。また知覚の言語、すなわち空間、時間、形、色、肌理、におい、味などに関する言語は、そこに存在するものの真の記述を枠づけられるとする考えも疑うようになった。それは単純に間違った言語だ。だが一九九四年のクリックとのやり取りでは、私はマーの主張を反駁するすぐれた議論を提示することができなかった。

それどころか、マーの主張を支持する議論があった。それは次のような議論である。私たちの先祖のあいだで実在をより正確に見ることができた者は、そうでない者に比べ生存競争において優位な地位を占め、より正確な知覚をコードする遺伝子を子孫に受け渡せる可能性が高かった。私たちは、そのような世代が数千世代続いたあとに生まれた、実在をより正確に見ることのできた者たちの末裔なのである。よってそのような世代を何千と経たあと、私たちは実在をありのままに見るようになったのだ。もちろん実在のすべてではなく、私たちが生きる生態的地位《ニッチ》内で生存するために必要な部分のみではあるが。ビル・ガイスラーとランディ・ディールが述べるように、「一般に、真実に近い（知覚的）評価には、それからほど遠い評価より大きな効用がある」[*2]。かくして「概して言えば、人間の知覚の多くは、自然状態のもとでは真正（正確）であるという考えは正しい」[*3]

進化に関する卓越した洞察によって社会的関係の理解を変えた進化理論家ロバート・トリヴァースは、同様な議論を提起している。彼によれば、「私たちの感覚器官は、外界に関する驚くほど詳細で正確な展望を提供するべく進化してきた。（……）私たちの感覚系は、実在に関する詳細で正確な展望を提供するために組織化されている。これは、外界に関する真実が、より効率的にそこで生きていけるよう私たちを導いてくれるのなら、当然予測されるところだ[*4]」

知覚における行動や身体の役割とは何か、知覚には構築、推論、計算、内的表象が関与しているのか否かなどといった多くの専門的な事項については、視覚科学者のあいだで見解の相違がある。しかし、「私たちが持つ知覚の言語は、誰も見ていないときにも存在するものを記述するのに適しており、知覚は通常、それを正しくとらえる」という一点に関しては合意が得られている。

たとえば、ステファン・パーマーは彼が著した教科書『視覚科学（*Vision Science*）』のなかで知覚の学習者に向けて、「進化的な観点から言えば、視覚は相応に正確であった場合にのみ有用である」と書いている。要するに、真であればあるほど、つまり客観的世界の状態とうまく一致すればするほど、知覚はそれだけ適応度が高くなる。だから自然選択は、より真であるよう私たちの知覚を形作ったのだ。そう考えているのである。

脳は外界の内的表象を構築し、この内的表象が私たちの知覚経験を生んでいると、ほとんどの知覚理論家が考えている。さらに彼らは、「私たちの経験は真正のものである。つまり、内的表象の、それゆえ私たちの経験の構造は、客観的世界の構造と一致する」と述べる。

アルヴァ・ノエとケヴィン・オレガンは「知覚者は、環境の細部にアクセスする権利を持つ」と述べている。[*5] 二人は脳が外界の内的表象を構築していることには同意するものの、内的表象が私たちの経験を生んでいるのではないと主張する。そうではなく、知覚経験は私たちが客観的世界を能動的に探索し、その過程のなかで自己の行動と知覚のあいだに偶然的な適合《コンティンジェンシー》を見出すことから生じると考える。だが二人は、この発見が真正な知覚の経験に結果するという点に同意する。

ジグムント・ピズロらは、「真正性は知覚や認知の本質的な特徴である。それは絶対的に必要とされる。真正性のない知覚や認知は、保存則を欠く物理学のようなものだ（強調はピズロらによる）」と言う。[*6] ピズロの主張によれば、私たちの知覚が真正であるのは、外界に存在するリアルな対称性を知覚するよう進化が私たちの感覚系を形作ったからだ。

知覚と実在のあいだに類似性があることは認めつつも、とりわけ形に関して知覚が系統的な誤りを犯しうると主張する、ジャック・ルーミスのような研究者もいる。[*7] しかし彼らは、私たちの知覚の言語が、そこに存在するものに関する真の記述を枠づける適正な言語であると仮定している。

だが専門家たちのほぼ一致した見解にもかかわらず、私は、自然選択が実在を記述する知覚を選好するとは思わない。さらに言えば、実在の真の記述を枠づける能力を持つ知覚を選好するとも思わない。知覚は、おりに触れて過大評価や過小評価をしたり、あるいはその他の様態で間違ったりすることがあるというのではなく、空間、時間、物体を含め、私たちの知覚の語彙は、実在を記述する能力を持たないと、私は考えているのである。

私は、マー自身がそのような疑念を抱いていたことを示唆する記述を彼の著書『ビジョン』に見出すことができた。この記述は、ハエやカエルのような単純な生物を対象にしていた。「ハエなどの視覚系は、（……）それほど複雑ではない。世界に関する客観的な情報はほんのわずかしか得られない。だから情報はすべて、非常に主観的なものになる」。彼はさらに次のように続ける。「ハエが周囲の視覚世界に関する明確な表象を持つとはほとんど考えられない。たとえば、表面に関する真の概念を持つことはない」。しかし彼の主張によれば、世界の表象に失敗してもハエが生存できるのは、「十分な頻度で交尾に成功する」からである。[*8]

次にマーは、「視覚世界を正しく表象しない単純なシステム」が進化しうる理由を説明する。「この単純性を説明する理由の一つは、生存するのに十分な情報をそれが与えてくれるからというものであるはずだ」[*9]

マーの主張によれば、自然選択は、適応的行動を導くのなら、実在を正しく表象しない単純な主観的知覚を選好することがあるのだ。この見解は、「いつ自然選択は、主観的知覚より真正な知覚を選好するのか？」という問いを導く。生物が複雑化した場合というのが、それに対する彼の答えだ。彼の考えでは、人間は真正な知覚を持ち、単純な生物であるハエは持たない。だが、この見方は正しいのか？

おそらく正しくはないだろう。認知科学者のスティーブン・ピンカーは、自然選択が真正な知覚を選考しない可能性がある理由を論じている。私がMITで大学院生として過ごした最後の年は、ピンカーがそこで准教授になった最初の年でもある。私は嬉々として彼の講義をとり、嬉しくも親友になることができた。彼の創造性、鋭利なロジック、百科事典的な知識をもってすれば、彼が認知科学に輝かしい貢献をするであろうことは当時から明らかであった。そして実際にそうなった。一九九七年に刊行された彼の著書『心の仕組み――人間関係にどう関わるか』を読んで、私は進化心理学に注目するようになった。[*10] もちろんそれ以前にも、進化心理学や、レダ・コスミデスとジョン・トゥービーの画期的な業績について知っていた。それどころか、一九九一年にレダをわが学部に教授として招こうと試み、結局学部当局を説得できず失敗に終わった経験が私にはある。このように、進化心理学は当時も今も何かと物議を醸す分野なのである。たとえば、「進化心理学は検証可能な仮説を欠いている」「道徳や政治に関する望ましくない見解を正当化する」「人間の行動は遺伝子によって決定され、環境からの影響はほとんどないと主張する」などだ。これらの批判は間違っている。

ピンカーの著書を読んだ私は、自然選択の産物として知覚を研究する決心をした。彼は驚くべき主張をしている。「私たちの心は、私たちの先祖にとって生きるか死ぬかの重要性を持った問題を解決するために自然選択を介して進化したのであって、正確性を確保するためではない」。この見解は核心をついている。私たちの心は、生きるか死ぬかの問題を解決するために自然選択によって進化した。それ以上でも以下でもない。決して正確性を確保するために進化したのではない。私たちの信念や知覚がたまたま真であるかどうかという問いは、慎重な研究を要する。

ジェリー・フォダーはピンカーの『心の仕組み』の批判のなかで、そんな研究は必要ないと論じている。「認知の正しい機能が、真の信念の定着以外の何ものかであることを示すものは、それどころか示唆するものさえ」科学には何もないからだ。[*11]

それに答えてピンカーは、誤った信念が進化しうる理由をいくつかあげている。[*12] その一つとして、真実の計算には時間とエネルギーを費やす必要があるため、誤っていたり時代遅れになったりする危険を孕む経験則を用いることが私たちにはよくあることがあげられる。しかし彼は、「私たちは、自分の周囲にある中型の大きさ《ミドルサイズ》の物体の配置に関しては何らかの信頼できる概念を持つ」と認めている。[*13]

では、私たちの周囲にある、テーブルや木やトマトなどの中型の大きさの物体についてはどうだろう？　そのような物体を見るときには、私たちは真実を見ているように感じる。視覚科学者の多くはそれに同意する。トマトを見ていた目を閉じても、そのトマトは依然としてそこに存在しているのだ。

だが、私たちは間違っていないだろうか？　誰も見ていなければトマトは存在していないという可能性はあるのか？　時間も空間もニューロンも存在しない可能性は？　意識的経験を引き起こす神経活動が存在しない可能性についてはどうか？　私たちは実在をありのままに見ていないという可能性は？

スティーヴン・ホーキングとレナード・ムロディナウは、モデル依存の実在論を擁護し次のように述べる。「モデル依存の実在論に従えば、モデルがリアルなものであるかどうかを問うことに意味はない。意味があるのは観察結果に一致しているか否かのみである。観察結果に一致するモデルが二つある場合、（……）どちらがよりリアルであるかは決められない」[*14]

ホーキングとムロディナウは、さらに次のように問う。「部屋から出て室内を見ることができないとき、依然としてそこにテーブルが存在しているとなぜわかるのか？（……）私たちは、部屋から退出するとテーブルは消え、戻ってくると同じ場所に再度現れるというモデルを考案することができる。しかしそれはばかげている。（……）テーブルは自分が部屋から出ているあいだにも存在し続けるとするモデルのほうが、それよりはるかに単純で観察結果にも一致する」[*15]

実のところ、両モデルとも観察結果と一致するなら、より単純なモデルのほうが好ましい。しかしニューロンは存在し続けるというモデルは、すぐれた神経科学者の果敢な努力にもかかわらず、意識的経験の起源、性質、データを説明することに今のところ成功していない。ニューロンと神経活動から着手するいかなる理論も、意識的経験に関する観察結果、ならびに意識的経験と神経活動の相関関係を説明できていない。もしかすると、ニューロンは存在し続けるというモデルが、意識の起源の探究の障害になっているのかもしれない。

何世紀にもわたり、哲学者たちは知覚と実在の謎をめぐって議論してきた。私たちは、この哲学的な謎を正確な科学的問いに変えられるのか？　ダーウィンの進化論は、決定的な答えを出せるのか？

二〇〇七年、私はその課題に挑戦することにした。ニューロンは存在し続けるのか、それともその考えを批判すべきか、確かめるときがきたのだ。

第4章　感覚　適応は真実に勝る

「見間違えようのない、万能酸との類似性を帯びた考え（ダーウィンの考え）に数年のうちに遭遇するとは思っていなかった。それは従来のあらゆる概念を食い破り、そのあとに革新的な世界観を残していく。それでも古い道標のほとんどはそれとして認識できるだろうが、内実は根本的に変化しているのだ」

——ダニエル・デネット『ダーウィンの危険な思想』

「私の野心は何かと尋ねられれば、それらが単なる物理的世界のもとで存在しているという事実が、いかに途方もなく驚くべきことであるかをあらゆる人々に知らしめることだと答えるだろう」

——リチャード・ドーキンス

『ジョン・ブロックマンの人生（*John Brockman's life*）』

私たちのほとんどは、通常は実在をありのままに見ていると考える。私たちがリンゴを見るのは、ほんもののリンゴが存在しているからである。多くの科学者は、それが進化のおかげだと考えている。正確な知覚は適応度を高める。ゆえに自然選択はそれを選好する。そのことは、とりわけホモ・サピエンスのような大きな脳を持つ生物には妥当する。神経科学者や知覚の専門家のほとんどは、その見方に同意する。ときに彼らは、「私たちの知覚はリアルな物体の形や色を回復する、あるいは再構築する」と言う。あまりにも当たり前なので、いちいちそのように言わない人も多い。

だが彼らは正しいのか？　自然選択は真の知覚を選好するのだろうか？　私たちは真実を見るようには進化してこなかったという可能性、すなわち空間、時間、物体に関する私たちの知覚が実在をありのままに開示しない可能性はありうるのか？　誰も見ていなければ、モモは存在しないのか？　進化の理論はこのひからびた哲学的くるみを、明晰な科学的主張へと変えられるのか？

その問いに否定的に答える人もいる。そのような人にとって、「誰も見ていなければ、モモは存在しない」という考えは、救いようのないほど非科学的なのだ。彼らは次のように言うだろう。「そもそもいかなる観察結果が、誰も見ていないときに何が起こっているのかを報告できるのか？　そんな報告は存在しない」「そのような考えは自己矛盾だ」「そんな生焼けの仮説は実験で検証できない。ゆえに、それは形而上学であって科学ではない」

これらの反駁は、論理においても事実においても的はずれだ。まず論理から説明しよう。誰も見ていないときにはモモは存在しないという主張が検証できないのなら、誰も見ていないときにもモモは存在するという一般に受け入れられている正反対の主張も検証できない。どちらの主張も、誰も見ていないときに起こっていることを問題にしているのだから。したがって一方の主張が科学でないのなら、他方の主張も科学ではない。その意味では、「誰も見ていないときにも太陽は存在する」「ビッグバンはおよそ一三〇億年前に起こった」などといった科学のごく一般的な言明にも同じことが当てはまる。

次に事実を検討しよう。誰も見ていないときに何が起こるのかは、観察によって検証が可能である。

その事実を知らなかったとしても、恥じ入ることはない。何しろ卓越した物理学者であったヴォルフガング・パウリでさえその事実を見落としていた。彼はそのような主張を「何人の天使が針先に座れるのかという古代の問い」になぞらえた。[*1] しかし一九六四年、物理学者のジョン・ベルが、パウリの見方が間違いであることを検証した。その種の主張、たとえば誰も見ていないときには電子は自転しないという主張を検証する実験はある。[*2] ベルの実験はさまざまな変更を加えながら何度も繰り返されているが、そのたびに一貫した結果が得られている。ベルの原理は、その種の主張を天使の領域から科学の領域へと移したと言えよう。なお、それについては第6章で詳しく取り上げる。

かくしてその種の主張は科学の圏域にあると見なせる。ならば、進化の理論の圏域には入っているのだろうか？「自然選択は真の知覚を選好するのか？」という問いを立てることは可能なのか？進化の理論はそれに対して公正な判決を下せるのか？

真の知覚は同時に適応度を高めなければならないという理由で「ノー」と答える者もいる。彼らの主張によれば、真実と適応度は対立する戦略ではなく、異なった観点から見た同一の戦略なのだ。[*3] よって進化の理論は公正な判決を下せない［なぜそれが、進化の理論が公正な判決を下せない理由になるのか少しわかりにくいが、次段落および二段落後の記述を参照すると、次のように解釈できる。「進化の理論はそれに対して公正な判決を下せるのか？」とは、「自然選択は真実に調律された知覚を選好するのか、それとも適応度に調律された知覚を選好するのか」という問いに進化の理論が答えを出せるのか否かを問うている。したがって、真実と適応度が異なった観点から見た同一の戦略なら、進化の理論は真実か適応度かを問う前記の問いには答えられないことになる］

この議論はうまくいかない。というのも、適応度をめぐる単純な論点を見落としているからである。標準的な進化の説明によれば、適応度利得は世界の真の状態に依存するが、生物、そしてその状態、行動、競争の如何にも左右される。たとえば糞便は腹をすかせたハエには大きな利得を提供するが、空腹の人間には提供しない。また、数千メートルの海底で摂氏八〇度の硫化水素を海中に噴出している熱水噴出孔は、ポンペイワーム（*Alvinella pompejana*）には大きな利得を提供するが、数種の極限性微生物以外にはおぞましい死をもたらす。世界の状態（たとえば糞便の山）と、それが生物（たとえばハエや人間）に提供する適応度利得の区別は、進化を論じるにあたって欠かせない。

標準的な進化の説明によれば、世界の真の状態が一定でも、利得は大幅に変化しうる。したがって真実を見ることと適応度を見ることとは、知覚がとりうる二つの異なる戦略であって、異なる観点から見た同一の戦略ではない。それら二つの戦略は対立する場合もある。よって一方の戦略が優勢になり、他方の戦略を絶滅させうる。だから「自然選択は真実に調律された知覚を選好するのか、それとも適応度に調律された知覚を選好するのか？」という問いは、概念的に誤っているのではなく、核心的な問いなのである。

また、出した答えが自己を否定するがゆえに、進化の理論はその問いに答えられないと主張する者もいる。進化は空間と時間の内部に、DNA、RNA、染色体、リボソーム、タンパク質、生物、資源などの物質が存在することを前提とする。したがって進化の理論は、それ自体を否定することなしに自然選択が真の知覚を絶滅に追いやると結論することができない。なぜなら、そう結論できるのなら、時間、空間、物体という言語は、実在を記述するためのものではないことになるからだ。つまりDNAやRN

Aやタンパク質などの時空の内部に存在する物体に関する私たちの科学的観察は、たとえX線解析装置や電子顕微鏡のような最新のテクノロジーが用いられたとしても、実在に関する真正な記述ではないことになる。よって進化の理論は、自らの基本的な前提を疑うことでおのれを否定する結果になる。これは論理の世界で、自分の足を撃ち抜くようなものだ。

ダーウィン自身が述べているように、自然選択による進化は「有機体（organic being）」の存在を前提とする。しかしダーウィン自身の手になる進化論の要約が示唆するところでは、真の仕事は、変異、遺伝、選択という抽象的なアルゴリズムによってなされる。「いかなる有機体にも有用な変異が生じると、それによって特徴づけられた個体は、生存競争のなかで保存される可能性がきわめて高くなる。そして強力な遺伝の原理からすると、そのような個体は同様に特徴づけられた子孫を生む可能性が高い。この保存の原理を、私は手短に自然選択と呼ぶ[*4]」

この変異、遺伝、選択のアルゴリズムは有機体に適用される。しかしダーウィンも認めているように、それはもっと広範に、言語のような抽象的なものにも適用される。「有機体同様、言語はグループ内のグループとして分類することができる。また系統に従って自然的にも、他の特徴によって人為的にも分類しうる。支配的な言語や方言は広範に拡大し、他の言葉を徐々に絶滅へと導く[*5]」

トマス・ハクスリーは、ダーウィンのアルゴリズムが科学的理論の成功にも適用されることを見て取った。「存在を賭けた戦いは、物質世界でも知性の世界でも激しく行なわれている。一つの理論は思考における一つの種《しゅ》である。それが存在する権利は、対立する理論がもたらそうとしている絶滅に抵抗する力に等しい[*6]」。リチャード・ドーキンスは、ダーウィンのアルゴリズムが「曲、アイデア、キャッチフレーズ、ファッション、陶器の作り方、橋の建築」などの文化の伝達の単位をなす「ミーム」にも適用されると主張した。[*7] ミームは人から人へと受け渡され、その途上で変化することもある。「わが祖国(This land is your land)」は、最初はウディ・ガスリーの心のなかのミームだったが、さまざまな変異を経て拡大し、人間の心の限られた時間、関心、注意、記憶を奪い合う他の無数の曲との競争に勝って、ピーター・ポール&マリー［アメリカのフォークグループ］やボブ・ディランらの歌手の心のなかへと増殖していった。私たちが一度も聞いたことのない多くの曲が、かつては誰かの心のなかのミームであったにもかかわらず、複製にうまく成功しなかったのだ。

　ダーウィンのアルゴリズムは、経済学、心理学、人類学などの学問分野にも適用されてきた。また物理学者のリー・スモーリンは、「おのおののブラックホールは一つの新たな宇宙をなし、ブラックホールをより多く生み出す宇宙は、より多くの宇宙を生む可能性が高い」と論じ、宇宙論という思いつく限り最大の尺度でそれを適用した。[*8] 私たちの宇宙が弱い力、強い力、重力、電磁気力などの性質を持つのは、それらがブラックホール、ならびにそれを通して新たな宇宙の生成を導くからである。私たちの宇宙とまったく異なる宇宙は、ブラックホールを生む可能性が低く、それゆえ複製される可能性も低い。

　ダーウィンのアルゴリズムは有機体の進化のみならず、いくつかの変更を加えれば他のさまざまな領域にも適用できるという考えは、「ユニバーサル・ダーウィニズム」と呼ばれる（この用語は、ダーウィンのアルゴリズムが地球上だけでなく、宇宙のあらゆる場所における生命の進化を支配していると、リチャード・ドーキンスが述べたときに造語された）。[*9] 現代の生物学的な進化の理論と異なり、ユニバーサル・ダーウィニズムは時間と空間の内部にある物体の存在を前提とせず、それを具体化する基質との関係を捨象した抽象的なアルゴリズムなのだ。

ユニバーサル・ダーウィニズムは、自らを否定することなく「自然選択は真の知覚を選好するのか？」という核心的な問いに答えられる。答えが「ノー」でも、自分の足を撃ち抜くことはない。哲学者のダン・デネットは、ユニバーサル・ダーウィニズムの尋常ならざる力を万能酸にたとえている。彼によれば、「現時点では、ダーウィンの考えが、目に入るものすべての核心に切り込む能力を持つ万能の溶媒であることは否定すべくもない。では、それはあとに何を残すのか？　私がここまで示そうとしてきたのは、ひとたびそれがあらゆるものに浸透すれば、もっとも重要な考えの、より強力かつ堅実なバージョンが私たちの手元に残るということだ。これまで流布してきた考えには滅びるものもあるだろう。失われて惜しまれるものもあろうが、それ以外に関しては、私たちはなくなってせいせいするはずだ。手元に残ったものは、その上にこれから新たに何かを築き上げていく基盤としては十二分なのだから」[*10]

私たちはこのダーウィンの万能酸を、真の知覚という信念に振り撒くことができる。するとこの信念は消えてなくなるだろう。自然選択は真の知覚をただちに絶滅に追いやるはずだ。空間、時間、物体という人間の知覚の言語は、端的に言って実在を記述するためのものではない。ダーウィンの万能酸は、「実在は時空と、DNAや染色体や生物のような物体から構成される」とする主張を溶解するだろう。残されたものはユニバーサル・ダーウィニズムであり、時空や物体を捨て去ったあとでも、私たちはそれを適用することができるのだ。

では、どのように万能酸を適用すればよいのか？　具体的な答えを引き出すために、いかにダーウィンの抽象的なアルゴリズムを取り込めばよいのか？　幸いにも一九七三年に、理論生物学者のジョン・

メイナード＝スミスとジョージ・プライスがその方法を発見している。進化ゲーム理論だ。[*11] その基本的な考えは、実例をあげることでよくわかるはずである。

どうやら仲間意識はサソリ（サンドスコーピオン）(*Paruroctonus mesaensis*) の強みではないらしい。[*12] ライバルの動きを知らせる振動を検知したサソリは、向きを変えてこの侵入者を二本のはさみでつかむ。するとただちに、侵入者は攻撃者を尾部で刺そうとし、二匹のサソリは一方のはさみで互いの尾部を、他方のはさみで胴体のどこかをつかむ。かくして、一方のサソリが他方のサソリの甲殻の隙間を尾部で貫いて毒を注入するまで、ホールド勝ちのないレスリングが続く。それから勝者は消化液で敗者の身体を液状化し、そうしてこしらえたエネルギー回復剤をすするのだ。そのような日々の栄養摂取のやり方は、サソリのあいだではまれではない。共食いはサソリのメニューの一〇パーセントを占め、メスなら同意するはずだが、交尾のあとでは最高のごちそうだ。

ライオン、チンパンジー、人間、サソリなど、交尾の相手やなわばりを求めて争う戦いで、競争相手を殺す動物がいる。しかし儀式的に、あるいは抑制しつつ戦う動物もいる。つまりルールに則って戦うのである。[*13] たとえばある種のヘビは、牙を覆いながら戦う。オスのシカは角を突き合わせてときに激しく戦い、身体の他の部位に簡単に一撃を見舞われないようにする。なぜ好戦的な動物が、その種の戦いでルールに従うのか？　「血を見るような無慈悲な争い」「恋と戦争は手段を選ばない」と言われる自然界で、なぜこのような紛れもない例外が生じるのか？

その答えは、参加者が資源をめぐって争う単純なゲームに見出せる。このゲームでは「タカ戦略」、「ハト戦略」という二つの戦略をとることができる。タカ戦略をとる参加者［以下単にタカ、ハトと訳す］

はつねに争いをエスカレートさせる。ハトは相手が争いをエスカレートさせると引き下がる。[*14] タカもハトも戦力は等しいものとする。たとえば一回の戦いに勝利して得られる利得が二〇ポイントで、負傷のコストが八〇ポイントだったとすると、何が起こるか？ タカ同士が戦った場合、一方が負傷し他方が勝利するまでどちらも引き下がらない。戦力は等しいため、どのタカも半分の戦いで勝ち、そのたびに二〇ポイントを獲得する。だがどのタカも半分の戦いで負傷し、そのたびに八〇ポイントが失われる。したがってタカ同士が戦えば、平均して三〇ポイントが失われる。こうしてタカの適応度は低下する。次にハト同士が戦った場合を考えてみよう。どのハトも半分の戦いで勝ち、そのたびに二〇ポイントを獲得する。ハトが負傷することはない。よってどのハトも平均して一〇ポイントを獲得する。こうしてハトの適応度は高まる。タカとハトが戦った場合はどうだろう。その場合タカが勝ち、負傷するものはいない。勝ったタカは二〇ポイントを獲得し、負けたハトは何も獲得しない。よってタカの適応度は上がるが、ハトの適応度は変わらない。

このゲームの結果は、図2に示されているような利得表《マトリックス》に要約できる。この表は、行［横列］で示される戦略が列［縦列］で示される戦略に対峙した場合に獲得が期待される利得を示している。したがってたとえば、タカがハトと出くわしたときに期待できる利得は二〇ポイントで、ハトがタカに出くわしたときに期待できる利得は〇ポイントである。

ではこれらの利得を考慮した場合、自然選択はどちらの戦略を選好するだろうか？ その答えはタカとハトの個体数の比率に依存する。すべての参加者がタカだったとしよう。その場合どのタカも、戦うごとに平均して三〇ポイントを失う。それではタカはすぐに絶滅するだろう。逆にすべての参加者がハ

	タカ	ハト
タカ	-30	20
ハト	0	10

図2：タカとハトのゲームで期待される利得。たとえばタカはタカと戦えば三〇ポイントを失うが、ハトと戦えば二〇ポイントを獲得する。©DONALD HOFFMAN

トだったとする。その場合すべてのハトが、戦うごとに平均して一〇ポイントを獲得する。かくして適応度は高まる。

しかし、そこには問題が一つある。ハトばかりがいるところに一羽のタカが舞い込んでくると、そのタカはやりたい放題ができるのだ。ハトと戦うごとに、二〇ポイントを手にできるのだから。これはハトが獲得できるポイントの二倍を超える（ハトは平均してハト同士の対戦では一〇ポイント、タカとの対戦では〇ポイントしか得られない）。獲得した適応度ポイントが大きければ大きいほど、それだけ多くの子孫を残せる。だからこのタカは、より多くの子孫を残せるだろう。しかしタカの高笑いはどこかで止まらなければならない。なぜなら、すでに見たとおり、参加者がタカだけになれば、各タカは平均して三〇ポイントの損失を余儀なくされるからだ。そしてタカは絶滅する。

タカの個体数はいつ増えなくなるのだろうか？　それは、参加者の四分の一をタカが占めるようになったときだ。それ以上増えると、タカはハトよりポイントを稼げなくなる。それに対しタカが全参加者の四分の一未満であれば、タカはハトよりポイントを稼げる。したがって長期的には、参加者の四分の一がタカになる。

	タカ	ハト
タカ	-10	40
ハト	0	20

図3：第二のタカとハトのゲームで期待される利得。今度は、タカはタカと戦えば一〇ポイントを失うが、ハトと戦えば四〇ポイントを獲得する。©DONALD HOFFMAN

この例では、勝者は二〇ポイントを獲得し負傷者は八〇ポイントを失った。次にそれらを四〇ポイントと六〇ポイントに変えてみよう。この場合、期待される利得は図3のようになり、やがて三分の二がタカになる。

適応度は利得と、各戦略をとる個体の数によって決まる。ハト（タカ）しかいなければ、タカ（ハト）であることの適応度は高まる。自然選択の力は、各戦略が選択される頻度に依存するのである。[*15]

これは重要なポイントだ。適応度は世界を映す鏡ではなく、世界の状態、生物の状態、そして各戦略が採用される頻度が関与する複雑なあり方で決定される。

二つの戦略が競えば、進化の動力学《ダイナミクス》は複雑なものになりうる。私たちはタカとハトが共存しうることを見てきた。しかし、それ以外の可能性も考えられる。一方の戦略が他方の戦略を絶滅に追いやることもある（支配）。あるいは、どちらの戦略にも他方を絶滅に追いやる可能性が存在する場合もある（双安定性）。さらには、両戦略ともつねに等しく適応していることもある（中立性）。

三つの戦略が競えば、チョキがパーに、パーがグーに、グーがチョキに勝つじゃんけんのように、進化のダイナミクスは循環を生むかもしれない。[16]

四つ以上の戦略が競うと、進化のダイナミクスは無秩序《カオス》を生み出すかもしれない。つまり小さな揺らぎが、やがて予測不可能な変化を生むのだ。[17] これは、わが家の庭を舞うチョウの羽のはばたき（小さな揺らぎ）が、どこか別の場所で竜巻を引き起こしうる（予測不可能な変化）という意味で、「バタフライ効果」とも呼ばれる。

それらはすべて、進化ゲーム理論を用いて研究できる。進化ゲーム理論は強力な理論であり、「自然選択は真正な知覚を選好するのか？」という問いを研究するのにふさわしいツールとして使える。

進化ゲーム理論は、この問いにはっきりと「ノー」と答える。

その理由は、私が提案してシェタン・プラカシュが証明した「適応は真実に勝る（FBT）」定理によって説明される。[18] 感覚に関して二つの戦略を考えてみよう。おのおのの戦略は、N個の状態を持つ実在に関してN個の異なる知覚を持てるとする。「真実」戦略はできる限り実在の構造をとらえようとする。他方の「適応度」戦略は実在をまったくとらえず、関連する適応度利得に、つまり実在に基づくが、生物、ならびにその状態や行動にも依拠する利得に調律されている。するとFBT定理は以下のように定式化される。

FBT定理：少なくとも（N－3）／（N－1）の確率で、適応度戦略は真実戦略を絶滅に追いやる

その意味を説明しよう。ここで、おのおのが二つの状態を持つ一〇個の光受容体を備えた目を考えてみよう。FBT定理によれば、この目が真実をとらえるよう進化する確率はせいぜい一〇〇〇分の二である［二つの状態を持つ一〇個の光受容体がとれる状態の総数、つまりNの代入値は二の一〇乗であることに注意されたい。以下の計算でも同様である］。二〇個の光受容体を備えていた場合その確率は一〇〇万分の二、四〇個の場合一〇〇億分の一、八〇個の場合一〇〇〇垓《がい》分の一［1垓は1のあとに0が21個つく］である。ところで人間の目には、一億三〇〇〇万個の光受容体が存在する。ということは、人間の目が真実をとらえるべく進化した確率は、実質的にゼロだ。

仮に何らかの実在が存在したとしよう。そうであっても、FBT定理によれば、自然選択はその構造を知覚するようには私たちを形作ってこなかった。そうではなく、適応度ポイントと、それをいかに獲得できるかを知覚するべく形作ったのである。

FBT定理は、さまざまシミュレーションによって何度もテストされ確証されてきた。[*19] それによって、適応度戦略がごく単純なものであっても、真実戦略は絶滅する場合が多いことが明らかにされている。

とりわけ真実戦略の問題をはっきりと示すゲームがあるので、次にそれを紹介しよう。ここで「スタッフ」という資源を必要とする、「クリッター」と呼ばれる生物が生息する仮想世界を考えてみよう。スタッフが多すぎても少なすぎても、クリッターは死ぬ。スタッフが適量であれば、クリッターは繁殖する（つまり酸素が私たちに影響を及ぼすようなあり方で、スタッフはクリッターに影響を及ぼす。酸素が多すぎても少なすぎても、私たちは死ぬ）。図4は、スタッフがクリッターに与えることのできる適応度ポイントをグラフ化したものである。さらにクリッターは、灰色と黒という二つの知覚しか持たないもの

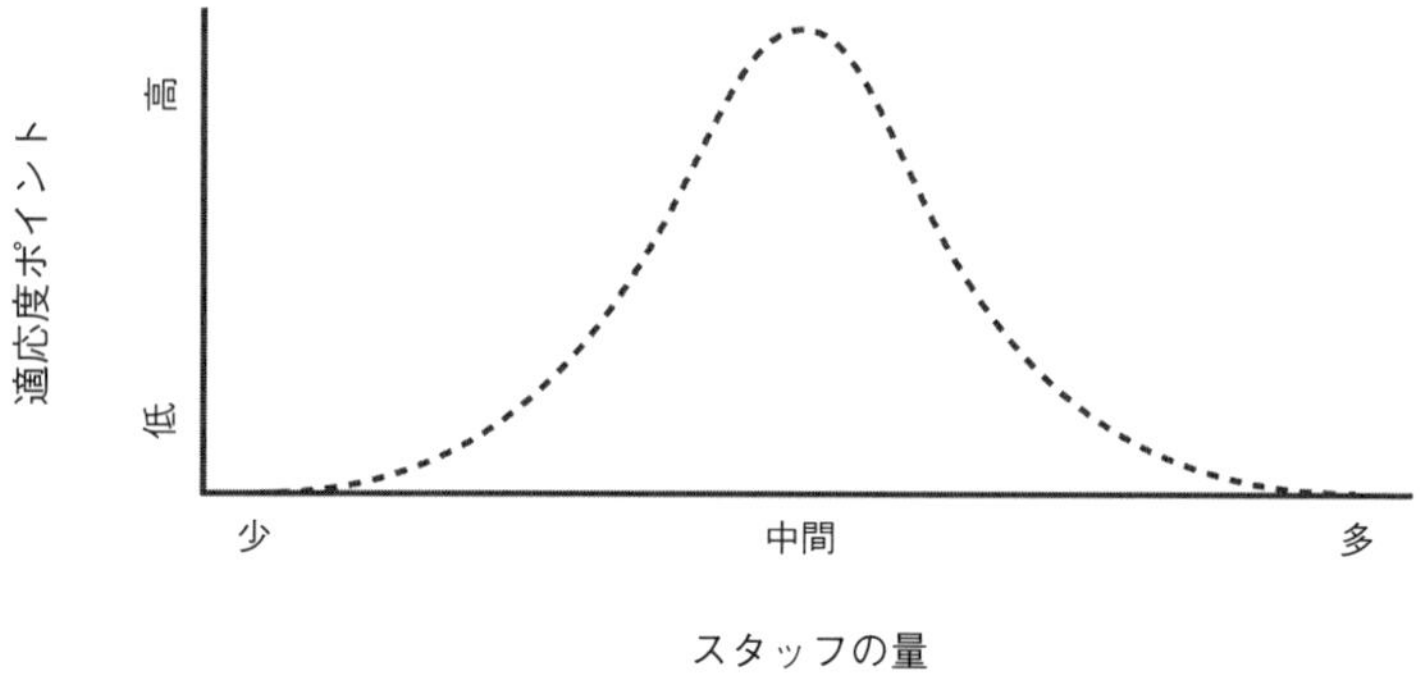

図4：適応度関数。この例では、資源の量が少ないときと多いときに適応度が低くなる。資源の量がその中間であるときに、適応度は最高になる。©DONALD HOFFMAN

とする。真実戦略をとるクリッター［以下真実クリッターと訳す］は、できる限り世界の真の構造を見ようとする。そしてスタッフが少ないときには灰色を、多いときには黒を見る。それに対し適応度戦略をとるクリッター［以下適応度クリッターと訳す］は、できる限り利用可能な適応度ポイントを見ようとする。そしてスタッフが低い適応度ポイントしか与えないときには灰色を、高い適応度ポイントを与えるときには黒を見る。図5は真実戦略と適応度戦略を図示したものである。

　真実クリッターは、灰色を見るとスタッフが少ないことを知るが、利用可能な適応度ポイントについては何もわからない。それに対して適応度クリッターは、灰色を見ると利用可能な適応度ポイントが少ないことを知るが、スタッフの多寡については何もわからない。このように真実を見ることは適応度を隠蔽し、適応度を見ることは真実を隠蔽する。たとえば、私たちの感覚は酸素を知覚しない。そもそも酸素は、一七七二年になるまで発見されていなかった。そうではなく、知覚は適応度を報告するのである。私たちは、酸素が不足していれば頭痛を覚え、多すぎれば頭がフラフラしてくる。同様に、私たちの感覚は紫

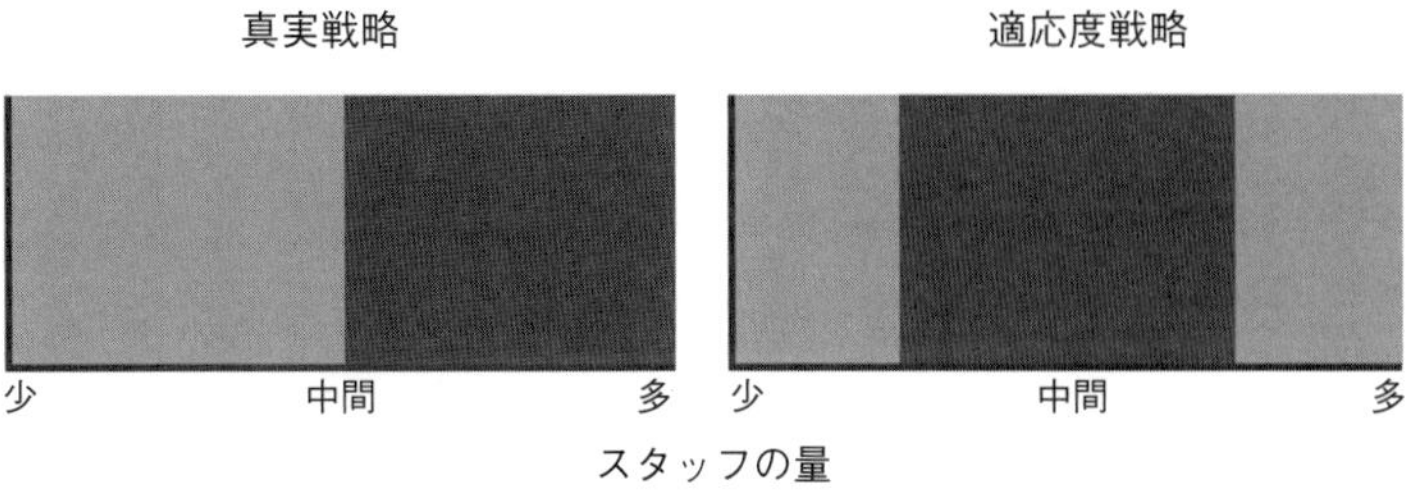

図5：真実戦略対適応度戦略。真実戦略の見る灰色は資源の量を報告するが、適応度利得は報告しない。真実戦略の見る灰色は適応度利得を報告する。©DONALD HOFFMAN

外線を知覚しない。そもそも紫外線は、一八〇一年になるまで発見されていない。この場合も、知覚は適応度を報告する。多量の紫外線を浴びれば、私たちは日焼けを感じる。

　適応度クリッターは、スタッフを探している最中に黒く見える区画に遭遇すると、接近しても安全であることを知る。灰色に見える区画に遭遇したときには、そこから離れたほうがよいことを知る。それに対して真実クリッターは、黒く見える区画に遭遇しても、安全か否かがわからない。灰色に見える区画に遭遇しても同様である。したがって真実クリッターは適応度クリッターと異なり、命がけでスタッフをかき集めなければならない。このように、真実はクリッターを自由にするのではなく絶滅に追いやるのだ。

　図4では、スタッフの量が増大するにつれ、適応度ポイントは、最初は上がりそれから落ちるという釣鐘曲線《ベルカーブ》を描いている。そうではなく適応度ポイントがつねに増大する場合には、真実（適応度）に調律された知覚は、適応度（真実）にも調律されている。その場合、単純に適応度と真実が相関するからである。年輪を調べることで木の年齢がわかるのは、年輪が一つ増えるごとに一年が加算され、両者が相関するからだ。しかし、ある年に余分な年輪が加わったり消されたりし

て両者が相関しなければ、年輪を見ても木の年齢はわからないだろう。

適応度利得が増え続けるだけ、あるいは減り続けるだけなら、真実（適応度）に調律された知覚は、適応度（真実）にも調律されていることになる。だから自然選択が真の知覚を選好してもおかしくはないように思える。だが、その可能性はどれくらいあるのか？　この問いに答えるためには、一方的に増加する、もしくは減少するだけの適応度関数［どの遺伝子が最適かを決定する関数］がいくつあるのかを数え、それを可能なすべての適応度関数の数で割ってみればよい。たとえばスタッフの量と適応度利得の値がそれぞれ六個ずつあったとしよう。この場合、一〇〇の適応度関数のうちせいぜい一つだけが真実クリッターの進化を許すにすぎない。値が一二個になれば、その数値は一〇〇万分の二程度になる［著者によれば、これらの数値がいかに得られたかについては https://www.mdpi.com/1099-4300/22/5/514 を参照されたい］。

進化では、フットボールと同様、競争相手より多くのポイントを獲得した者が勝つ。自然選択は適応度ポイントの獲得を支援する知覚を選好する。適応度ポイントが、スタッフの量のような世界の構造と偶然に相関していれば、進化がたまたま真実戦略を選好する可能性はある。だが、その可能性は単純な知覚でも小さく、複雑な知覚ともなればほぼゼロに等しい。

スタッフは構造を持つ。その量は多かったり少なかったりする。また近傍、距離、対称性など、他にも構造はある。それらの各構造に対して、適応度ポイントが当該の構造にたまたま相関しているか否かを問うことができるが、それらすべてに対して、同じ答えが得られるだろう。その答えとは、「世界と知覚が複雑になればなるほど、両者が相関する可能性はゼロに近くなる」というものだ。どのケースでも、真実クリッターは、適応度クリッターとの競争で絶滅に追いやられるだろう。

まったく反対の主張をする著名な研究者もいる。マーの主張によれば、ハエはその単純さのゆえに真実を見ることができないが、人類はその複雑性のゆえにいくぶんか真実を見ることができる。[20] 彼の考えでは、私たちが持つ大きな脳は、「視覚世界のより客観的な側面を次第に表象していくという困難な課題の達成に向けての漸進的な歩み」を可能にするのだ。[21] この見方は私たちの直観に訴えるが、FBT定理によって明らかにされた進化のロジックと矛盾する。

そもそも、人間の脳は次第に増大しており、よって真実を見る能力も向上しているという考えは、進化の事実に反する。人間の脳は縮んでいるのだ。[22] 過去二万年間で、人間の脳の体積は、一五〇〇立方センチメートルから一三五〇立方センチメートルへと、一〇パーセント、すなわちテニスボール一個分ほど低下している。人間における体重と脳の重さの比と他の哺乳類における平均的な比を比較する人類の脳化指数（EQ）は、進化の時間からすると一瞬のうちに落ちた。化石記録によれば、このEQの急速な低下は気候にもわずかばかり相関するが、人口密度と、それゆえおそらくは社会の複雑性に強く相関する。この事実は、「社会が提供するセイフティネットは、社会のメンバーに対する選択圧力を緩和する」「単独、あるいは小さなグループでは生き残れない人も、社会という大規模なネットワークが存在すれば生き残れる」という興味深い説明を提起する。映画『26世紀青年』（米・二〇〇六年）でユーモアを交えて描かれているこの可能性は、現時点では憶測にすぎない。しかし人類のEQの低下は憶測ではない。この調子が続けば、今後三万年が経つうちに人間の脳は百万年前のホモ・エレクトスの状態に戻るだろう。人間の脳は、かつて上りエスカレーターに乗っていた。だが、今では下りエスカレーターに乗っているのだ。

　自然選択をめぐるダーウィンの考えはＦＢＴ定理を生み、ＦＢＴ定理は「空間、時間、形、色調、彩度、明るさ、肌理、味、音、におい、運動などの知覚の語彙は、実在をありのままに記述することができない」という結論を導く。それは、単に特定の知覚が間違っているという意味ではない。そうではなく、それらの言語によって表現されるいかなる知覚も、正しくはあり得ないということだ。ＦＢＴ定理は、専門家であろうがなかろうが、人々の心に深く根差した直観に反する。デネットの次の見解は正しい。ダーウィンの考えは「万能酸である。それは従来のあらゆる概念を食い破り、そのあとに革新的な世界観を残していく。それでも古い道標のほとんどはそれとして認識できるだろうが、内実は根本的に変化しているのだ」

　この革新的な世界観は、そのあとにそれ自体変化した進化生物学を残す。ダーウィンの万能酸を浴びたあとでも、変異、選択、遺伝というユニバーサル・ダーウィニズムの道標は見分けることができる。しかし、ＤＮＡ、ＲＮＡ、染色体、生物、資源などの、生物学で中心的な位置を占めているものを含め、時空の内部に存在する物体は、実在の領域から消えていく。独我論を主張しているのではない。実在の世界には何かが存在するのは確かだ。そして人間は、ＤＮＡ、ＲＮＡ、染色体、生物、資源などの用語で、その何かが持つ適応度をめぐる意味《インポート》を経験する。しかしＦＢＴ定理によれば、その何かとは、それが何であれ、ＤＮＡ、ＲＮＡ、染色体、生物、資源などといったものでないことはほぼ間違いない。また私たちが知覚する、ＤＮＡやＲＮＡなどの事物が、心から独立して存在するわけではないと考えるべきすぐれた理由がある。その理由とは、私たちが知覚しているものを形作る適応度利得の構造が、実在の構造とは高い確率で異なるからだ。この主張も独我論の擁護ではない。実在は確かに存在する。だがその実在とは、私たちが知覚している、時間と空間の内部に存在する物体のようなものではまったくない。

この結論はばかげているように思えるかもしれない。どこかに論理的なエラーがあるのではないか。ならばそのエラーを見つけさえすればよい。おそらくエラーは、進化ゲームの単純な想定のなかに潜んでいるのではないか。たとえば進化ゲームは変異を取り除き、無限集団を前提とし、どのプレイヤーも他のプレイヤーと競う機会が等しく得られると規定している。その種の単純化は、一般に誤りである。自然界の生物は変異を被り、有限集団を形成し、近傍の個体とより頻繁にやり取りする。

進化ゲームはそれらの複雑性を無視し、自然選択の効果に焦点を絞る。だがそれこそまさに、「自然選択は真の知覚を選好する」という仮説を検証する際に必要となる作業であり、その結果が「選好しない」であることは、FBT定理がはっきりと教えてくれる。

進化ゲームが省略している重要なプロセスに中立的なドリフトがある。これは、適応度に影響のない変異が個体群内で偶然に拡大していく現象を指す。それによって他の対立遺伝子が絶滅に追いやられることもある。そのような変異は自然選択の効果を緩和しうる。したがって、進化ゲームでは決定的な役割を果たす適応度の相違も、突然変異を起こしうる有限集団でも決定的であるとは言えない。たとえば適応度戦略が真実戦略に対して一〇〇パーセントの選択的優位性を持つのなら、無限集団を前提とする進化ゲームでは、真実戦略は適応度戦略と争えばつねに絶滅する。しかし真実戦略をとるプレイヤーが一〇〇個体参加するゲームでは、突然変異によって適応度戦略をとるプレイヤーが一個体出現しても、前者が絶滅する可能性は半分にすぎない。これは大きな違いである。

しかしそのことは、自然選択が真実戦略を選好するという主張に恩恵を与えるわけではない。有限集団であろうが無限集団であろうが、また、変異が組み込まれていようがなかろうが、その主張は誤りである。有限集団では、橋の爆破が敵の戦車の進撃を遅らせるように、自然選択による真実戦略の絶滅が遅らされることはあっても、自然選択が真実戦略の味方になるわけではない。

プレイヤー間の相互作用のもっと異なる側面をモデル化したければ、進化ゲームはグラフ上でなされなければならない。[*23] この理論は最近提起されたばかりで、理解がむずかしい。多数のプレイヤーが相互結合されたネットワークは、複雑な様態で自然選択の圧力を強めたり弱めたりすることが知られている。この比較的新しい分野では、今後研究すべきことがたくさんあるが、現時点では、自然選択が真実戦略を選好するという主張を裏づける証拠は得られておらず、ネットワークの構造によって強められたり弱められたりしたとしても、自然選択の圧力が真実戦略に対して敵対的である点に変わりはない。

ジャスティン・マークは、大学院生としてわが研究室に在籍していたときに、変異を組み込んだ遺伝的アルゴリズム［生物の進化の仕組みを模倣するコンピューターアルゴリズムで、突然変異は明示的な要素として組み込まれている］を用いて、有限集団における知覚と行動の共進化を研究した。[*24] 彼はプレイヤー［人間ではなく仮想世界でコンピューターによってシミュレートされたプレイヤー］が資源を調達し、適応度ポイントを獲得する仮想世界を作り出した。この世界でプレイヤーは、歩き回り、資源を探して食べ、世界の境界では壁につき当たった。一連の遺伝子によって、プレイヤーの行動や知覚が決定された。第一世代のプレイヤーは遺伝子構成がランダムに選択された。したがってその行動や知覚はでたらめで、ときにこっけいなほど愚かなものになった。壁に繰り返し衝突するプレイヤー、一か所に居座ったままのプレイヤー、あるいは資源のない場所で何度も食べようとするプレイヤーもいた。いずれのプレイヤーもあまりにも知性を欠くため、ほとんどポイントを稼げなかった。とはいえ、それほど愚かではないプレイヤーもいた。そのようなプレイヤーは「繁殖に回され」、その遺伝子が、突然変異を加えられたうえで次世代に受け渡された。そしてこのプロセスが、数百世代にわたって繰り返されたのである。最終世代では、全プレイヤーが一見すると知性のごときものを呈しながら、効率よく資源をかき集められるようになった。では、プレイヤーは真実を見るような方向へと進化したのか？

その答えは「ノー」だ。数百世代にわたって知覚と行動が共進化したにもかかわらず、真実戦略は出現しなかった。最終世代のプレイヤーは資源によって得られる適応度を見ていたのであって、真の量を見ていたのではなかった。真実戦略は、適応度ポイントが世界の構造をあとづけるまれなケースでのみ出現したのである。

そのたぐいのシミュレーションは確かな証拠になるわけではないが、進化ゲームにおける真実戦略の絶滅が、ゲームに内在する誤った前提のせいで生じたのではないことを示唆する。そうではなく、キングではなくルークを追い回すチェスプレイヤーのごとく、適応度ではなく実在を追い求めたために真実戦略は絶滅したのである。

真実戦略を絶滅に至らせる誤謬が他に何かあるだろうか？　真正な知覚の概念が強すぎることが原因なのか？

真正な知覚は、強弱に応じて三つの概念が考えられる。[*25] もっとも強い概念は「全知の実在論《リアリズム》」で、「私たちは、あらゆる実在をありのままに見ている」と考える。次に強い概念は「素朴実在論」で、「私たちは、すべてではなく一部の実在をありのままに見ている」と考える。もっとも弱い概念は「批判的実在論」で、「私たちの知覚の構造は、実在の構造の一部を保存する」と考える。「全知の実在論」と「素朴実在論」を標的にするのなら、そもそもその結論は、FBT定理によらずとも概して退けられている。（狂人と独我論者を除けば）全知を主張する者など誰もいないし、素朴実在論を擁護する人もほとんどいない。だがFBT定理は、知覚の科学、ならびに科学一般における真正な観察という、一般に広く受け入れられているもっとも弱い概念、批判的実在論を標的にしている。FBT定理は藁人形《ストローマン》論法に訴えたりはしない[26]［「そもそもほとんど擁護する人のいない全知の実在論や素朴実在論を反駁することで、実在論を論破したなどと主張したりはしないということであろう。藁人形論法については巻末注を参照のこと」］。

もしかすると、FBT定理は実在に関して誤った仮定を立てていないだろうか？　それによれば、実在を見ることは絶滅をきたす。しかし実在とは何か？　FBT定理は、いかにして実在とは何かを知り、規定できるのか？　その点で誤っていれば、この理論は確実に骨抜きになるだろう。

その見方は正しい。FBT定理は、それ自体の価値を担保するためには、実在に関する特定のモデルを求めることができず、一般的に真でなければならない。そのため、「実在は、それが何であれ一連の状態を持つ」と仮定する。何に関する状態かは問わず、一連の状態やその一部が確率を持ちうると仮定するだけである。またその際、何の確率かも問わない。

FBT定理は、「観察者の外に存在する実在が、確率以外のいかなる構造を持っていたとしても、自然選択はそれを無視するよう知覚を形作る」と主張する。つまり、実在の状態が持つ確率について論じることができると主張する以外、実在の状態そのものに関してはいかなる前提も立てない。とはいえ

「状態が持つ確率について論じることができる」という主張は誤っているのかもしれない。だが誤っているのなら、実在の科学は成立し得ない。なぜなら、実験の確率的な結果を実在に関する確率的な主張に関係づける手段がないということになるからだ。そもそも実在の科学は可能でないことも考えられるが、私は可能だと考えたい［これに関しては最終章を参照されたい］。いずれにせよ、FBT定理自体はそのような科学が可能であることを前提とする。

あるいはFBT定理は人類の進化とは無関係なのではないか？　人類の進化を理解するためには、人間、ならびに人間と他のあらゆる生物、そして地球それ自体との関係を対象とする、人工知能による完全なシミュレーションが必要なのではないか？　その種の包括的なシミュレーションなくしては、「私たちは実在をありのままに見るべく進化したのではない」などと主張できないのではないか？

言うまでもなく、人間と環境のやり取りは複雑である。というより複雑すぎて進化は混沌としている。世界を軽くひと押ししただけでも、のちに構造的な変化が引き起こされうる。だがそれでも、FBT定理は人類の進化に適用することができる。

州が主催する宝クジのたとえを用いてその理由を説明しよう。何百万枚のチケットが、数百の理由で数千人に購入される。その際、番号を決めるために誕生日、結婚記念日、おみくじクッキーのメッセージなど、数十のトリックが用いられる。さて、次のクジで何人があたるかを予測したかったとする。その答えをはじき出すために、それらすべての複雑な細部を考慮した完全なるシミュレーションが必要だろうか？　そんなことはない。むしろ混乱するだけだろう。必要なのは、無数の細部に関係なく適用できる、いくつかの確率的な原理である。

ＦＢＴ定理にも同じことが当てはまる。この定理は確率の原理に基づいて、どれくらいの生物が実在をありのままに見るべく進化するかを予測できるようにする。要点は、「適応度利得が世界の構造を反映する確率は、世界や知覚の複雑さが高まるにつれゼロに向かって急激に低下する」という単純なものだ。カオスの効果が、知覚システムによる正確な予測の流布を妨げるのである。確率の法則によれば、真実戦略は宝クジより見込みがない。

ならば、知覚は私たちにウソをついているということなのか？　そうではない。わがコンピューターのデスクトップ画面が、メールアプリを青い長方形のアイコンで表示したからといってウソをついているとは言わないのと同じように、私たちの感覚はウソをついていると言えるわけではない。知覚はデスクトップ画面のインターフェースと同様、自分の仕事をこなしているにすぎない。そしてその仕事とは、真実を開示することではなく、有用な行動を導くことだ。ＦＢＴ定理が示すところによれば、感覚が複雑になればなるほど、それだけ実在に関する真実を開示する可能性は低下する。

ＦＢＴ定理は、利得が固定されている場合にのみ有効なのではないか？　利得が急速に変動する場合には、最善の戦略は実在をありのままに見ることではないのか？

確かに利得は、天候と同じで変わりやすい。無数の要因間の相互作用の複雑さから変化が生じる点でも共通する。しかし変幻自在な利得は、真実戦略にいかなるとっかかりも与えない。適応度戦略同様、真実戦略も適応度利得の気まぐれな推移を追わねばならない。真実戦略のほうが、この推移の各段階において適応性が低いことをＦＢＴ定理は示している。通常よりも速いペースでローンを返済しなければならなくなり、破滅が促進されるのだ。

利得の変動は真実戦略の助けにはならないが、適応度戦略が利得それ自体ではなくもろもろの利得間の差異を報告するよう自然選択によって形作られることを示唆する。その証拠は知覚の適応の研究によって得られている。バラ色のメガネをかければ、世界が赤みを帯びて見える。しかしそれは、長くは続かない。すぐに通常の色を見るようになるのだ。一分間滝を凝視してから、近傍の岩を眺めてみよう。岩は上方に移動しているように見えるが、逆説的にも静止しているようにも見える「酔っぱらったときに天井が回転しているように見えながらもその場に静止しているようにも感じられるのと同様な感覚なのであろう」。晴天の日の午後に映画館に入れば、入った瞬間はすべてが黒く見える。しかし、すぐに灰色の陰影が見えるようになる。幸福に満ちた顔を一分間見つめてから無表情な顔を見ると、悲しそうに見える。数秒間ぼけた画像を凝視したあとでは周囲の世界がくっきりと見え、くっきりとした画像を凝視したあとでは周囲の世界がぼやけて見える。かつてはこのような適応は、過度の露出に起因する単なる例外事象だと考えられていた。しかし認知科学者マイケル・ウェブスターの行なった実験によって、それがあらゆるレベルの知覚処理の本質的な特徴であることが明らかにされている。[*27] バラ色のメガネをかけるなどして知覚環境を変えると、感覚はすぐに新たな状況のもとにおける相対的な利得を報告するよう適応する。つまり適応度に関する情報「以下適応度情報と訳す」を効率的にコード化するのだ。

あるいは環境を固定して、利得を変えることもできる。ブライアン・マリオンは、わが研究室に所属する大学院生だった頃、被験者に色を識別することで得点を稼ぐゲームをさせた。赤より青の識別に高い得点を与えると、被験者は数分のうちに青をよりよく識別できるようになった。[*28]

この結果は、知覚が種々の利得の差異を報告すると考えれば容易に理解できる。各利得のあいだに差異がなければ、差異を見ることに利得はない。利得間に差異があれば、それらの差異を見るようリアルタイムで調節することには利得がある。それは理想的である必要も完全である必要もなく、競争相手よりわずかでもよく見えればよい。場面への適応と報酬への適応は、適応度利得を追跡するという一つのプロセスをめぐる二つの側面である。適応が興味深い例外ではなく、知覚処理のあらゆるレベルで生じる理由は、適応度利得の追跡が興味深い例外などではなく、それこそがゲームの肝だからだ。

しかし、このような自然選択や適応の強調は、別種の反論を引き起こす。たとえば心理学者のライナー・マウスフェルトは次のように述べる。「複雑な生物系の進化における自然選択の役割は、きわめて不明瞭である。（……）進化生物学は最近になって、進化的変化の大部分が自然選択とはほとんど関係がないことを示唆する証拠を広範に集めつつある」。彼は本章で提起されているもののような議論が、自然選択を「進化的変化を調節しているほぼ唯一の要因」と見なしていると考えているのだ。[*29]

事実、自然選択は他の多くの要因と協調しながら作用している。すでに取り上げた、適応度に影響を及ぼさない中立的な対立遺伝子が個体群内で偶然に拡大していく遺伝的ドリフトはその一つである。この現象は、小規模の個体群で起こりやすい。ほとんどの分子進化「細胞分子の配列構成の変化」は、遺伝的ドリフトによって説明できると主張する研究者もいる。[*30] 今日の中立的なドリフトは、生態的地位が変化すると明日の大逆転要因《ゲームチェンジャー》になるかもしれない。

また物理的要因がある。たとえば重力は、安定した四肢の動きや血液循環を妨げる。ほとんどの動物が左右対称性を進化させ、キリンより長い首を持つ動物の進化が妨げられたのはそれゆえである。さらには化学的要因もある。自然界に存在する九二種類の元素のうち、炭素、水素、窒素、酸素、カルシウム、リンの六種類のみで、生物の重量の九九パーセントが構成されている。他には遺伝的連鎖や多相遺伝がある。遺伝的連鎖とは、減数分裂中に一本の染色体上の近傍の対立遺伝子がまとめて受け渡される傾向を、また多相遺伝とは一つの遺伝子が、表現型のさまざまな側面（ときには適応度に逆の効果を与える場合もある）に影響を及ぼすことをいう。

進化的変化の要因は、それ以外にもあることは間違いない。その大部分が自然選択とはほとんど関係がないとするマウスフェルトの主張は、おそらく正しいのだろう。しかしここでは、そのことは問題ではない。どの程度の進化的変化が自然選択に起因するのかではなく、自然選択の方向それ自体がここでの問題なのだ。たとえば遺伝的ドリフトという進化的プロセスのゆえに、私たちは実在をありのままに見るようになったのだと主張する人は誰もいない。遺伝的ドリフト、物理、化学、遺伝的連鎖、多相遺伝のいずれもその役割を果たすことはできない。真正な知覚の支持者が進化を用いて自分たちの見方を擁護するとき、彼らは、真正な知覚がより適応度の高い知覚だと、つまり実在をありのままに見ることで選択的優位性が与えられると主張する。要するに、自然選択が進化の主たる原動力であろうがなかろうが、真正な知覚の支持者が自分たちの主張を裏づけるために訴えられるのは、まさにその自然選択の力しかないように思える。

進化の主たる原動力であろうがなかろうが、自然選択は私たちの知覚を真正なものになるようには形作らなかった。その点をＦＢＴ定理は明らかにした。これは、そのせいで自分たちの唯一の希望を砕かれた真正な知覚の支持者にとっては悪夢であろう。

もしかすると、ＦＢＴ定理はそれとはまったく異なる根本的な誤りを犯していないだろうか？　哲学者のジョナサン・コーエンは次のように述べている。「知覚の状態は、世界に関する何の情報を運んでいるのかを、そして何を語っているのかを示す内容を直観的な形態で持つ。それは真偽に関する評価でもありうる」[*31]。だからたとえば、一メートル先の赤いトマトを見るとして記述される知覚経験を持ったとすると、私の経験の内容、つまりそれが世界について語っていることは、実際に一メートル先に赤いトマトが存在するという事実であることになる。実のところ、これがそのような経験の内容について論じる多くの哲学者の標準的な主張でもある。

しかしFBT定理は、知覚経験の内容を特定しない。経験は、その内容が何であれ真正なものではないと結論づけるだけである。

コーエンは、「言及の対象が何であるのかをあらかじめ知らなければ、何かが真正であるか否かを決めることはできない」がゆえにFBT定理は誤りであると主張する[*32]。つまり「一足す一は二である」という言明が真であるか否かを問えるのは、自分が何に言及しているのかを知っているからであり、「何とかかんとか」という言明が真であるか否かを問えないのは、その言明が無意味だからということになる。その言明には内容がないということだ。

コーエンが正しければ、FBT定理は最初から根本的に誤っていることになる。それは知覚経験の内容が何であるのか、また、私たちの経験が世界について何を語っているのかを前もって教えてくれはしない。ゆえにFBT定理は、私たちの知覚経験が真正なものかどうかを決定できるはずがなく、最初から無駄足になるしかない。

幸いにも、FBT定理にとってそこには何の問題もない。哲学者は、形式論理を用いてその理由を教えてくれる。私は、命題pと命題qは何かに関する主張だと言明したとしよう。だが、命題の内容については何も言わない。さらに「命題pと命題qのいずれかは真だ」と言明したとする。ここで私がその主張が真であるかどうかをあなたに尋ねたとしたら、あなたは肩をすくめるしかないだろう。命題pと命題qの内容を明らかにしない限り、コーエンが主張するとおり、あなたには答えようがないのだから。しかし私が「命題pと命題qのいずれかが真なら、命題pは真である」と主張し、その主張が真であるか否かを尋ねたとすると、あなたは肩をすくめる必要などない。なぜなら命題pと命題qの内容を知らずとも、その主張が偽であることは自明だからだ。

これが、論理、より一般的には数学の力である。論理は、単に論理的、すなわち形式的な構造に基づいて、種々の言明の真偽を評価することを可能にする。たとえば数学者は、「何の集合か?」という問いに答えずに、集合の機能や構造に関する定理を証明する。そこでは、「何の集合か?」は問題ではない。その要素がリンゴ、ミカン、クォーク、可能な宇宙のいずれであろうが、その定理は当てはまる。つまり集合を構成する要素に関して、あらかじめ内容を特定する必要はない。

とりわけ情報理論と呼ばれる、インターネットや電気通信の基盤をなす実り豊かな分野では、メッセージの構造や伝達を、その内容を特定せずに詳細に分析するための強力な定理やツールが用いられている。[*33] メッセージの内容は無限に変化するが、特定の規則に準拠する。だから、いかなる内容のどんなメッセージにも適用できる厳密な科学、情報理論が生まれたのだ。それと同じ洞察が、これまで進化してきたすべての知覚システムに関して、ユニバーサル・ダーウィニズムの形式的構造を用いて内容に関係なく普遍的な事実を私たちに教えてくれるFBT定理の基盤をなしているのである。

FBT定理は、知覚の内容に関する理論を必要としない。それどころか、コーエンによって提起された論理を逆転して、知覚の内容に関する理論の受け入れを制約する。とりわけ指摘しておきたいのは、「FBT定理に従えば、私たちは実在の真の構造を知覚するよう進化したのではなく、適応度を検知し、それに従って行動するよう進化してきたのだから、知覚が通常は真正であると仮定する、内容に関するいかなる理論もほぼ確実に誤っている」という点だ。これは、私たちの周囲にある中型の大きさの物体の知覚に適用される。一メートル先の赤いトマトとして記述される経験をしたとき、その経験の内容は、「たとえ誰も見ていなくても、一メートル先に赤いトマトが実在する」ではない。ならば実のところ、FBT定理は、知覚の哲学で提起されている、内容に関するあらゆる理論を除外する。[*34]

FBT定理は、進化理論家ロバート・トリヴァースの「自然選択は、世界のより正確なイメージを作り出す神経系を選好するという慣例的な見方は、心の進化に関する非常に無知な見方だと言わざるを得ない」という洞察を拡張する[*35][一九七六年に刊行されたリチャード・ドーキンス著『利己的な遺伝子』の「初版に寄せられた序文」にあるトリヴァースのこの見解は、第3章（八七頁）で言及されている二〇一一年の論文でのトリヴァースの見解と真逆である。それについて著者（ホフマン氏）に尋ねたところ、この例からもトリヴァースを含めた著者の同僚の多くが、真正な知覚という概念を現在でも捨て切れていないことがわかるという回答が戻ってきた]。FBT定理に従っても、その種の慣例的な考え方は知覚の進化に関する非常に無知な見方だと言える。

スティーブン・ピンカーはこの議論をうまく要約している。「私たちは生物であって天使ではない。私たちの心は器官であって真実に導いてくれる導管ではない。それは私たちの先祖に課された生死がかかった問題を解決するために自然選択によって進化したのであり、何が正しいかを知るために進化したのではない[36]」

ダーウィンの危険な思想という万能酸が知覚に注がれると、誰も見ていないときにも存在し相互作用するとされている物体の客観性が溶かされる。それから万能酸は、ダーウィンの提起する進化が生じる枠組みとされる時空それ自体の客観性を溶かす。だから私たちは、実在を理解するために、空間、時間、物体を捨象したより根本的な枠組みを構築し、この新たな枠組みのダイナミクスを理解しなければならない。そしてこのダイナミクスをホモ・サピエンスが備える時空インターフェースへと投影し返せば、ダーウィンの進化論を取り戻せるだろう。ダーウィンの思想は、人間の知覚が持つ時空や物体の言語に包摂される、より深い未知のダイナミクスに関する未完成のヒントとして、ダーウィンの進化論自体を再考するよう促す。ダーウィンの思想は、まさしく危険なものなのだ。

第5章　錯覚　デスクトップ画面のはったり

「これが最後のチャンスだ。そのあとで後戻りすることはできない。青い錠剤を飲めば、物語は終わり、ベッドで目覚め、自分の信じたいことを信じ続けられる。赤い錠剤を飲めば、驚異の世界に留まることができる。そこで、ウサギの穴がどれほど深いかおまえに教えてやろう」

――モーフィアス『マトリックス』

私は生命保険に加入している。自分が存在しなくなっても、実在の世界は存続することに賭けているのだ。実在の世界が存在し、私の感覚が自然選択によって形作られたとすると、FBT定理によれば、私の知覚が真正である、つまり実在の何らかの構造を保存している可能性は、宝クジに当たる確率より低い。この可能性は、たとえ私の知覚系が非常に可塑的で、必要に応じて迅速に変化できたとしても、世界や私の知覚が複雑になればなるほどゼロに近づく。

FBT定理は直観に反する。真ではない知覚が、どうして有用になりうるのか？　それを理解するためには、直観は導き手を必要とする。

人間の脳は伝統的に、時計、電信や電話の交換台、コンピューターなど、最新のテクノロジーにたとえられてきた。この伝統に沿って、ここで私は知覚の新たなたとえを提起しよう。それは、「各知覚系は、ラップトップパソコンのデスクトップ画面のように、一つのユーザーインターフェースをなす」というものだ。このインターフェースは自然選択によって形作られ、生物種ごとに、さらには同じ生物種でも個体ごとに異なりうる。私はこれを知覚のインターフェース理論（ＩＴＰ）と呼んでいる。この名称は単なるたとえとしては大げさだが、以下にそう呼ばれる理由を説明し、約束手形の支払いはきちんと履行するつもりだ。[*1]

「はじめに」の例を掘り下げることから始めよう。ここで、あなたが作成しているファイルのアイコンが青い長方形をし、デスクトップ画面の中央に表示されていたとする。この事実は、ファイル自体が青い長方形をし、デスクトップ画面の中央に存在することを意味するのだろうか？　もちろんそうではない。アイコンの色はファイルの真の色ではないし、アイコンの形や位置はファイルの真の形や位置を示しているわけではない。そもそもファイルに色や形はない。コンピューター上にファイルが置かれているハードディスク上の位置は、デスクトップ画面上のアイコンの位置とは関係がない。

青いアイコンはファイルの真の性質を故意に誤って伝えているのではない。その目的は、真の性質を表現することにあるのではなく、利用者がトランジスター、電圧、磁場、論理ゲート、二進コード、実行ファイルなどの本人にはどうでもよい細部に拘泥せずに済ませられるよう真の性質を隠すことにある。その種の複雑な細部に関わらねばならず、メールの内容をビットやバイト単位の表記を使って書かねばならなければ、利用者は電子メールではなく普通郵便を使うだろう。だから私たちは、あらゆる複雑性、つまり自分の仕事の邪魔になる真実を隠してくれるインターフェースに相応の金額を払うのだ。複雑性は牙をむいて噛みついてくる。その牙を遠ざけておくのがインターフェースの役割なのだ。

ピクセルやアイコンなどのインターフェースの言語は、それが隠しているハードウェアやソフトウェアを記述することができない。それには量子力学、情報理論、プログラミング言語などといった別の言語が必要になる。インターフェースは、電子メールを書く、画像を編集する、ツイートの「いいね」ボタンを押す、ファイルをコピーするなどの作業をする際に私たちを支援してくれる。それはコンピューターを操作するための手綱を与えてくれ、コンピューターが実行している実際の処理を私たちの目から隠す。実在の無視は、その制御に役立つ。この主張は、文脈を切り離してとらえると直観に反するように思える。だがインターフェースの役割を考えれば自明のことだ。

ITPの主張によれば、進化は私たちの感覚を、人間の必要性に調整されたユーザーインターフェースになるよう形作ってきた。インターフェースは実在を隠し、私たちが生きる生態的地位のもとで適応的行動を導く。時空は私たちのデスクトップ画面であり、スプーンや星のような物体はホモ・サピエンスが持つインターフェースのアイコンなのである。空間、時間、物体に対する私たちの知覚は、真正たるべく、すなわち実在を開示したり再構築したりするために自然選択によって形作られたのではない。子どもを生み育てるのに十分な期間生き残れるよう形作られたのだ。

知覚は、真実ではなく子どもを持つことに関するものである。子どもを生み育てるのに役立つ知覚を形成する遺伝子は、適応度ゲームに勝利し競争相手をかき分けて次世代に受け渡されるだろう。FBT定理によれば、勝者遺伝子は真実の知覚のためにはコードされていない。またITPによれば、勝者遺伝子は、実在に関する真実を隠蔽するインターフェースをコードし、色、肌理、形、動き、においを持つ物体というアイコンを提供する。それらのアイコンは、生き残って子どもを残せるよう、不可視の実在を操作することを可能にする。つまり時空の内部に存在する物体は、いわばデスクトップ画面上のアイコンにすぎない。

月の知覚は真正なのか否かを、つまり私たちは誰も見ていないときにも存在する、月の真の色や形や位置を見ているのかを問うことは、画像編集アプリのペイントブラシアイコンが、コンピューターの内部にあるペイントブラシの真の色や形や位置を示しているのかを問うようなものである。月や他の物体の知覚は、実在を開示するようには形作られておらず、進化で重要になるたった一つの事象、すなわち適応度利得を報告するべく形作られている。物体とは、私たちの生存と繁殖を支配している利得に関する必須の情報を十分に開示してくれるデータ構造であり、私たちはそれを作り出したり破壊したりすることができる。

空間や時間、あるいは形、位置、運動量、スピン、極性、色、肌理、においを持つ物体に関する言語は、適応度利得を記述するのにふさわしい。しかし、実在の記述には根本的に向かない。デスクトップ画面やピクセルに関する言語でコンピューターの内的な動作を正しく記述することはできないのと同じように、時空や物体に関する言語で実在を記述することはできない。

ここで読者は、「だが、ITPは明らかに愚かな間違いを犯している。ガラガラヘビが私たちのインターフェースのアイコンにすぎないのなら、なぜあなたはそれをつかもうとしないのか？　あなたとあなたのITPがこの世から消えたあと、私たちは知覚が実際に真実を語るのだということを思い知るはずだ」と反論するかもしれない。

私がガラガラヘビをつかまないのは、画像編集アプリを使っているときに、不用意に作成中のアート画像の全面にわたってペイントブラシアイコンをドラッグしたりしないのと同じだ。その理由は私が文字どおりに［真正なものとして］ペイントブラシアイコンをとらえているからではなく（わがラップトップの内部にリアルなブラシが存在するわけではない）、その機能を真剣にとらえているからだ。ペイントブラシをドラッグしまくれば、これまでの成果が台無しになる。ポイントはそこにある。進化は私たちが生きていけるようさまざまな感覚を形作ってきた。だから、私たちは感覚を真剣にとらえたほうがよい。火を見れば、そこに足を踏み入れたりはしない。崖を見れば、そこから足を踏み出したりはしない。ガラガラヘビを見れば、つかんだりはしない。毒ツタ《ポイズンアイビー》を見れば、そこでパーティーをしたりはしない。そういうことだ。

私たちは、自分の感覚を真剣にとらえなければならない。ならば、それを文字どおりとらえなければならないのか？ そんなことはない。論理的に言って、そうすることは不要であり、正当化されない。

しかし私たちは、その問いに「イエス」と答えたくなり、かくして「真剣」を「文字どおり」ととらえる誤謬に陥る。「真剣」と「文字どおり」の混同は物体の実体化［観念的な事象を実体と見なすこと。本章の文脈で言えばユーザーインターフェースのアイコンを実在そのものととらえること］を導き、意識の起源をめぐる作り話の探究に私たちを誘い込む。私にも、その魅力は理解できる。私自身も中型の物体を実体化したくなる。だが、そのような行為は信用していない。

病原体《バイオハザード》や電離放射線の危険を警告する標識について考えてみよう。私たちはそれらを真剣にとらねばならない。無視すれば、苦痛に満ちた最後を迎える破目になるかもしれない。しかし、それを文字どおりにとらえる人はいない。病原体の標識は、実在の世界に存在するようなあり方で病原体を表しているのではないし、電離放射線の標識は、電離放射線を正確に描写しているのではない。同様に潜水艦のソナー係は、表示盤の中心に向かって直進してくる緑色の光点を真剣にとらえる必要がある。しかし実際の魚雷は緑色の光点ではない。進化は、直進する緑色の光点や病原体の標識のような、真実を描くことなしに警告を発して見る者を導くシンボルを用いて知覚を形作ってきたのである。

だから目前にガラガラヘビが這っているのを見たら、それを真剣にとらえなければならない。しかしだからといって、誰も見ていないときにも、鋭い牙をむき出しにした茶色いつやつやした何かが存在すると結論することはできない。ヘビは、逃走のような適応的行動を導くインターフェースのアイコンにすぎない。

その手の例では納得しない懐疑家もいるだろう。たとえばマイケル・シャーマーは、『サイエンティフィック・アメリカン』誌の自身のコラムに次のように書いている。「そもそも、どうしてアイコンがヘビのように見えるのか？　自然選択。なぜ毒を持たないヘビが、毒ヘビを模倣するようになるのか？　なぜなら、捕食者がリアルな毒ヘビを避けようとするからだ。模倣は、模倣すべき実在が存在する場合にのみ機能する」[*2]

そうではない。模倣は模倣すべきアイコンが存在すれば機能する。ここで、オーストラリアの東部と南部に生息するクモ（ナワナシナゲナワグモ）*Celaenia excavata* について考えてみよう。このクモは、鳥類の捕食者の糞に似るよう進化した。自然選択はこのクモを、鳥類のインターフェースにおけるそのアイコンが、同じインターフェースにおける糞のアイコンに似るよう形作ったのだ。実のところ、ＩＴＰから予測されることの一つは、捕食者と獲物の競争が、インターフェースと（糞を装うなどの）インターフェースハッキングのあいだの進化的軍拡競争を引き起こしうるという点である。似たような軍拡競争は、インターネット上でもフィッシング攻撃などに見られる。フィッシング攻撃では、疑いを抱いていない犠牲者が個人情報を暴露するよう仕向けるために、合法的な銀行や企業のロゴマーク、書体、文言が模倣される。たとえばナイキのスウッシュ［スポーツ用品メーカー、ナイキのロゴマーク］を模倣するフィッシング攻撃は、ナイキ自体が実在の世界ではスウッシュだから通用するのではない。スウッシュはナイキ社のロゴマークにすぎない。自然界でアイコンの模倣が捕食者や獲物のインターフェースを欺く場合があるのと同じように、ロゴマークの模倣がフィッシングの成功を導きうるのだ。

またITPは、「スプーンやクォークや星々は知覚されているときにのみ存在する」という謎めいた見方を提起する。

なぜか？　スプーンはインターフェースのアイコンであって、誰も観察しないときにも存続する真実ではない。私が手にしているスプーンは、潜在的な利得とその獲得方法を記述する私のアイコンである。私は目を開いてスプーンを構築する。今やスプーンのアイコンは存在し、それを使って利得を収穫することができる。目を閉じると、当面私のスプーンは存在しなくなる。私がそれを構築することをやめたからだ。私が見ていないときにも何かは存続している。しかしそれが何であれ、スプーンでもなければ時空の内部に存在する何らかの物体でもない。スプーンであれ、クォークであれ、星々であれ、ITPは「存在することは知覚されることである」という、一八世紀の哲学者ジョージ・バークリーの言葉に同意する。[*3]

第1章で取り上げたネッカーの立方体（図6）について、もう一度考えてみよう。中央の図を見たとき、左の図のように面Aが前に出ているように見えることがある。ここではそれを立方体Aと呼ぼう。

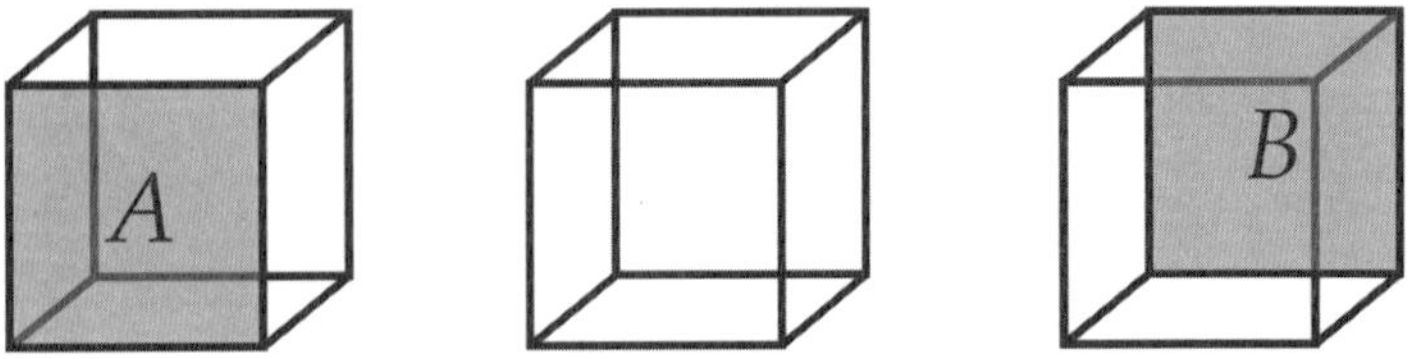

図6：ネッカーの立方体。あなたが見ていないとき、どちらの立方体が存在しているのか？　面Aが前に出た立方体なのか、それとも面Bが前に出た立方体なのか？©DONALD HOFFMAN

また右の図のように、面Bが前に出ているように見えることもある。それを立方体Bと呼ぶ。では、中央の図に関してあなたが見ていないときに存在しているのは、立方体Aなのか立方体Bなのか？

どちらかを選ぶことに意味はない。中央の図を見れば、立方体Aに見えることもあれば、立方体Bに見えることもある。答えは、「あなたが見ていないときには、立方体Aも立方体Bも存在しない」というものになる。中央の図を見るたびに、あなたはその瞬間にたまたま自分が構築した立方体を見ているのだ。図から目を離せば、それは消える。

ITPは、時間と空間の内部に存在するあらゆる物体に対して同じことが当てはまると主張する。あなたがスプーンを見ているあいだ、それは存在している。だが目を離すやいなや、スプーンは存在しなくなる。何かが存在し続けるのは確かだが、それはスプーンではないし、時間と空間の内部に存在するのでもない。スプーンとは、あなたがその何かとやり取りする際に構築するデータ構造、すなわち適応度利得と、その獲得方法をめぐってあなた自身が作り出した記述なのだ。

この見解は、ばかげているように思えるかもしれない。私がスプーンをテーブルの上に置けば、部屋にいる誰もが、スプーンが存在することに同意するだろう。この全員の同意を説明する唯一の方法は、誰もが見ている、一本のリアルなスプーンが存在するという事実を受け入れることではないのか。

しかし全員の同意を説明する方法は他にもある。私たち全員が、類似の方法で自分のアイコンを構築しているという考えだ。人間という一つの生物種に属するメンバーであることによって、私たちは（人によってわずかずつ異なる）インターフェースを共有している。実在が何であるにせよ、私たちがそれとやり取りするときには、誰もが類似のアイコンを構築する。なぜなら、私たちは皆、類似のニーズと適応度利得を獲得する方法を持っているからだ。これが、私たちが図6に立方体を見る理由なのである。各人が独自の立方体を構築しながら、他の誰もとほぼ同じ方法でそうしている。私が見る立方体は、あなたが見る立方体とは異なる。私が立方体Aを見ているとき、あなたは立方体Bを見ているかもしれない。誰もが見ている、そして誰も見ていなくても存在するリアルな立方体などというものを持ち出す必要はない。

同様に、誰も見ていなくても存在する物体や時空などというものは、いかなるものであれ持ち出す必要はない。空間や時間はそれ自体、私たちの持つインターフェースの単なるフォーマットであり、また物体は、適応度利得の獲得という課題の遂行にあたり、さまざまな選択肢に注意を向ける際に私たちがその場で作り出したアイコンにすぎない。つまり物体は、私たちの感覚に自らを押しつけてくる既存の実体ではなく、利用可能な多数の利得から、競争相手より多くのポイントを稼がなければならないという課題に対する解決手段《ソリューション》なのである。

これは、物体に関する新たな考え方である。私たちは利得の獲得という課題を達成するために、物体を必要に応じてすばやく作り出し、当面の目的が達成されるやいなや棄て去る。このソリューションは利得を獲得するための最善の手段である必要はなく、競争相手より少しばかり多く利得を獲得できる程度で十分なのだ。

ここで私は、何らかの形、色、肌理、位置、方向を持つスプーンを見たとしよう。このスプーンを構築する際に、私は一つの問題を解決した。つまり利用可能な利得と、その獲得方法に関する記述を作成したのだ。目を離せば、スプーンと利得に関する記述は消える。それから、もう一度スプーンを見る。すると再びスプーンが見える。なぜなら、特に意外ではないが、私は前回と同様のあり方で同じ問題を解決したからである。私はそうせざるを得ない。そうするよう自然選択によって形作られているからだ。私には、すばやい解決が求められる。競争相手が自分を打ち負かそうとしているときに、新たなテクニックを試している暇などない。私はこの問題を解決するための信頼できる方法をすでに手にしている。この文脈で言えば、私は見るたびにスプーンを作り出す。それは私の習慣なのだ。

私はこの習慣を実在の世界へと実体化したくなり、「なぜ私は、あのスプーンをまた見ているのか？」と自問する。それに対し、「あのスプーンはずっとそこに存在し続けているからだ」と自ら答える。この論理の一部は正しい。確かに何かが、つまり私の習慣と実在がそこには存続している。しかし、実在とスプーンを同一視している点で間違っている。私は、自分の習慣をあらかじめ存在しているスプーンへと実体化するという誤謬を犯しているのだ。

ネッカーの立方体は、その手の誤謬を暴露する。私は中央の図を眺めて立方体Aを見る。目を離すとそれは消える。再び図を眺めると今度は立方体Bが見える。目を離しているあいだは、立方体Aは存在していないように思える。そこには何かが存在する。適応度利得に関する記述を作り出す習慣的な方法が存在している。通常は一つの記述が作り出される。しかしこの例では、互いに類似はしているものの、あらかじめ存在している一個の物体ではあり得ない程度に異なる二つの記述が作り出される。

同様に、私は岩や星々などの自分のインターフェースのアイコンを実体化し、それをあらかじめ存在している物体として扱う。さらには自分のインターフェースそれ自体も実体化して、あらかじめ存在している時空だと思い込む。このITPの主張は、イマニュエル・カントの哲学と一致するように思える。[*4] カント哲学の解釈には論議が多いが、一つの解釈に、岩や星々は心から独立してはいないと主張したというものがある。つまり、それらは完全に私たちの知覚の内部に存在している。

カントの主張に異議を唱える哲学者もいる。たとえばバリー・ストラウドは次のように述べる。「この見方に従えば、私たちが独立した世界として考えているものは、結局のところ完全に独立しているわけではない。控えめに言っても、いかにそれが真でありうるのかを理解することはむずかしい」[*5]。いかにそれが真でありうるのかを理解するためには、自然選択による進化を理解しさえすればよい。FBT定理に従えば、自然選択によって形作られたのなら、知覚は独立して存在する世界に関する客観的な真実を報告するのではなく、有用な行動を導く。私たちとは独立して何かが存在するのは確かだとしても、その何かは私たちの知覚とは一致しない。この言明は、自分のインターフェースを実体化したがる傾向を私たちが持つために、理解しがたく感じられるのだ。

哲学者ピーター・ストローソンの言葉を借りると、カントは次のようにも述べている。「実在は感覚を超越する。だから私たちは、それについて知ることができない」[*6]。この点に関しては、ITPはカントと袂を分かつ。ITPは実在の科学を認めるが、少なくとも特定の解釈によればカントは認めていない。科学者にとって、この相違は根本的なものである。ＩＴＰの主張では、実在に関するあるタイプの理論、つまり実在が時空の内部に存在する物体から構成されるとする理論は間違っている。しかし、科学的理論と実験の標準的な協調によって、実在に関する真の理論が導かれうることを認める。それに必要な最初のステップは、私たちの知覚が実在の再構築ではなく、人間固有のインターフェースである点を認めることである。

一九三四年に生物学者のヤーコプ・フォン・ユクスキュルは、各生物の知覚を独自のインターフェースとしてとらえる説を提唱した。彼はそれをドイツ語で「ウンヴェルト（環世界）」と呼ぶ。[*7] これはＩＴＰの見方に一致しそれを予兆する。だがフォン・ユクスキュルは、おのおののウンヴェルトが自然選択によって形作られるという見方を否定し、「その進化はマスタープランに従って調節される」と主張した。その点でＩＴＰとフォン・ユクスキュルの見解は異なる。しかし、岩や木などの物体は、実在の構成要素ではなくインターフェースのアイコンであるとする点では、両者は一致する。

ここで読者は、次のように反駁するかもしれない。「しかし、〈物体はアイコンである〉という主張は法的な混乱を招く。私は、マセラティを颯爽と運転するマイクに嫉妬しているとする。私にはマセラティを購入できるほどの貯金はないし、おそらく今後も無理だろう。どうすればよいのか？　すると突然、私の頭のなかに妙案が浮かぶ。ホフマンとかいう著者の主張によれば、マセラティは私が構築したアイコンだ。つまり私のアイコンだ！　私のものは私のもの。私のアイコンで格好よくドライブをしよう。いや、自分のものにしてしまおう。その際、ビタ一文出さなくていい！　自分が構築したアイコンに金を払う必要などない。だが残念なことにマセラティは一台しかない。誰も見ていないときにも存在する、マイクも私も見ているリアルなマセラティは一台しかないのだ。マイクは代金を払っているが、私は払っていない。私は、盗みを働いたりはしない。この事態はＩＴＰにとっては致命的だ。ＩＴＰが正しければ嬉しいが、その主張に従ったら監獄行きは免れない」

ＩＴＰによれば、私が見ているマセラティは自分が構築したアイコンであり、普遍的なマセラティなど存在しない。とはいえＩＴＰは、実在の存在を否定しない。知覚が実在を記述するという見方を否定するだけである。あるアーティストが、コンピューター上でデジタルアートの傑作を生んだとしよう。私はわが家から彼女のコンピューターに侵入して、この傑作を発見したとする。それは、わがラップトップのデスクトップ画面にアイコンとして表示されている。私のデスクトップ画面上の私のアイコンとして表示されているのだ。私は、自分のアイコンだから、それをコピーして売っても構わないと考える。だが、その考えは明らかに間違っている。監獄行きになったら、それは自分の責任以外の何ものでもない。私のアイコンがあなたのアイコンとは違うからといって、またどちらも実在を記述しないからといって、自分のアイコンでしたいことが何でもできるわけではない。

しかし、アイコンが実在を記述しないのなら、それはリアルなものなのか？　そもそも「リアル」とはどういう意味なのか？

その問いに答えるためには、「リアル」という言葉の持つ二つの意味を区別することが役立つ。一つは単に存在するという意味で、もう一つは知覚されていなくても存在するという意味だ。

「リアルなマセラティが存在する」と主張するとき、おそらくあなたは「誰も見ていなくても存在する」という意味で「リアル」という言葉を使っているのではないだろうか。「太陽やニューロンは誰かが知覚する前から存在する」と書いたとき、フランシス・クリックはその意味でリアルなニューロンが存在すると考えていた。ニューロンが知覚的経験を引き起こす、あるいはニューロンの活動から知覚的経験が生じるとする主張は、この前提を必要とする。だが、それはＩＴＰによって否定され、ＦＢＴ定理と矛盾する。

しかしながら私が「ほんとうに頭痛がする」と吐露するとき、それは「頭痛が確かに存在する」と主張しているだけであって、「私の頭痛は、知覚されなくても存在する」という意味で言っているのではない。そもそも私が知覚しない頭痛は、いかなる意味でも私の頭痛ではない。もちろん私は、自分が知覚しない「頭痛」の存在についてとやかく言ったりはしない。しかしあなたが「きみの頭痛は、私に知覚されなければ存在しないのだからリアルなものではない」とのたまえば、私は腹を立てるに決まっている。それには相応の理由がある。私の経験は、その存在が他者に知覚されなくても自分にとっては間違いなくリアルなものだからである。

たいてい、文脈によってどちらの意味で「リアル」という言葉が使われているかは判断できる。しかしあらゆる疑念を消し去るためには、知覚されなくても存在するという意味で使う場合には、「客観的（objective）」という言葉をつけ加えることが役立つ。ＩＴＰは「ニューロンは実在（objective reality）の一部ではない」と主張する。だが、（たとえば顕微鏡を通して脳をのぞき込んでいる神経科学者にとって）リアルな主観的経験ではある。

ここで読者は、「だが、私が見ているマセラティが客観的なものでないのなら、なぜ目を閉じてもそれに触ることができるのか？　その事実は、マセラティが客観的なものであることの確たる証拠になるはずだ」と言うかもしれない。

だが、その事実は何の証拠にもならない。確かにそれは、客観的な何かが存在することを、証明はしていないとしても示唆している。しかしその何かは、私たちが知覚しているものとは劇的に異なるはずだ。あなたは、目を開いたときにはその未知の何かとやり取りしてマセラティの視覚的なアイコンを作り出し、目を閉じて手を伸ばしたときには触覚的なアイコンを作り出しているのである。

同じことは、他のすべての感覚についても言える。目を閉じたとき、あなたは依然としてマセラティのエンジンのうなりを聞くかもしれないし、排気ガスのにおいをかぐかもしれない。しかし、それらはすべてあなたのアイコンであり、あなたが知覚しているマセラティが実在の一部であることを示しているのではない。

それに対し読者は、「私の見ているマセラティが客観的なものではないのなら、なぜ私が目を閉じているときに友人はそれを見ることができるのか？」と反論するかもしれない。

実在は存在する。それが何であろうと、あなたと友人はそれとやり取りすることができる。その結果として、あなたも友人も、自分のマセラティのアイコンを作り出しているのだ。あなたが目を閉じているときに友人が立方体A（または立方体B）を構築することに何の問題もないのと同じように、あなたが目を閉じているときに友人がマセラティのアイコンを構築することに何の問題もない。

赤いマセラティは、輝かしく、芸術的で、流線形をし、とてもリアルだ。だがFBT定理によれば、それは客観的なものでもその描写でもないアイコンであり、感覚的経験にすぎない。だが、私たちの直観はその主張に逆らう。私たちはごく自然に、マセラティやその他の中型の物体を実体化しようとする

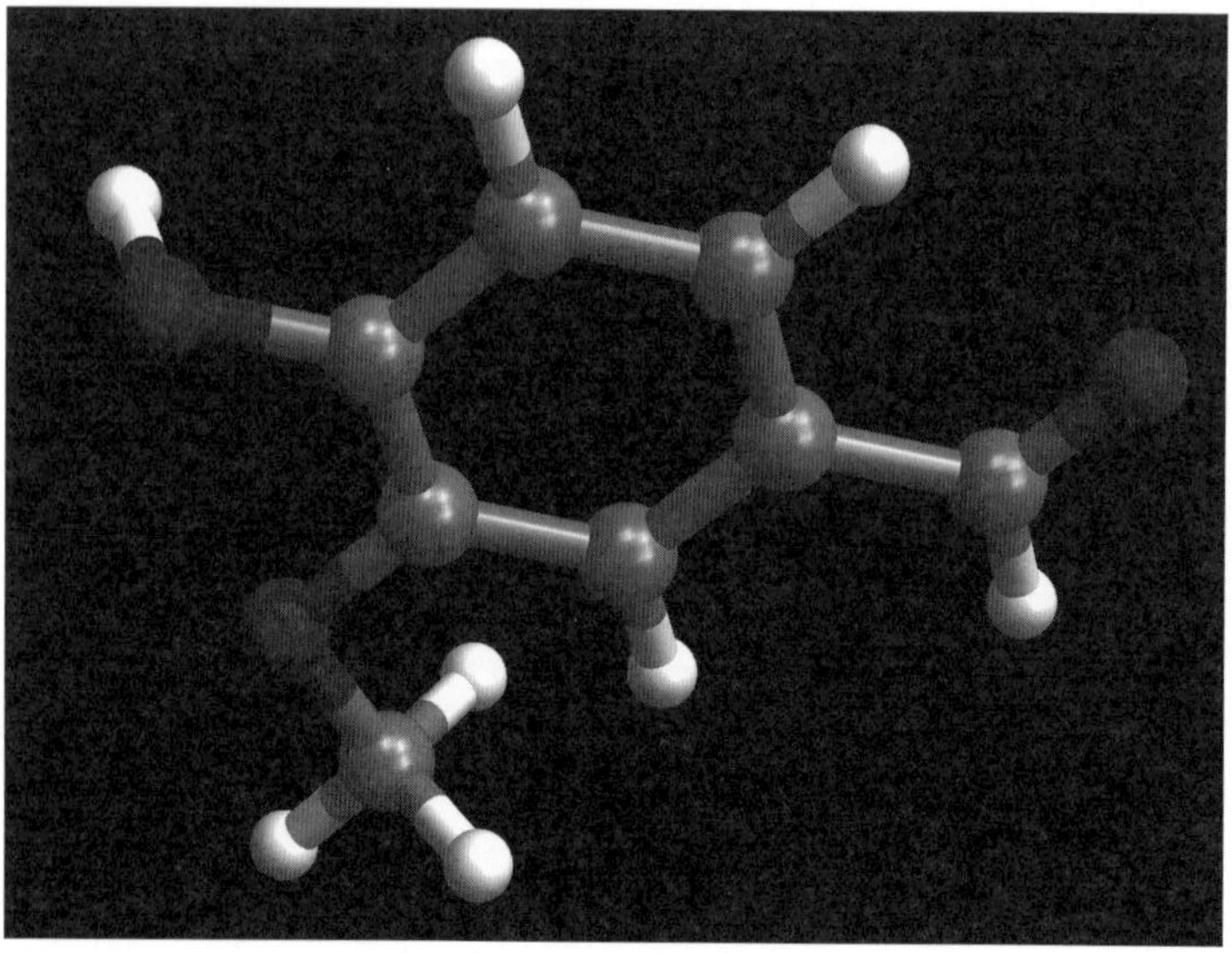

図7：特殊な味がする分子。©DONALD HOFFMAN

衝動に駆られる。この衝動から逃れるのはむずかしい。幸いにも、味覚の実体化から逃れることは比較的たやすい。私たちは、味覚を実体化しようとはあまりしない。その理由を考えてみよう。もしかすると、中型の物体を実体化しようとする衝動に抵抗するすべをそこから学べるかもしれない。

ここで図7に示されている分子について考えてみよう。議論を進めるために、この分子は実在の一部だと仮定する。白い玉は水素原子を、薄い灰色の玉は炭素を、黒い玉は酸素を表している。この分子を知覚したとき、あなたはいかなる感覚的なアイコンを構築するのだろうか？どんな味覚経験が、それを正確に記述できるのか？

これらの問いには簡単に答えられない。そこで手がかりを一つ示そう。この分子は $C_8H_8O_3$ という化学式で表され、アルデヒド基、ヒドロキシ基、エーテル基を持つ。

では、いかなる味覚がこの分子の真の記述を提示するのか？　いかなる味が、分子の真の実在をもっとも正確に記述するのか？

実のところ、この分子はバニリンである。私たちは、それをおいしいバニラの味として知覚する。誰が予想できただろうか？　私には、バニラの味がこの分子を記述しているとはとても思えない。それどころか、どんな味覚であれ、いかなる分子も記述できないように思える。味覚は慣習にすぎない。それでも味覚は、何を食べるべきかの選択、すなわち生死を左右しうる選択をする際に、有益な情報を与えてくれる。

食べ物を選ぶ前にそれを構成する原子をいちいち調べなければならないのなら、私たちは夕食にありつく前に餓死するだろう。バニラの味は、いかなる味とも同様、近道、すなわち食べ物の選択を導くアイコンである。バニラの味が$C_8H_8O_3$という化学式で示される分子を記述するのかと問うことは、「ネコ」という文字がふさふさした毛の愛玩動物を記述するのかと、あるいは私が見ているマセラティが実在を記述するのかと問うことと同様に筋違いだ。

プラトンが提起した有名な洞窟の比喩では、洞窟にいる囚人は、物体それ自体ではなくそれによって投げかけられた影を見ている。[*8]この比喩はＩＴＰを理解するための第一歩にはなるが、まだまだ先は遠い。影は、それを投げかけた物体にわずかに似ている。ネズミの影と人間の影は、大きさと形において互いを識別できる程度に異なる。だがＩＴＰが提起するアイコンは、実在とまったく似ていなくても構わない。

味覚の近道は、食中毒という大きな危険を招き寄せることがある。進化があみ出した解決策は、何時間も吐き気が続く思いを経験することを避けるために、その事実を一度の試みで学習するというものだ。自分の好物でも、運悪く食中毒を起こしたりすると、その一回の経験だけで何年にもわたって嫌悪を引き起こし続けることがある。味覚から予測される利得が、そこで一気に低下してしまうのだ。

もちろんバニラやマセラティのたとえは、単なる例にすぎない。それによって知覚や実在に関する何かが証明されるわけでもない。それを証明するのは、FBT定理の仕事だ。だがそれらの例は、私たちが実在を見ているという間違った信念や、誰も見ていなくても月は存在しているという誤った直観から私たちを解放してくれる。

私が取り上げた例のなかには、逆効果になるものもあるかもしれない。スタビーとメスの美を混同しているオスの甲虫について考えてみよう。私はその例を、進化が私たちに与えた、適応度は高めるが真実を隠す簡単なトリックとはいかなるものなのかを例示するために取り上げた。

その例に対して、読者は次のように反論するかもしれない。「いや、それらの例は逆を示している。ホフマンは、なぜ甲虫が幻惑されるのかと問う。彼の答えは、真実を見ることなどできないからというものだ。なぜ彼にそんなことがわかるのか？　なぜなら、彼は自分が真実を、つまり甲虫のオスが、メスではなくビンと交尾していることを知っていると思っているからだ。したがって、私たちは実在を見ていないとする彼の主張の裏には、自分は実在を見ている、自分はリアルな甲虫とそれに似たビンを見分けられるという前提が潜んでいる。ヘマをやらかした甲虫を彼が笑える理由が他にあるのか？」

この反論には一見すると説得力があるように思える。しかし、実際には反論になっていない。「グランド・セフト・オート」「コンピューターゲーム」を初めてプレーしている人を見ていたとしよう。彼は山間部を貫くハイウェイのジグザグカーブに沿って赤いフェラーリを走らせている。だが、上空から黒いヘリコプターが不気味に迫りつつあるのに気づいていない。私は彼に大声で警告するが時すでに遅く、赤いフェラーリはヘリの回転翼に切り裂かれる。私が見たのは初心者のヘマであって、派手なゲームの外観の裏にあるトランジスターやソフトウェアなどといった「真実」ではない（「この例における真実」という意味で真実を括弧で括った。トランジスターやソフトウェアは、実際には客観的に存在しているのではない）。私が見たものはすべてアイコンだが、その意味を理解することは重要だ。

そのことは甲虫のヘマにも当てはまる。私は、客観的な真実ではなく甲虫のアイコンとビンのアイコンを見ている。私が持つ甲虫のアイコンは、甲虫自身が持つアイコンが開示しない、「ビンと交尾しても幼虫は生まれない」という利得に関する事実を教えてくれる。私のアイコンは真実ではなく利得を報告してくれるので、うまく適応していない甲虫のヘマに対する私の批判は妥当なものになる。だが、そこに神の視点は前提とされていない。

アイコンが決して真の情報を開示しないのなら、知覚はつねに錯覚なのか？　錯覚に関する教科書的な記述によれば、「環境の真正な知覚は、つねにではないとしても通常は真であるような前提に依拠する発見的プロセスを必要とすることが多い。その前提が真であればすべてはうまくいき、私たちは多かれ少なかれ実際にそこに存在するものを見る。しかしその前提が偽なら、実在とは系統的に異なる状況を知覚する。これは錯覚と呼ばれる」[*9]

知覚が通常は真正であるのなら、私たちはネッカーの立方体のような錯覚を真実からのまれな逸脱として定義できるだろう。しかしＩＴＰに従えば、真正な知覚など存在しないのだから、錯覚をそのように定義することはできない。とはいえ、ＩＴＰは錯覚という概念を否定し去るわけではない。ネッカーの立方体《キューブ》も角砂糖の塊《キューブ》もアイコンだが、それら二つはいくつかの重要な点で異なる。ＩＴＰは錯覚の新たな説明を提起する。その説明とは、「錯覚とは適応的行動を導かない知覚のことである」という、進化生物学の洞察に基づいたものになる。

実に単純なことだ。進化は、真実を見るためではなく、適応的行動を導くよう知覚を形作ってきたのである。よって錯覚は、真実を見損なうことではなく、適応的行動を導き損なうことを意味する。

この理論にひねりを加えてみよう。なぜＩＴＰは、ビンと交尾しようとしている甲虫が錯覚を経験していると主張するのか？　哀れな甲虫が真実を見損なっているからではなく、甲虫の知覚が適応的でない行動を促しているからだ。ビンと交尾しても、幼虫は生まれない。スタビーの仕様を変更した親切なオーストラリア人がいなければ、この甲虫はとうに絶滅していたことだろう。

ＩＴＰに従って、ネッカーの立方体を錯覚と言えるのはなぜか？　私たちが見ている形を手でつかむことはできないからだ。それに対して、角砂糖の塊なら手でつかめる。一方は適応的行動を導き、他方は導かない。実のところ、私たちはネッカーの立方体に騙されているのではない。それが平面であることがわかるのは、奥行きに対する視覚的な手がかり［単眼性手がかり］が、両眼立体視のような、奥行きの効果を打ち消すよう作用する他の視覚的な手がかり［両眼性手がかり］によって抑制されるからである［その証拠に、片目をつぶって両眼視差を抹消しながら周囲や鮮明な動画を凝視すると奥行きが見えてくる。つまり両眼立体視が奥行きの知覚を抑制していると言える］。これは予想されるところで、私たちの感覚は適応度利得、ならびにそれをいかにして囲い込めるかを記述する。この記述を正しく読めるか否かは生死に関わりうる。だから、進化は私たちに複数の評価方法を与えたのだ。評価方法のあいだで矛盾が生じる場合、信頼度を落とされるものや、場合によっては無視されるものも出てくる。冗長性は安全を確保するための一つの手段になる。

ＩＴＰによる錯覚の説明は、標準的な説明が抱える面倒な問題を回避することができる。ブタ、げっ歯類、ウサギなどの糞を食べる動物の味覚経験を考えてみよう。それに関して私たちが望めることと言えば、それらの動物が糞を食べているとき、私たちのものとは著しく異なる経験をしているのであってほしいということくらいだ。実のところＩＴＰの予測によれば、その経験は私たちのものとは明らかに異なるはずである。ＩＴＰは、「味覚は客観的な真実ではなく適応度利得を報告する。そして得られる利得は、おいしければおいしいほど大きい」と考えるからだ。糞の利得と、それゆえその味は、私たちと糞を食べる動物のあいだでは決定的に異なる。

しかし錯覚とは真正ならざる知覚であると主張する標準的な説明にとって、これは克服が困難な問題を提起する。いったい誰の知覚が真正でないのか？　人間の知覚が真正でないのか、それとも糞を食べる動物の知覚が真正でないのか？　糞は真に吐き気を催す味がするという私たちの前提は正しいのか？その前提が正しいのなら、ブタやウサギや無数のハエは味覚バージョンの錯覚を経験しているのか？それとも糞は真においしいとする、それらの動物の前提のほうが正しいのか？　ならば、私たちの吐き気を催す経験は、実のところ味覚の錯覚なのか？

その種の難題に直面した哲学者や心理学者は、「知覚は、それが標準的な条件のもとで標準的な観察者によって経験された場合に真正である」と答えることがある。たとえば赤緑色盲の人が標準的な光のもとで草を眺めると、正常な色覚を持つ人とは異なる色を見る。だから色盲の知覚は、真正ではない。そう主張する。しかし、標準的な観察者や条件を原理的に特定することはむずかしい。そもそも理論家たちは詭弁を弄しているにすぎないのだが、どのみち糞に関しては、その手の詭弁は通用しない。人間こそが標準であるとする主張は見方が偏狭であり、逆にブタやウサギの判断に従うことは「糞はうまい！」と言うに等しい。どちらの選択も都合が悪い。このように糞は、「私たちの知覚は通常真正であり、錯覚は真正ならざる知覚のことである」とする理論に困難な問題をつきつけるのだ。

ミラクルフルーツと呼ばれることもある *Richadella dulcifica* の赤い実は、糖タンパク質のミラクリンを含有する。その実を食べるとレモンなどの酸味のある食べ物が甘く感じられるようになる。通常は、レモンに含有されるクエン酸やリンゴ酸によって酸味が引き起こされるが、ミラクリンが含まれていると甘みが引き起こされるのだ。

どちらの味覚が錯覚なのか？　真正な知覚の擁護者は、「それらは真正な味ではない、つまり客観的に真ではない」と言うかもしれない。ならばクエン酸の分子の真正な味とは何か？「それは酸っぱい味だ」と言うなら、何を根拠にそう言えるのか？　特定の分子が真に特定の味がすると言明するためには、いかなる原理が必要なのか？　科学的証拠を提出しなければならないのは、真正な知覚の擁護者のほうである。だが、これまでいかなる証拠も提出されたことがない。どんな味覚にせよ、真正性を擁護するいかなる主張も、現時点ではまったく正当化されない。

ＩＴＰは、「適応的でない行動を導く味覚は錯覚である」と主張する。たとえばあなたが一日中ガゼルを追いかけていたために血糖値が低下していたとすると、普通はハチミツやオレンジのような甘い食べ物が欲しくなり、レモンのような酸味のある食べ物には手を出そうとしなくなる。レモンは、甘いオレンジの半分のカロリーを、またハチミツの一〇分の一のカロリーしか提供しない。通常の状況下では、甘みは血糖値を回復させる、適応的な食物の摂取を促す。だが、狩りの途中でミラクルフルーツを食べてレモンが甘く感じられるようになったとする。今やレモンの甘い味は、カロリーに乏しい資源に手を出させるよう誘導する。その行為は適応的ではない。ゆえに錯覚なのだ。

しかし、ITPにはもっと根本的な問題があるように思える。ITPは、実在を見るべく私たちが進化した可能性がきわめて低いことを、数学と論理を用いて証明するFBT定理に依拠している。しかし、数学や論理に対する知覚に関しても同じことが当てはまらないのだろうか？　FBT定理は数学と論理を前提にしておきながら、まさにその数学や論理に対する知覚が真になるよう進化する可能性が、ほとんどゼロであることを証明しているのではないか？　ならば、それは信頼に足る証明など存在しないことの証拠になるのでは？　言い換えるとFBT定理それ自体とITPを反駁する結果になるのでは？

幸いにもFBT定理は世界の状態の知覚のみに適用されるのであって、数学や論理に関する知覚に関しては何も証明していない。数学や論理に関する能力などの、その他の認知能力がいかに自然選択によって形成されたのかは、それとは別の独自の研究が必要とされる。自然選択があらゆる認知能力を信頼に足りないものにしたという議論は単純すぎる。この非論理的な議論は、ダーウィンの進化論と相入れない宗教的見解を支持するために浮上してくることがある。[*10] しかしそのような議論は、あまりにも漠然としている。

相応の数学的能力を選好する選択圧力がかかっていることは十分に考えられる。進化の領域の通貨は適応度であり、その通貨を数える能力は適応的でありうるはずだ。一個のリンゴを二かじりすれば、一かじりする場合より、およそ二倍の利得が得られる。このように数学は利得に関する推論に役立ちうるので、その才能の進化に自然選択がつねに反対していたとは考えられない。もちろん「数学は実在である」、あるいは「数学的天才を選好する選択圧力がかかっている」と主張しているのではない。もしかすると、数学的天才は遺伝的なまぐれ当たりかもしれない。あるいは、オス(メス)が持つ欲望や選好がメス(オス)の進化を導く性選択によって、基本的な数学的能力という微弱な火が数学的天才という炎へと煽られたということなのかもしれない。いずれにせよ、この件は研究に値するトピックだと言えよう。

また、相応の論理的能力を選好する選択圧力がかかっていることも十分に考えられる。一例をあげよう。社会的交換には、「私があなたのために何かをすれば、あなたはその代わりとして私のために何かをしなければならない」という形態の単純な論理が含まれる。社会的交換の場面で相手の欺瞞を発見できない人は、その能力を持つ人より身ぐるみ剥がされやすく、よって適応度が低い。つまり、社会的交換の場面で「もし〜なら、〜である」という論理を行使する基本的能力を選好する選択圧力が存在すると考えられる。レダ・コスミデスとジョン・トゥービーは、ほとんどの人においては、この論理的な能力が、最初に進化した領域と見なせる社会的交換という文脈の埒外ではそれほど堅固なものではないことを発見した。[*11] 同様に心理学者のユーゴー・メルシエとダン・スペルベルは、論理的推論が他者と議論する際にもっとも有効に機能することを発見した。[*12] とはいえ基本的な能力がひとたび進化すれば、それは自然選択と突然変異を介して新たな次元に、場合によってはクルト・ゲーデルの天才のレベルにさえ達しうる。

したがってITPとFBT定理は、時空の内部に存在する物体に対する私たちの知覚が実在をありのままに反映しているのではないことを証明していても、数学や論理に関する能力の進化を排除するわけではない。ITPとFBT原理は、より高次の概念的な能力について何か主張しているのだろうか？　それらに従えば、私たちの概念は実在をありのままに理解するのにふさわしくないと結論づけられるのか？　そんなことはない。ITPとFBT原理は、そう結論づけてはいない。実在を理解するのに必要な概念を人間という生物が手にしているのか否かは、現時点ではわからない。ここでは、実在の理解に必要な概念を私たちが持つことを示唆するが前提とはしない実在の理論について第10章で考察するとだけ述べておく。

ここで、次のような疑問が浮かぶかもしれない。「実在をありのままに見ていないのなら、なぜ私のカメラは私の見ているものを見ているのか？　私は車でヨセミテ国立公園に行き、トンネルビュー［ヨセミテ国立公園内の展望地］に向かう。そこで私はカメラを持った大勢の観光客に囲まれながら、一〇〇万年以上前にシャーウィン氷河によって荒く削り取られ、タホ、テナヤ、タイオガの氷河作用によって完成されたエル・キャピタン、ブライダルヴェール滝、ハーフ・ドームなどの有名な景観を撮影する。撮影した写真は、私がこの目で見た景観と一致する。また他の大勢の観光客が自分の目で見、撮影した景観とも一致する。疑いもなくこの事実からは、誰もが古くから存在する実在をありのままに見ているという結論が得られる。カメラは嘘をつかない」

この疑念は心理的にはよく理解できるが、論理的にはあやふやである。生命科学を専攻する学生は、顕微鏡、シーケンサー、カメラなどのさまざまな仮想ツールを提供する、「ラブスター」のような仮想ラボで実験を行なうことができる。学生はカメラ（仮想ラボのアイコン）を取り、そのカメラが自分の見ているものを見ていると確信しながら写真を撮影する。しかし学生もカメラもアイコンしか見ていない。学生とカメラはその点で一致しても、どちらも実在を見ているのではない。

ここには別の懸念が生じる。マイケル・シャーマーは、『サイエンティフィック・アメリカン』誌で次のような問題を提起する。「なぜこの問題を、適応度と真実のあいだのあれかこれかの選択としてとらえるのか？　適応は、比較的正確な実在のモデルに大幅に依拠する。科学が、たとえば疫病の根絶や火星に探査機を送り込むことに向けて進歩してきた事実は、実在に対する私たちの知覚が真実に近づきつつあることを示すはずだ」[*13]

適応度と真実のあいだのあれかこれかの選択は、すでに論じたようにITPの気まぐれではなく、進化の科学の基本的な特徴である。適応度利得は実在とは異なり、実在の同一の構成要素に関して、生物ごとに、また時間の経過に従って大幅に変わりうる。端的に言えば、適応度の追跡は一般に真実の追跡とは異なる。[*14]

しかしシャーマーが指摘するとおり、科学は進歩する。病気を治療し、星々の研究をし、火星探査機を打ち上げてきた。携帯電話や無人自動車は、一九世紀の人々には魔術のように見えるだろう。テクノロジーは、世界のコントロールにますます長けるようになりつつある。この事実は、「実在に対する私たちの知覚が真実に近づきつつある」ことを意味しているのではないか？

そうではない。「マインクラフト」「コンピューターゲーム」のプレイヤーは、ゲームの世界に対応するのに次第に長けていく。しかし彼らは真実に近づくことによってではなく、インターフェースをマスターすることでそうなっていくのだ。初心者にとって「マインクラフト」のベテランゲーマーは魔術師のように見える。しかしベテランゲーマーは、アイコンの背後に潜む複雑な仕掛けについて何一つ知らない。

時空内に存在する物体という言語に包摂された科学理論は、科学理論ではあってもインターフェースにつながれている。それが実在を適切に記述することができないのは、ピクセルとアイコンの言語に包摂された理論がコンピューターを適切に記述できないのと同じことである。これから見ていくように、それを認め、物体とともに「時空には見込みがない」と結論づける物理学者もいる。

疾病の根絶、宇宙探査機、カメラに関する人類の偉業はとても印象的だ。しかし偉業は偉業であって、真実の開示ではない。人類は、自分が持つインターフェースの達人になった。だが私たちの理論が時空内にとらわれている限り、その背後に潜むものをマスターすることはできない。

しかし、読者は次のように反論するかもしれない。「ちょっと待ってほしい。その見方には何の新しさもない。一九一一年にアーネスト・ラザフォードが、原子には中心に小さな原子核が存在するだけで、そのほとんどが空虚な空間で満たされていることを発見して以来、物理学者たちは、実在が私たちの見ているものとはまったく異なると主張してきた。ハンマーはがっちりとしているように見えても、最新の電子機器を用いて観察すれば、そのほとんどが、電子や他の素粒子が途轍もないスピードで飛び交う空虚な空間であることがわかるはずだ」

まさにそのとおり。しかし物理学者のこの主張は、ＩＴＰの主張ほど革新的ではない。物理学者の主張は、次のように言うに等しい。「わがデスクトップ画面のアイコンが真の実在でないことくらいわかっている。だが強力な虫メガネを取り出してデスクトップ画面をじっくりと眺めてみれば、それが小さなピクセルから成ることがわかるだろう。大きなアイコンではなく、まさにこの小さなピクセルが実在の真の性質なのだ」

残念ながら、小さなピクセルは実在ではない。依然としてそれはデスクトップ画面上に存在し、インターフェースの内部にあることに変わりはない。ピクセルは虫メガネを使わなければ見えないのかもしれないが、それでもインターフェースの一部なのである。同様に、原子や素粒子は特殊な装置を使わなければ見ることができないが、それでも空間と時間の内部に存在する。だからそれらもインターフェース内に存在する。

私たちは、早すぎるもの、遅すぎるもの、大きすぎるもの、小さすぎるもの、さらには単に電磁波の可視周波数帯域の埒外にあるものには気づけない場合が多いことが、物理学によって明らかにされている。ＩＴＰは、次のようなそれより深遠な主張をする。高度に発達したテクノロジーの支援を得て、これらすべての新たな事象を私たちが観察できるようになったとしても、実在をありのまま見ることができるようにはならない。私たちは、インターフェースについて、そして空間と時間の制約のもとで何が起こるのかについてより多くを知るようになるだけである。

このようなＩＴＰの主張は非常に革新的で、それを通じてＩＴＰはその起源である進化の科学や神経科学の範囲を越え、物理学の領域に足を踏み入れる。もしかすると、それは勇み足かもしれない。ＩＴＰの直観に反する主張は、現代物理学の理論や実験によっていとも簡単に反駁できるのかもしれない。次章では、それについて検討しよう。

第6章　重力　時空に見込みはない

「アインシュタインは、量子論の意味について考えることを決してやめなかった。（……）私たちはよく、実在に関する彼の概念について論じる。私は、散歩中に歩いていた彼が突然立ち止まって、私のほうを向き、自分が見ているときだけ月が存在すると私がほんとうに信じているのかと訊いてきたことを思い出す」

――アブラハム・パイス

『アインシュタインと量子論（*Einstein and Quantum Theory*）』

「つまりシートベルトを締めろってことさ。カンザスとはバイバイだからね」

――サイファー『マトリックス』

ＦＢＴ定理によれば、人間の感覚が自然選択によって形作られたのなら、私たちは実在をありのままに見ていない。ＩＴＰによれば、私たちの知覚は人類固有のインターフェースをなす。また知覚は実在を隠し、子どもを生み育てることを支援する。時空はこのインターフェースのデスクトップ画面であり、物体はそのなかのアイコンである。

ＩＴＰは大胆で検証可能な予測をする。スプーンや星々などの、空間と時間の内部にあるあらゆる物体は、知覚や観察の対象にならなければ存在しないと予測するのだ。私がスプーンを見るとき、何かが存在する。そしてその何かは、それが何であろうと私の知覚系にスプーンを構築させ、それに位置、形、動きなどの物理的性質を付与させる。だがスプーンから目を離せば、私はもはやそのスプーンを構築しない。だからスプーンは、その物理的性質とともに存在しなくなる。

たとえばＩＴＰの予測では、光子は、観察されていないときには極性に関して確定値を持たない。また電子は、観察されていないときにはスピン、位置、運動量に関して確定値を持たない。これらの予測に反する実験結果が得られれば、ＩＴＰは反証されるだろう。

私が見ている物体は私のアイコンであり、あなたが見ている物体はあなたのアイコンである。その記述を見せ合えば、互いのアイコンが一致する場合が多いことがわかるはずだ。私がネコを見ているとき、あなたもネコを見ている。私が火を見ているとき、あなたも火を見ている。互いの記述が一致することが多い理由は、それが何であれ同じ実在とやり取りし、あなたも私も類似のインターフェースとアイコンを動員しているからである。しかしＩＴＰの予測では、あなたと私のあいだで記述が一致しない場合もある。私は火を見て料理を温め、あなたは何も見ず、料理は冷たいままかもしれない。あなたが死んだネコを見ているときに、私は生きたネコを見ているかもしれない。

ＩＴＰの予測によれば、時空は知覚されなければ存在しない。私の時空は私のインターフェースのデスクトップ画面であり、あなたの時空はあなたのデスクトップ画面である。時空は観察者ごとに異なり、時空の性質のなかには、観察者間でつねに一致するとは限らないものもある。実在は、それが何であれ時空の制約を受けない。

すでに述べたように、これは大胆な予測だ。だが、ほんとうに検証可能なのか？　現代科学によって反証することができるのだろうか？　自分の予測が決して検証されないことを知っていれば、私は「誰も見ていないときには月はスイスチーズに変化する」と大胆に予測できるだろう。電子は、観察されていないときにはスピンを持たないという言明は、大胆に聞こえるかもしれない。しかし、どうすればその主張を検証できるのか？　誰も観察していないときに何が起こるのかを検証する実験を行なうことができるのか？　第4章で述べたように、それが不可能であるように思えたとしても、気にする必要はない。なぜなら、卓越した物理学者であったヴォルフガング・パウリもそう思っていたのだから。アインシュタインは、量子力学が「月は、私が見ているときだけ存在する」という結論を導かないか気に病んでいた。それに対し、パウリは次のように答えている。「何も知り得ない何かが、それでも存在するのかという問いに頭を悩ませる必要はありません。それは、何人の天使が針の先に座れるのかという古代の問いに頭を悩ませる必要がないのと同じことです。しかし私には、あなたの問いは、まさにその種のものであるように思えます[*1]」

アインシュタインは、観察されていようがいまいが時空も物体も存在し、一定の性質を持つと考えていた。もっと正確に言えば、彼は「局所実在論」を信じていた。実在論とは、「物体は、観察されていなくても位置、運動量、スピン、電荷、極性などの物理的性質に関して確定値を持つ」とする主張であり、局所論とは、「物体は光速を超えて互いに影響を及ぼし合うことはできない」とする主張である。局所実在論は、実在論も局所論も真であると主張する。アインシュタインは、物理学者マックス・ボルン宛の手紙で、「物理学は、空間内のさまざまな場所に存在する物理的実在の独立性という必要条件を遵守すべきである」と述べている。[*2] そして、この必要条件を侵犯する量子力学は、実在に関する理論として不完全だとみなしていた。彼はボルン宛の手紙のなかで、「私は依然として、この必要条件を捨て去るべきことを示唆する、いかなる事実も見つけられないでいる」と記している。[*3]

一九四八年にアインシュタインがこの手紙を書いたときには、それはそのとおりだった。しかし一九六四年、物理学者のジョン・ベルによって、アインシュタインが生きていれば驚愕したはずの事実が発見された。量子論は局所実在論と矛盾する結果を予測していたが、それを検証する実験が行なわれたのである。[*4] 量子論は、アインシュタインが主張するように不完全であったとしても局所実在論とは相入れない。ベルの実験は、現在までにそのバリエーションが何度か行なわれている。そしてそのたびに、量子論の予測の正しさが確認されている。量子論が誤っていたり不完全であったりしても、局所実在論が実験的な観点から誤りであることを示すすぐれた証拠が今や存在する。これは、実在論と局所論のいずれか、もしくは両方が誤りであることを示している。ここには、アインシュタインや私たちの直観を満足させる選択肢はない。

ベルに啓発されてオランダのデルフト工科大学で行われた局所実在論の検証では、量子もつれ状態にある電子のスピンが測定されている。[*5] 電子のスピンは奇妙だ。フリスビー、こま、アイススケーターはゆっくりと回転することも、高速で回転することも、あるいはその中間のどんな速さで回転することもできるが、電子にはそれができないのである。いかなる軸に沿って電子のスピンを測定しても、結果は上向きか下向きかのいずれかしか得られない。これはあたかも、電子は一定の速度で時計回りか反時計回りのいずれかの方向で回転するしかないかのようだ。

量子もつれも奇妙な現象である。二つのこまを並べて回転させると、おのおののこまと、そのスピンの方向を個別に記述することができる。しかしそのことは、互いに量子もつれ状態にある二個の電子には当てはまらない。二個の電子は、互いにどれだけ離れていても、一つの不可分の物体であるかのように記述されねばならない。たとえば物理学者は、特定の軸に対する一方の電子のスピンが上向き、同じ軸に対する他方の電子のスピンが下向きになるよう、二個の電子のスピンを量子もつれ状態に置くことができる。その際、どの軸に沿って測定しようが、二個の電子が互いにどれだけ離れていようが構わない。一〇億光年隔たっていても問題はない。それでも私たちは、手元の電子のスピンを測定しさえすれば、一〇億光年離れた場所に位置する他方の電子のスピンを測定した場合、どちら向きの結果が得られるかがただちにわかるのである。実在論が正しければ、そして手元の電子のスピンの測定が、一〇億光年離れた場所に位置する他方の電子のスピンにただちに影響を及ぼせるのなら、この効果は、いかなる影響も光速以上で伝播することはないとする局所論の主張を侵犯する。

デルフトの実験では、一二八〇メートル離れた二個の電子のスピンが、量子もつれの状態に置かれた。[*6] 光なら、この距離をわずか四〇〇万分の一秒で通り抜ける。二個の電子のスピンは、ランダムに選択された軸に沿って測定された。重要なことだが、二個の電子は同時に測定されている。この措置は、一方の電子の測定が、何らかの局所的なプロセス、つまり光速以下で伝播するプロセスによって他方の電子の測定に影響を及ぼさないようにするためにとられている。こうしてデルフトの実験は、他の実験同様、量子論の予測を確証し、局所実在論を否定した。二個の電子のスピンは、局所実在論が真であれば不可能であるようなあり方で相関していた。ということは、実在論が誤っていて測定されるまでは電子のスピンには確定値が存在しないか、局所論が誤っていて電子は光速を超えて互いに影響を及ぼし合えるかのいずれか、もしくは実在論と局所論の両方が誤りでなければならない。

物理学者たちは、実在論と局所論のどちらが誤りなのかを判別しようとしている。アントン・ツァイリンガーらが行なった量子もつれの状態にある光子を用いた実験は、実在論が正しく局所論が誤りだと主張する多くの理論を退けた。[*7] 彼らの結論によれば、「私たちが得た結果は、実験結果に基づくいかなる拡張量子論も、実在の記述に関するいくつかの特徴を捨て去らねばならないという見方を強く支持する」。[*8] まだ確かな結論は出ていないが、ツァイリンガーの実験のおかげで実在論の擁護はますますむずかしくなりつつある。

ＩＴＰの予測では、実在論は誤りであり、物理学はＩＴＰのこの予測と対立しない。あらゆる局所実在論の検証で、直観に反してこの予測が確証されている。ツァイリンガーが行なったもののような実験は、実在論の首にかけられた縄を絞めつつあるのだ。

量子論に由来し局所性に関していかなる前提も立てない別の定理も、実在論に最後通牒をつきつけている。この定理は一九六六年にベルによって、また一九六七年にサイモン・コッヘンとアーンスト・シュペッカーによって証明されたもので、コッヘン・シュペッカーの（ＫＳ）定理と呼ばれている。それによれば、位置やスピンなどのいかなる物理的性質も、測定方法と独立した確定値を持たない。[*9] それとは逆の「物理的性質は測定方法とは独立した確定値を持ちうる」とする主張は、「文脈依存性のない実在論」と呼ばれるが、ＫＳ定理はそれが誤りであると主張する。

しかし文脈依存性のない実在論こそ、「誰も見ていないときにも月は存在する」という主張が依拠している考えである。フランシス・クリックが「誰も見ていなくても太陽やニューロンは存在する」と書いたときに、彼の念頭にあったのも、その種の実在論である。文脈依存性のない実在論は、局所論に関するいかなる問題とも関係なく誤りである。

KS定理は、アインシュタインが実在をめぐって抱いていたもう一つの信念を打ち砕く。一九三五年にボリス・ポドリスキーとネイサン・ローゼンと共同で執筆した著名な論文で、アインシュタインは「システムをいかなるあり方でも混乱させることなく、物理量を確実に（一に等しい蓋然性［百パーセントの確率］で）予測できるのなら、その物理量に対応する実在の要素が存在する」[*10]と主張している。

この主張はあり得そうに思われる。観測する前に絶対的な確信を持って、ある軸に沿う電子のスピンが間違いなく上向きで検知されるだろうとあなたが私に告げたとすると、あなたは、それが下向きである可能性はないと断言したことになる。そして何千回観察を行なっても、つねにその言明が正しかったとする。ならば、あなたの絶対的な自信が裏づけられ、事実電子は必ず上向きにスピンしているところが観察されたがゆえに、その予測はつねに正しいと私は結論づけるだろう。

しかし、私は間違っているかもしれない。物理学者のアダン・カベロ、ホセ・M・エステバランツ、ギエルモ・ガルシア＝アルケインは、KS定理をもとに巧妙な事例を考案した。彼らの事例では、量子論に基づいて物理量の測定値が、「一に等しい蓋然性で」確実に予測されるものの、この値は、測定と独立しては存在し得ないことが証明された。[*11] この結果は、自分がいかなる値を発見するかに関しては確信できても、その値が実在の一要素ではないということを意味する。自分が何を見るかを確実に知ったとしても、それはその何かがすでに存在していることを意味するわけではない。それに反する主張をしたアインシュタイン、ポドリスキー、ローゼンは、単純に間違っていたのだ。

私たちはたいてい、生命や観察者に先立って時空の内部に存在する物体から構成される物理的実在の存在を深く信じている。私たちの信じるところでは、いかなる物体も、位置、スピンなどの物理的性質を持つにあたり、観察者は不要なのである。しかし量子論の意味合いがよりよく理解され、実験で検証されるにつれ、そのような信念は、実験によってカバーされない隙間領域でしか存続できなくなっている。しかも隙間は次第に狭まりつつある。たとえばフェルミ国立加速器研究所で行なわれた実験では、質量をほとんど持たない素粒子ニュートリノは、観察されるまでレプトングループ［ニュートリノは素粒子グループの一つであるレプトンに属する］の持つ物理的性質に関して、いかなる値も持たないことが明らかにされている。[*12]

量子論は世界に関するまったく新たな世界の見方を提起すると述べる物理学者もいる。物理学者のカルロ・ロヴェッリは、「ここでの私の狙いは、世界に関する私の見方と一致するよう量子力学を改変することにあるのではなく、世界に関する私の見方を量子力学と一致するよう更新することにある」と述べている。[*13] ロヴェッリの言う自分の世界観を更新する方法とは、「観察者とは独立した絶対的なシステムの状態という概念、言い換えると観察者から独立した物理量という概念」を捨て去ることである。[*14] かくしてロヴェッリは、文脈依存性のない実在論を棄却する。

ロヴェッリはその理由を次のように説明する。「同じ一連の事象に対して観察者ごとに異なる説明が提示された場合、おのおのの量子力学的記述は、当該の観察者に相対的なものとして理解されねばならない。かくして、あるシステムに関する量子力学的記述は、（……）実在の〈絶対的な〉（観察者とは独立した）記述としてとらえることはできない。そうではなく、当該の観察者に相対的なシステムの性質の形式化、あるいはコード化としてとらえられる。（……）量子力学では、「状態」や「変数値」、あるいは「測定の結果」は相関的な概念なのである[15]」

物理学者のクリス・フィールズは、それとは別の理由で文脈依存性のない実在論を棄てる。彼の示すところでは、いかなる観察者もすべての実在を一度に見るのでなければ、そして観察にはエネルギーが必要とされるのなら、文脈依存性のない実在論は誤りでなければならない[16]。物理学者のクリス・フックス、デイヴィッド・マーミン、ルディガー・シャックの主張によれば、量子論は「実在は主体ごとに異なる。これは見かけほど奇妙なことではない。ある主体にとって現存するものは、その主体の経験に完全に依存しており、別の主体はそれとは異なる経験を持つ」という結論を導く[17]。彼らはさらに次のように続ける。「測定とは、その言葉が示唆するところとは異なり、諸事象に関してあらかじめ存在している状態を開示するものではない。それは主体による世界への働きかけであり、それによって一つの結果、つまりその主体にとっての新たな経験が生じる。その意味では、〈干渉〉と言ったほうがより正確であろう[18]」

量子ベイズ主義（Qビズム）と呼ばれるフックスの量子論の解釈では、量子状態は客観的な世界ではなく、自己の活動の結果に関する主体の信念を記述する。各主体が異なる信念を持っていても構わない。つまり普遍的に真であるような量子状態は存在せず、そのおのおのが私的なものなのである。クリス・フックスによれば、私の量子状態は、「物理系に対する私の行動の（私にとっての）結果」を記述する。ビートルズが歌ったように、それはとにかく「アイ・ミー・マイン」なのだ[19]。

この見解は知覚のインターフェース理論（ＩＴＰ）と一致する。時空と物体に関する私の知覚は、実在を開示するためではなく私の適応度が高まる方向へと自分の行動を導くために自然選択によって形作られたインターフェースである。私の適応度と述べた点に留意されたい。私に資するものは、他者にとっては害になることもある。私の健康を増進するチョコレートバーは、ペットのネコを殺すかもしれない。自然選択は、世界に対する私の行動がもたらす私にとっての結果を私に告げるという、私的なあり方で知覚を形作る。私が見ていなくても存在する世界はある。独我論は誤りだが、私の知覚は、量子論に基づく観察結果と同様、私が見ていなくても存在する世界を開示するのではなく、不完全ではあれ十分に適応的な行動をとるよう私を促すのである。

　このように解釈された量子論と進化生物学は織り合わされて、非常に一貫したストーリーを紡ぎ出す。量子論の主張によれば、測定という行為は客観的な真実ではなく、主体による行動の結果のみを開示する。進化生物学はその理由を教えてくれる。その理由とは、「自然選択は、主体の行動の結果としてその主体が得られるはずの適応度を開示するべく感覚を形作る」というものだ。私たちは、測定や知覚がかくも私的なものであることに驚かされる。というのも、感覚は、誤りがあったり、部分的であったりすることはあっても、客観的で非個人的な真実を報告すると考えているからだ。しかし、科学の二本の支柱がともに私たちの直観を反駁しているからには、再考を要するのは直観のほうである。

　この物理と進化の合流は、これまでは明確でなかった。一九八七年、ウィリアム・バートリーは、物理学者のジョン・ホイーラーが量子論に関する解釈を提起した会議に言及している。著名な科学哲学者サー・カール・ポッパーは、「彼に向って、静かにこう言った。〈あなたの提案は生物学と矛盾する〉と。

それは劇的な瞬間だった。(……)すると居合わせた生物学者たちは、(……)大いに喜んで拍手を送った。その様子はあたかも、自分たちがそれまで考えていたことを、ついに誰かが口にしたといった体のものであった」[*20]

バートリーは、生物学者たちが何を考えていたのかについて次のように語る。「感覚刺激の知覚はそれ自体、外的実在と感覚器官の相互作用を通じて形成された、ある程度正確な前者の象徴的な表象なのである。要するに人は、正確さに程度の差はあれ、外的な実在を見ているのだ」[*21]。このような信念は、意外なものではない。すでに見たように、進化生物学はDNAや有機体などの物体に関して客観的な実在性を前提にしている。FBT定理の形態をとったユニバーサル・ダーウィニズムの万能酸は、この外因的な前提を溶解し、「ある程度正確な外的実在の象徴的な表象」が、外的実在を隠蔽し適応度利得をコード化する表象よりも適応的ではあり得ないことを詳らかにするという事実は、見えやすいとはとても言えない。

生物学者たちを苛立たせたホイーラーの発言とはいったい何だったのか？ 彼は次のように主張したのだ。「私たちが〈実在〉と呼んでいるものは、数本の観測という鉄柱のあいだに張られた、想像力と理論の手の込んだつぎはぎ細工で構成されている」[*22]。ホイーラーによれば、私たちはあらかじめ存在している実在を受動的に観察しているのではなく、観察という行為をとおして実在の構築に積極的に参加しているのである。「量子力学は、〈実在の観察者(あるいは記録)〉のようなものは存在しないことを証明する。観察機器や記録装置は〈実在の定義に参加する〉のだ。その意味では、宇宙は〈外側に〉じっとしているのではない」[*23]

ホイーラーは、一九二七年に物理学者のクリントン・デイヴィソンとレスター・ジャマーの手で初めて行なわれた二重スリット実験のバリエーションである独自の遅延選択実験でそれを例証している。[*24] まず二重スリット実験について思い出そう。この実験では、光子銃から写真乾板に向けて一個ずつ光子が発射された。写真看板は、各光子が当たった位置を記録する。光子銃と写真乾板のあいだには、光子が通過できる二つの小さな開口部《スリット》が設けられた金属製のスクリーンが置かれている。ここでは二つのスリットを通過する経路を、それぞれ経路A、経路Bと呼ぶ。

一方のスリットのみが開いているときには、光子は予想どおり、スリットの背後にある写真乾板の部位に当たった。しかし両方のスリットが開いていると、光子は予想に反して、水面で二つの波が衝突したときにできる干渉パターンを思わせる干渉縞を形成して写真看板に当たった。かくして、一方のスリットのみ開いているときには多数の光子が当たる写真看板の部位に、両スリットとも開いているときにはわずかしか、もしくはまったく当たらない場合があるという注目すべき結果が得られた。後者のケースでは、一見すると各光子は、経路Aと経路Bの両方を同時に通過しているように思われる。波であれば、それは問題ではない。しかし光子は粒子である。ちなみに、同様に粒子である電子を用いて同じ実験を行なっても、同様な干渉縞が現れる。

では、粒子はいかにしてこのトリックを繰り出しているのか？　半々に分裂するのか？　スリットをよく観察していると、光子はつねに一方のスリットのみを通過するところが観察される。両方のスリットを通過することは決してない。さらに言えば、どちらのスリットを光子が通過するのかを観察すると、干渉縞は消える。

両方のスリットが開いているとき、光子や電子が何をするのかは誰にもわからない。これは量子力学の未解明の謎である。粒子は「経路Aを通る」「経路Bを通る」「両方を通る」「どちらも通らない」と主張することは、いずれも間違っているように思える。物理学者は、「粒子の経路は経路Aと経路Bの〈重ね合わせ〉である」という言い方をする。これは、実験の結果を正確にモデル化する、重ね合わせと呼ばれる線形結合を含む単純な数式として書けたとしても、実際に何が起こっているのかは私たちにはわからないという意味だ。また二重スリットを用いて手品を披露してくれるのは、光子や電子のような微細な粒子ばかりではない。二〇一三年、サンドラ・アイベンバーガーらは、八一〇個の原子から構成され、陽子に換算して一万個以上、電子に換算して一八〇〇万個以上の重さを持つ、C284.H190.F320.N4.S12という冗談のような名で呼ばれる巨大な分子が同じ手品を繰り出すことを発見した。とはいえこの分子は、ウイルスよりはるかに小さい。[*25] このように、量子の世界の奇怪さは素粒子の領域に限られるわけではない。

この二重スリット実験をもとにしたホイーラーの遅延選択実験は、より巧妙なものである。光子が金属製のスクリーンを通過するまで待ち、それから何を測定するか（経路A、経路B、重ね合わせ）を決定するのだ。彼の言葉を借りると、「量子がスクリーンを通過するのを待ってから、自由な選択によってそれが〈両スリットを通過したとするのか〉それとも〈一方のスリットだけを通過したとするのか〉を決定する」[*26]。ホイーラーの実験は光子（とヘリウム原子）を用いて行なわれ成功している。[*27] 光子がスクリーンを通過したあとで実験者が測定対象に選んだものが、測定する前に光子がしたこと、あるいは少なくともしたと言えることを決定するのである。「遅延選択実験では、われわれは今この場所で行なう決定によって、われわれが主張の対象にしようとしている過去の事象に回復不可能な影響を及ぼしている。これは正常な時間の流れからすれば奇妙な逆転だと言えよう」[*28]。過去の事象が、現在における私たちの選択に基づいて変わるということだ。ポッパーや居合わせた生物学者たちが呆然としたのも、何ら不思議ではない。

のちにホイーラーは、この実験を宇宙規模へと拡大している。[*29] 光子銃ではなく、遠い宇宙の彼方に位置するクエーサーについて考えてみよう。クエーサーとは超巨大なブラックホールのことで、周囲の銀河から降着円盤に物質を吸い込み、その過程で、わが銀河系の総出力のおそらくは一〇〇倍にのぼる天文学的な量の光や放射線を放つ。そのようなクエーサーが巨大な銀河の背後に存在していたとしよう。アインシュタインの相対性理論によれば、この銀河は時空を曲げる。また、必要な条件が整えば、そのクエーサーの二つの像を見ることができる。というのもクエーサーから放たれた光は、曲がった時空を貫く二つの異なる経路を伝わるからだ。この現象は、巨大な重力レンズによって引き起こされる宇宙規模の錯視と呼べるだろう。図8は、ハッブル宇宙望遠鏡によって撮影された、地球からおよそ一四〇億光年隔てた場所にある、双子クエーサーQSO0957+561のイメージである。

これで私たちは、宇宙規模の遅延選択実験を行なうのに必要な準備が整った。望遠鏡を用いて双子クエーサーの発した光をとらえることで、私たちは光子が重力レンズによって曲がった時空のどちらの経路（ハッブルのイメージの上方の経路か下方の経路か）を通過したのかを測定することもできれば、それらの経路の重ね合わせを測定することもできる。前者の測定方法を選択し、たとえばある光子が上方の経路をとったことが判明したとすると、その光子は、たった今私たちが行なった選択のせいで、およそ

図8：ハッブル宇宙望遠鏡によって撮影された双子クエーサーQSO0957+561のイメージ。Credit: ESA/NASA

一四〇億年前に上方の経路をとったことになる。それに対し後者の重ね合わせの測定を選択した場合には、その光子は過去一四〇億年間、前者の場合とは異なる歴史をたどったことになる。つまり、たった今私たちが行なった選択が一四〇億年の歴史を決定したことになる。一〇〇キログラムを持ち上げられる人は少ない。だが私たちは、百数十億年をさかのぼって数兆キロメートルの彼方で起こったできごとを書き換えるという、とんでもない力技を発揮できるのだ。

この事実は掛け率を上げる。量子論は、観察されているか否か、あるいはいかに観察されているかとは独立して存在する物理的性質の確定値が物体には備わっているという主張を否定することで、物体に関する私たちの直観を打ち砕いた。今やそれは、空間と時間も打ち砕いてしまった。ホイーラーが言うとおり、「空間も時間も存在しない。〈時間〉という言葉は天国から与えられたのではない。人間が作り出したのだ。（……）時間の概念に問題があるのなら、それは私たち自身が作り出したものであることだ。（……）アインシュタインが述べるように、〈時間と空間は、私たちがそこで暮らす条件ではなく、私たちの思考の基盤をなす様式《モード》である〉」[*30]

アインシュタインは、異なる速度で移動する二人の観察者のあいだでは、時間と距離の測定値が一致しないことを示した。だが光速や時空の隔たりに関しては一致するとした。時空とは、空間と時間を、相互の交換《トレードオフ》が可能になる単一の実体へと統合したものである。この考えは、空間と時間が個別的には実在ではなかったとしても、時空は実在であるとする期待をもたらした。しかしホイーラーは、常識を破壊する武器として遅延選択実験を用い、この期待をも打ちのめしたのだ。彼によれば、「一九一五年にアインシュタインが提起し現在でも古典的幾何力学の標準である、空間と時間の時空への融合について何を言えるのか？（……）連続体力学［物理的対象を連続体としてとらえその力学的作用を分析する］のあらゆる側面をビットの言語に変換することのない、いかなる存在の説明も、本質的なものとして評価される見込みはない」[*31]。彼の議論に従えば、時空と物体は本質的なものではない。彼はその代わり、「すべてはビットに由来する（It from bit）」という原理を取り上げる。物質ではなく情報が本質であり、物質は情報のビット（bits of information）から生じるのである。ホイーラーの提起する時空からビット情報への飛躍は、少しばかり（a bit）人を苛立たせる。なぜ両者が関係していると言えるのか？　時空をビットで置き換えるべき理由は何か？　時空はきわめてリアルで、実在の基盤や枠組みをなすように思える。ビットが存在する以前から時空が存在するのは自明ではないのか？　時空の内部にビットが存在するのであって、その逆ではないのでは？

しかし、ここでも私たちの直観は誤っている。それを示す例をあげよう。私はコンピューターメーカーで働き、次世代のスーパーコンピューターのためのメモリーを設計しなければならなかったとしよう。そして限られた空間にできるだけ多くのメモリーを詰め込みたかったとする［この例は、すぐあとで取り上げられるホログラフィック原理を説明するためのたとえで、メモリーとは一定の空間に原理的に詰め込める情報量という意味であり、メモリーチップやメモリーカードなどの物理的な記憶装置に言及しているわけではない］。コンピューター業界では競争が厳しく、私は自分に与えられた仕事をきちんと果たしたい。伝え聞くところでは、わが社の最大のライバルは、図9で示されるように、同じ大きさの六個の球にメモリーを詰め込もうとしているらしい。それを知った私は、にやりと笑う。彼らは愚かな間違いを犯しているからだ。六個の球は、より大きな球にきっちりと詰め込まれている。事実、後者は前者の二倍の体積を有する。したがって大きな球は、二倍のメモリーを詰め込めるはずだ。どうやらライバル企業は、六つの球のあいだの貴重な空間を無駄遣いしているらしい。私なら、その空間を利用してもっと多くのメモリーを詰め込み、「わが社のコンピューターはライバル社の二倍のメモリーを搭載している」といううたい文句を宣伝に加えるよう誇らしげに販促部門に通達するだろう。

だが実のところ、そう考える私は間違っている。ライバルと私がおのおのの設計通りにメモリーを最

図9：より大きな球の内部に詰め込まれた六個の球。小さな六個の球は、それを包む大きな球より多くの情報を保つことができる。©DONALD HOFFMAN

大限に詰め込んだ場合、わが社のコンピューターに搭載できるメモリーの量は、ライバルより三パーセントほど減少してしまうのだ。大きな球の体積が、六個の球の合計体積の二倍あり、前者が後者を完全に包んでいたとしても、前者に搭載可能なメモリーの量は後者より少なくなるのだ。この例が奇妙に思われるのなら、あなたは問題を理解したことになる。

ヤコブ・ベッケンシュタインとスティーヴン・ホーキングは、空間の一定の領域に詰め込むことのできる情報の量が、その空間を包む表面領域に比例することを示した。[*32] そう、表面領域であって体積ではない。彼らはブラックホールを研究しているときに最初にそれを発見したのだが、やがてそれが単にブラックホールを包む領域だけでなく、いかなる時空の領域にも当てはまることがわかった。この規則は、「ホログラフィック原理」と呼ばれる。

ホーキングは、一つの領域が何ビットの情報を含むことができるかをはじき出した。その結果を理解するためには、デスクトップ画面と同じように、時空がピクセルから構成されることをまず理解しておかねばならない。この場合のピクセルとは、時空の最小限の区画をいう。したがって、それより小さな単位では、時空は存在しない。時空の各ピクセルは、プランク長さと呼ばれる同一の長さを持つ。[*33] それは非常に小さく、時空のピクセルと陽子の大きさの差は、アメリカ合衆国と観測可能な全宇宙のそれに匹敵する。時空はまたプランクエリアと呼ばれる、プランク長さの平方によって示される最小領域を持つ。これこそが、時空領域を構成する最小限のピクセルである。ホーキングは、一つの領域が何ビット持てるかを決めるのは、表面におけるピクセルの数であって、内部の体積の要素であるボクセルの数ではないことを発見したのである。

私たちの誰もが、空間や時間に関して強い確信を抱いている。私の確信は、ホログラフィック原理によって揺るがされた。だがすぐに、その結果は、私たちが知覚している時空が、「コンピューターと利用者のあいだの」インターフェースをなすデスクトップ画面のようなものであると主張するITPとうまく合致することを悟った。コンピューターのデスクトップ画面を虫メガネで拡大して見れば、無数のピクセルが見える。この場合のピクセルとはデスクトップ画面の最小限の区画を指し、それより小さな単位ではデスクトップ画面は存在しない。一歩下がって見ると、デスクトップ画面は連続する表面であるように見える。コンピューター上で「ドゥーム」や「アンチャーテッド」のようなビデオゲームをプレイすると、立体的なオブジェクトに満ちた迫真の三次元世界を目にする。だがそこに提示されている情報は、画面上のピクセルの数によって制限された、完全に二次元の情報なのだ。同じことは、コンピューターから目を離して周囲の世界を見るときにも当てはまる。私たちの周囲の世界もピクセルから成り、あらゆる情報が二次元なのである。

ホログラフィック原理は、物理学者のレオナルド・サスキンドとヘーラルト・トホーフトによって開拓された。サスキンドは次のように述べる。「トホーフトと私が達した結論は次のようなものだ。通常経験している三次元の世界、すなわち銀河、恒星、惑星、家、丸石、人々に満たされた宇宙は、ホログラム、言い換えると遠隔の二次元表面にコード化された実在のイメージなのだ。ホログラフィック原理と呼ばれるこの新たな物理法則は、空間の一領域の内部に存在するあらゆるものが、その境界に制約されたビット情報によって記述されうると主張する」[*34]。この原理は、現在では理論物理学の分野で広く支持されている。それによれば、観察者は「空間」内の「物体」へのアクセスを持たず、空間を包む境界上に書かれた情報（ビット）へのアクセスを持つだけなのである。

ホログラフィック原理の発見を導いたブラックホールは、時空に関する私たちの直観に対して別の一撃を加えた。ホーキングは、ブラックホールが現在ではホーキング輻射と呼ばれているエネルギーを放射しており、ブラックホールのサイズが小さくなればなるほど、それだけその温度が上昇することを発見した。ホーキング輻射はブラックホールからエネルギーを得ており、それによってブラックホールは縮小し、やがて消滅する。彼は、その過程でブラックホールが、内部に落ちたすべての物体に関するあらゆる情報を破壊すると主張した。[*35] 一匹のネコがブラックホールに落ちて消えれば、そのネコに関するあらゆる情報が永遠に失われてしまうのだ。

そうなれば、そのネコにとって災難であるのはもちろんのこと、「情報は決して消去されない」と想定する量子論にとっても災難だ。量子論のその想定は、些細なものではなく、それを取り去れば、量子論はナンセンスなものと化すだろう。だからホーキングの主張は、量子論の脅威になった。

アインシュタインの一般相対性理論によれば、ブラックホールは物体のみならず、空間それ自体も吸い込む。空間がブラックホールの近くへ吸い寄せられると、より高速で流れ始め、やがて光の速度に達しそれを超える。光速を超える速度で空間の内部を移動できるものは何もない。しかしこの速度制限は、空間それ自体には適用されない。空間が光速でブラックホールに吸い込まれると、光や情報がその流れに逆らって脱出することは不可能になる。これはブラックホールの事象の地平《イベントホライズン》と呼ばれ、光が脱出できる外側と脱出不可能な内側を画す境界をなす。

アインシュタインによれば、事象の地平を突破して落ちていくネコは、そのブラックホールが十分に大きければ、その時点では何も異常を経験しない。やがてブラックホールの中心まで落ちていくと、急激に変化する重力によってネコは見る影もなく引き延ばされ、「スパゲッティ化」するだろう。しかし事象の地平では、自らの運命には気づかずに、ただ通過していくだけである。

こうしてネコとそれに関するあらゆる情報は、事象の地平を横切ると、再び他者の目に触れることはなくなる。ブラックホールが消滅するときには、ネコに関する情報もすべて失われる。

量子論は「情報は決して破壊されない」と論じる。それに対して一般相対性理論は、「情報は事象の地平を横切って消去されることがある」と論じる。これは無視できない矛盾だ。

それどころか、事態はさらに悪くなる。二人のネコ愛好家プルーデンス〔慎重〕氏とフォリー〔愚昧〕氏について考えてみよう。プルーデンス氏は、ブラックホールから遠く離れた安全な場所からこのネコを観察している。彼女は、ネコが事象の地平に近づき（しかし決してそれを超えない）、ゆっくりと引き延ばされて見る影もなく変形し、やがてホーキング輻射によって焼き尽くされるところを見る。身の毛もよだつような最期だ。一方のフォリー氏はネコと一緒にブラックホールに飛び込む。彼女はプルーデンス氏より快い光景を見る。ネコは事象の地平を無事に横切り、ねじれもしないし焼き尽くされもしない。プルーデンス氏の観点から見ると、ネコとそれに関する情報は事象の地平の外側で切り刻まれる。だがフォリー氏の観点からすると、ネコと情報は事象の地平の内側でも無事でいる。

しかしネコに関する情報をブラックホールの内側と外側という二つの地点で持つことは、「量子情報をコピーすることはできない」とする量子論のもう一つの規則を侵犯するのではないか。量子情報は破壊できないばかりか、クローンもできないのだ。これは直観に反する。私は情報をハードディスクにコピーすることができる。コピーした先のハードディスクを失ったり壊したりすることはある。しかし私のファイルは通常のビットから成り、典型的な情報を記録する。だが量子情報は典型的な情報とは異なり、一般相対性理論と量子論の対立の掛け金をあげる。[*36]

これらの科学の支柱が提起する重要な原理を侵犯することなく、この対立を解決することはできるのか？　物理学者のレオナルド・サスキンドは、量子論の概念の一つ相補性を用いて解決方法を見出した。[*37]

古典物理学では、物体の位置と運動量を同時に特定することができる。サッカー選手がボールを蹴った瞬間、その位置はここで、ゴールに向かう運動量はXXだと言える。だが、量子物理学ではそうはいかない。電子銃から電子を射出すると、電子の位置か運動量のいずれかを正確に測定することができるが、両方を同時に測定することはできない。ハイゼンベルクの不確定性原理によれば、位置について知れば知るほど、それだけ運動量はわからなくなる。また、その逆も言える。すでに述べたように、コッヘン・シュペッカーの（KS）定理に従えば、電子の位置と運動量は、測定のタイプ（位置の測定か運動量の測定か）と独立したリアルな値を持つわけではない。

サスキンドは相補性を新たなレベルに引き上げ、「ブラックホール相補性」と呼んだ。[*38] ネコの例で言えば、ブラックホールの内部にいるネコに関する記述は、ブラックホールの外部にいるネコに関する記述と相補的だと言える。あなたはブラックホールの事象の地平の外側にいるネコが焼き尽くされるのを見るか、事象の地平の内部にいる無事なネコを見るかのいずれかであり、どちらも正当だが相補的な記述なのである。要するにここで言いたいのは、「いかなる観察者も電子の位置と運動量の両方を見ることができないのと同じように、ブラックホールの内部にいるネコの記述と外部にいるネコの記述の両方を見ることはできない」ということだ。

サスキンドの考えは、ブラックホールの事象の地平のみならず、観察可能な宇宙の境界をなす地平を含め、いかなる事象の地平にも当てはまるため、現在では「地平相補性」と呼ばれている。

地平相補性は過激に思えるが、うまく機能する。量子論と一般相対性理論を矛盾なく両立させることができるのだ。しかし私たちは、事象の地平の外側と内側に存在する時空と物体を同時に記述できるという考えを捨てなければならない。それらの両方を見ることができるという前提は、言い換えると実際にはいかなる観察者もとれない神の目の視点を想定することは、大きな問題を孕む。そのような神の視点を放棄すれば、量子論と一般相対性理論は共存できる。だがそれが意味するところは驚くべきものだ。電子の位置と運動量の相補性を微細な物質の奇妙な特徴として片づけることは許されたとしても、そのやり方は、直径が数百万マイルに達することもあるブラックホールの事象の地平には通用しない。この巨大な地平の内部の広大な時空は、その外部の広大な時空と相補的な関係をなす。アインシュタインや常識によって支持されている、ブラックホールの内部と外部の両方を含む単一の客観的な時空という考えに固執すると、私たちは量子論と一般相対性理論を対立させる結果になる。しかし客観的な時空という概念を手放せば、和解が達成されるのだ。

地平相補性は、すべての観察者を包摂する唯一の客観的な時空が存在するという見方に挑戦する。しかし物理学者のジョー・ポルチンスキー、アフメッド・アルムヘイリ、ドナルド・マロルフ、ジェームス・サリー（頭文字をとってAMPSと呼ばれる）は、それとは別に量子もつれを用いてこの見方を葬り去る方法を発見した。[*39] ここでもう一度、フォリー氏とブラックホールについて考えてみよう。しかし今回は、ホーキング輻射によってブラックホールがもとの大きさの半分に縮小するまで待つ。量子論によれば、その時点で放射に含まれる情報を解読できるようになる。

量子場理論によれば、真空は単なる巨大な無ではなく、仮想粒子のペアで沸き立っている。ごくわずかの間存在するペアの各メンバーは、パートナーともつれの状態にあり、互いに反対の性質を持つ。ペアが生じるや否や、反対の性質が互いに打ち消し合う結果、リアルな粒子を欠く真空があとに残る。ここで仮想粒子1と仮想粒子2がブラックホールの事象の地平のすぐそば［事象の地平をまたいで仮想粒子1はブラックホールの内部で、仮想粒子2はブラックホールの外部］で生じたとしよう。そしてブラックホールに突入する前のフォリー氏の観点から見て二つの仮想粒子は互いに打ち消し合わず、その代わりに仮想粒子2はブラックホールに落ち、仮想粒子1は彼女の観点から見てホーキング輻射のリアルな粒子として放射されたとする。

ブラックホールに突入する前のフォリー氏は、仮想粒子1が、ブラックホールから出現したホーキング輻射の何らかの粒子（ここでは仮想粒子3とする）と量子もつれの状態にあることを測定したとしよう。その直後に彼女はブラックホールに突入し、仮想粒子1と仮想粒子2が量子もつれの状態にあるのを発見したとする。以上のような状況はありうる。

しかしこのシナリオは問題を孕む。というのも量子論の要請では、量子もつれは一夫一婦の関係でなければならないからだ。仮想粒子1は、仮想粒子2か仮想粒子3のいずれかと相関することが可能だが、両方と相関することはできない。

地平相補性は、AMPS問題を解決できない。なぜなら、この問題は地平を隔てた二人の観察者に関するものではなく、まず仮想粒子1と仮想粒子3の、次に仮想粒子1と仮想粒子2の量子もつれを見る一人の観察者、フォリー氏に関するものだからだ。AMPSは、フォリー氏が仮想粒子1と仮想粒子2の量子もつれを決して見ないよう、通過する際に哀れな彼女を焼き尽くすファイアウォールが地平には備わっているとしてこの問題を解決しようとした。このファイアウォールは量子論を救済するが、事象の地平では何も異常なことは起こらないと予測する一般相対性理論を侵犯する。一般相対性理論によれば、フォリー氏は事象の地平を無事に通過するはずであり、ましてやどこからともなく突然火の壁が出現するところを見たりはしない。

現在、AMPSの「ファイアウォールの逆説」に仰天した大勢の物理学者たちが、この問題を解決しようとしている。一例をあげると、ダニエル・ハーローとパトリック・ヘイデンは、ホーキング輻射の解読が容易でないことを発見している。[*40] 最強の量子コンピューターを利用しても、仮想粒子1と仮想粒子3が量子もつれの状態にあることをフォリー氏が発見するのには莫大な時間がかかる。そのあいだにブラックホールは消滅し、彼女がさらに仮想粒子1と仮想粒子2の量子もつれを観察することは不可能なのだ。要するに、いかなる観察者も両方の量子もつれを測定することはできない。

一人の観察者の「因果のダイヤモンド」に物理学を限定することで、神の目の視点を回避しようとする物理学者もいる。「因果のダイヤモンド」とは、当該の観察者が相互作用しうる時空の部位をいう。たとえば物理学者のラファエル・ブーソは、「観察者相補性」の原理を提起している。彼の説明によれば、「各観察者の実験は一貫した記述を許容するが、二人の観察者が同時に行なった記述は一貫しない。これは、私が観察者相補性と呼ぶ興味深い結論を導く。（……）観察者相補性は、〈自然に関する本質的な記述は、因果律に適合する実験を記述しさえすればよい〉と言い表すことができる。（……）観察者相補性は、どの因果のダイヤモンドに対しても一つの理論が存在しなければならないことを意味するが、そのことは、いかなる因果のダイヤモンドにも包含されていない時空の領域には必ずしも当てはまらない」[*41]

物理学者のトム・バンクスは、サイエンスライター、アマンダ・ゲフターのインタビューに答えて、次のような類似の主張をしている。「相対性理論によれば、いかなる観察者も特別ではない。それぞれの因果のダイヤモンドのあいだにはゲージ同値性がなければならない。そのため私の地平の外側に存在するものすべては、ここで私が観察しうる物理的事象のゲージコピーなのである。したがって、存在可能なあらゆる因果のダイヤモンドを考えることは、異なる観察者によって見られた同一の量子系の無限に冗長な記述を持つことを意味する。（……）そして時空は、これらすべての記述を合わせたときに生じる[*42]」

この見解は、「実在は主体ごとに異なる。これは見かけほど奇妙なことではない。ある主体にとってリアルなものは、その主体の経験に完全に依存しており、別の主体はそれとは異なる経験を持つ」とする、前述のフックス、マーミン、シャックの主張と符合する[*43]。このように量子状態は観察者ごとに異なる。時空も同様である。

これは別のやっかいな問題を引き起こす。ビッグバンに関してはどうか？ ビッグバンは、観察者がまったくいない一三七億九九〇〇万年前に起こったのではないのか？ それは実在に関する事実であって、特定の観察者のインターフェースに基づく単なる記述とは異なるのではないのか？ 時空は実在に関する洞察ではなく私のデスクトップ画面の特性であるとITPが主張するのなら、その主張はビッグバンにも当てはまるはずだ。それに同意する物理学者がはたしているのだろうか？

少なくとも一人の物理学者は、宇宙には観察者から独立した歴史などないと述べている。その主張によれば、「宇宙の歴史は、（……）宇宙には観察者から独立した唯一の歴史があるとする通常の見方に反し、何が観察されているのかに依存する[*44]」。この物理学者とはスティーヴン・ホーキングのことだ。彼は物理学者トーマス・ハートグとの共同研究で、神の目の視点を想定する「ボトムアップ」宇宙論より観察者からスタートする「トップダウン」宇宙論を採択している［ここでいう「ボトムアップ」と「トップダウン」は空間的な比喩ではなく（そうとらえると逆に思える）、時間的な比喩として使われている。具体的に言えば、「ボトムアップ」は宇宙の歴史を、出発点を明確に定義しそこから進化したものとしてとらえる見方を、また「トップダウン」は現時点から逆向きに宇宙の歴史を追跡する見方を指している］。

ホーキングとハートグは次のように説明する。「初期の宇宙には、量子重力が重要だった時期があった。私たちの周囲は、この初期のフェーズの残滓で満ちている。宇宙論の中心的な課題は、これらの残滓がなぜそのようなものとして存在しているのか、そして私たちの宇宙が備えている種々の特性がいかにビッグバンから生じたのかを知ることにある」[*45]。二人の主張の要点は、誕生したばかりの宇宙の途方もないエネルギーと密度の説明には、状態の重ね合わせを含み量子力学による記述が必要とされるということだ。唯一の原初的な状態を前提とする古典的な見方は不適切なのである。二人はさらに次のように述べる。「宇宙論にボトムアップアプローチを適用すると、ただちに実質的に古典的な枠組み《フレームワーク》に誘導される。この枠組みにとらわれると、〈私たちの宇宙は、なぜ現にあるようにあるのか？〉という宇宙論の中心的な問いを説明する能力がすべて失われる」[*46]

したがって過激ながら、ホーキングとハートグはボトムアップの枠組みを捨て去る。「われわれが提起する枠組みは、宇宙論のトップダウンアプローチと言えるもので、それによる宇宙の歴史は、立てられたまさにその問いに依存する」[*47]。かくして私たちが今日行なう測定、たとえば真空のエネルギー密度や宇宙の膨張率の測定は、私たち自身の宇宙の歴史を制約するのだ。

ホーキングの宇宙論は、遠い昔にクエーサーが放った光子の一〇億年の歴史が、今日私たちが行なう測定に依存することを示す、前述のホイーラーの実験と一致する。光子が重力レンズによって曲げられた時空のどの経路をとるかを私が測定すれば、たとえば上方の経路を通った光子の一〇億年にわたる歴史を私が与えることになる。だが干渉パターンを測定すれば、その資格は私に与えられない。ホイーラーは次のように述べる。「基本的な量子現象のおのおのは、〈事実の創造〉という一つの基本的な行為を形成する。それに議論の余地はない。だが、現存するあらゆるものを作り出すのに必要なメカニズムは、たったそれだけなのか？　ビッグバンによって起こったことは、これら無数の基本的なプロセス、〈観察者の参加行為〉、量子現象の結果なのか？　これまでつねに、真実を知らない私たちの面前で、そのような創造のメカニズムが作用してきたのだろうか？[*48]」

ホーキングのアプローチは、実在に関する情報ではなく観察者の信念として量子状態をとらえるQビズムの宇宙論と符合する。私が現在見ているものは、ビッグバンを含め、私が過去に割り当てる状態に関する情報を告知する。フックスが述べるように、「ビッグバンそれ自体が、個々のあらゆる量子測定にある程度類似する創造の瞬間の一つである点に気づけば、それが〈内部の側〉に関するものであったのか疑問に思えてくる。Qビズムによれば、確かに創造は、あらゆる場所でつねに生じている。量子測定とは、あらゆる場所でつねに生じているそのプロセスに主体が便乗し参加することに他ならない[*49]」

本章は、「時空や物体は、知覚されずには存在し得ない。それらは根源的な実在ではない」というITPの予測で幕を開けた。次に私は、物理学が万物の理論（TOE）を探究するにあたり、この予測が否定されるかどうかを問うた。そして、その答えが「ノー」であり、ITPの予測が多大な支持を得ていることを明確に示した。

本章における物理の世界の短い旅は、確かに不十分ではある。物体や時空に実在性を付与しようと試みる、ボームやエヴェレットらによる量子論の解釈にも触れていない。[50] だがここでの私の目的は、物理学の概要を提示することにあるのではなく（そもそもそれには大著が必要になる）、ＩＴＰの正しさを裏づける物理学を簡潔に説明することにある。

注目すべきことに、時空を手放さなければＴＯＥは実現しないというＩＴＰの重要な予測は、物理学者のあいだではほぼ同意が得られている。たとえばニーマ・アルカニ＝ハメドは、二〇一四年にペリメーター理論物理学研究所［カナダにある研究所］で行なった講演で、「われわれのほとんどが、〈時空は存在しない〉〈時空には見込みがない〉〈時空は、より根源的な構成要素で置き換えられねばならない〉と考えている」と述べた。[51]

時空に見込みがないのなら、物体にも見込みはない。物体も、より根源的な構成要素で置き換えられねばならない。しかし時空が実在の基盤でないのなら、言い換えればそこで生命のドラマが繰り広げられる、前もって準備された舞台ではないのなら、時空とはいったい何か？　次章では、時空とは適応度に関するデータの圧縮、そしてエラー訂正のためのコードであることを見ていく。

第7章　仮想性

ホログラフィックな世界を膨張させる

「実に多くの論者が非常に強力な論証を通じて、時空という概念は根源的なものではないと主張している。時空に見込みはない。物理法則の基盤をなす根本的な記述としての時空などというものは存在しない。これは驚くべき言明である。なぜなら、物理学は空間と時間の内部で生じるものとして諸事象を記述すると考えられているからである。だから時空が存在しないとなると、物理学とはいったい何かがはっきりしなくなるのだ」

――ニーマ・アルカニ＝ハメド
『コーネル・メッセンジャー・レクチャー　2016』

科学は謎の神秘性を吹き払うことができる。この能力は、携帯電話から人工衛星に至るまで新たなテクノロジーを導いてきた。アーサー・C・クラークの言葉を借りれば、科学は「魔法と区別がつかない」科学はまた、日常のできごとを神秘化することができる。警告なしに私たちを好奇に満ちた世界に突き落とすのだ。私はたった今、あそこのテーブルの上にある一本のスプーンを見る。この言明は月並みすぎて、誰もそれに疑念を抱いたりはしないだろう。しかし科学は、このような平凡なできごとにも、誰も予期していない深遠な謎を見出す。私たちは「今」も「あそこ」も理解していないと科学は主張する。つまり、日常の知覚の布地そのものに織り込まれ、私たちが真正で自明なものと考え、物理的な実在への信頼に足る案内役と見なしている時間や空間（長さ、幅、奥行き）について、実際には私たちは何も理解していないのだ。

自分たちが理解しているのは「時空には見込みがない」ということだけだと、多くの物理学者は考えている。空間と時間は、日常の知覚で中心的な役割を果たしている。しかし、アインシュタインが構築した、空間と時間の高度な統合である時空でさえ、自然の基本法則の真の記述の一部ではあり得ない。時空と、それに含まれるすべての物体は、そのような真の記述においては消えてなくなる。たとえばノーベル物理学賞に輝いたデイヴィッド・グロスは、「弦理論を支持する誰もが、（……）時空には見込みがないと考えている。しかしそれが何によって置き換えられるのかはわかっていない」と述べる。[*1] フィールズ賞を受賞したエドワード・ウィッテンも、「時空には見込みがないのかもしれない」と述べている。[*2] また、プリンストン高等研究所のネーサン・サイバーグは次のように語っている。「私は、空間と時間が錯覚であることをほぼ確信している。それらはもっと高度な何かで置き換えられねばならない粗野な概念だ」[*3]

この見解は強い不安を喚起する。本章の冒頭の引用にあるように、ニーマ・アルカニ＝ハメドは次のように述べている。「物理学は、空間と時間の内部で生じるものとして諸事象を記述すると考えられている。だから時空が存在しないとなると、物理学とはいったい何かがはっきりしなくなるのだ」。物理学者にとって、これはすばらしいニュースだ。ある理論の失敗を認識することは、その理論がいかに重宝されてきたものであろうが、一つの進歩と見なせるからである。時空の理論をより根本的な理論で置き換えることは、創造力溢れる理論家にとって刺激的な挑戦であり、世界に対する私たちの見方を変える力を持つ。もしかすると、物理学とはいったい何かを史上初めて私たちに教えてくれるかもしれない。

本章の目的は、それほど大それたものではない。時空（と物体）には見込みがないというニュースは、最新の視覚理論に取り入れられていない。それらの理論はたいてい、「空間と時間の内部に存在する物体は、物理的な実在の基盤をなす」「視覚は通常、あらかじめ存在している物体の真の性質を回復する」と想定している。また現在のさまざまな知覚理論は、いかなる真の性質が報告されるのか、また、その報告がいかに作成されるのかをめぐって一致しない場合が多いが、物理学者が誤りであると認めている考え、すなわち時空の内部に存在する物体を根源的なものと見なす考えを真だと想定する点では一致している。

本章ではまず、標準的な知覚理論を手短に検討し、それから時空や物体に対する私たちの知覚に関して新たな観点を提起する。この新たな観点はITP、ならびに「一つの空間領域に蓄積可能なデータの量は、体積ではなくその領域を包む表面に依存する」という、第6章で取り上げた重要な発見、ホログラフィック原理に啓発されている。時空と物体をめぐるこの新たな概観は、「私たちの知覚は、適応度利得をコード化し、適応的な行動を導くべく進化した」とする考えに由来する。[*4] 時空と物体は、どうにかしてそれらの課題をうまく遂行する。しかし、いかにしてか？　私の考えでは、それらの課題は適応度情報のデータ圧縮とエラー訂正を通じて遂行される。

まず、データ圧縮を検討しよう。適応度利得関数は複雑なものになりうる。そして、その多くは自己の生存に関わる。したがって自己に関わる適応度情報の量は膨大で、一挙に見る必要があったなら完全に圧倒されるだろう。だから、取り扱いが可能な量になるまで圧縮されねばならない。

あなたは、夏休みに撮った写真をメールで友人に送りたかったとする。しかしそのまま送信するには、画像ファイルは大きすぎる。そこであなたはそれを圧縮し、それでも見た目に問題がないことを確かめる。グランドキャニオンを背景にポーズをとる家族の姿が判別できないなどの問題がある場合には、圧縮率を下げてもう一度圧縮する。その場合あなたは、送信に時間がかかりすぎないよう、そしてそれとともに、送る価値が失われるほど内容が損なわれないよう配慮しつつ圧縮していることになる。つまり、総体としてバランスのとれたトレードオフを探さなければならないのだ。

人間の視覚にとって時空と物体は、それと同様なバランスのとれたトレードオフを与えてくれる。適応度利得関数は無数の次元で変化しうる。長い時の流れのなかで自然選択によって形作られた人間の視覚は、それらを三次元の空間、一次元の時間、そして形や色を持つ物体へと圧縮する。私たちには無数の次元を操ることはできないが、数次元ならできる。圧縮によって適応度情報がいくらか失われることに間違いはない。たとえば私たちは、毎日自分の身体を貫き、電離放射線によって身体に損傷を与えている無数のミュー粒子を見たりはしない。しかし、生き残って子どもを生み育てるために必要なだけの、適応度情報は見ている。

私たちが三次元で物体を見るのは実在を再構築しているからではなく、それがたまたま進化によって組み込まれた圧縮アルゴリズムのフォーマットだからである。他の生物は、適応度を表すのに別のデータフォーマットを用いているのかもしれない。私たちは、時空と物体から成る実在の世界の内部ではなく、簡素で有用なあり方で適応度利得を表すためにホモ・サピエンスにおいてたまたま進化した、時空と物体というフォーマットを持つデータ構造の内部で存在し、生き、活動しているのだ。知覚はこのデータ構造にコード化されている。だが私たちは、時空のフォーマットが、自分たちが生きている実在の世界であると誤って考えている。この誤謬は理解可能であり、また免罪されうる。というのも、データフォーマットはいかに見るかばかりでなく、いかに考えるかも制約するからである。この制約の外に出ることは、それどころかその可能性に気づくことさえ容易ではない。その可能性に目覚めるための実践方法は、知的文化や宗教的文化において長く追及されてきた。

適応度利得が圧縮されたコードとして時空や物体をとらえる見方をめぐっては、今後解決されねばならない課題がたくさんある。いくつか例をあげよう。適応度のどの側面が空間によって、また別のどの側面が物体によってとらえられているのか？　適応度を圧縮すると、いかにして形、色、肌理、動きが生じるのか？　適応度の圧縮は、なぜ視覚、聴覚、味覚、嗅覚、触覚という、さまざまな形式でフォーマットされた知覚をもたらすのか？　おそらく距離は、資源を獲得するために必要とされるコストをコード化するのだろう。獲得するのに数カロリーのコストを要するリンゴは一メートル先に見え、はるかに多くのコストがかかるリンゴはそれより遠くにあるように見えるのかもしれない。獲物にとって捕食者は、自分を捕まえるのに必要なコストが大きければ大きいほど遠くに見えるということも考えられる。この見方は、最近の実験によって支持されている。たとえばデニス・プロフィットらは、ブドウ糖《グルコース》を含有するドリンクを与えられた被験者が、炭水化物を含まずその代わりに人工甘味料を加えたドリンクを与えられた被験者より距離を短く見積もることを発見している。また有酸素運動に慣れている人は、そうでない人より距離を短く見積もる。この結果は、距離の知覚が単なるエネルギーコストだけでなく、エネルギーコストと自分に利用可能なエネルギーの比率にも依存することを示唆する。*5

次にエラー訂正を検討しよう。オンラインで金銭が関わる取引をすると、インターネット上を貴重なデータが流れる。その際、データはハッカーに盗み見られないよう暗号化される。しかし、それと同じくらい重要な問題にノイズがある。あなたは母の日のために六〇ドルをはたいてオンラインで花束を買ったとする。あとで知ったところによると、インターネット上のノイズのせいで金額にゼロが二つ加えられ、六〇〇〇ドルを使ったことになっていた。このエラーは高くつく。その種のエラーが頻繁に起こっていたら、オンライン取引は成立しないだろう。それを防ぐために、データは送信される前に誤り訂正符号［送信情報に冗長性を持たせることで、伝送路で生じる誤りを訂正するための技術］によってフォーマットされるのだ。

エラーを検知し訂正するにあたってカギになるのは冗長性である。[*6] 単純なやり方として繰り返しがあげられる。１１０１のような四ビットで構成されるデータを送りたかったとしよう。その場合、１１０１、１１０１、１１０１のように三回にわたって繰り返し送ることができる。受け手は三回とも同一の値を受け取ったかどうかをチェックすればよい。そうであればエラーはないと判断できる。しかし一回だけ値が違っていた場合は、伝送中にエラーが生じたことになる。その場合、受け手は対策として再送を要求するか、一致している二回を正しいものと判断するかのいずれかを選択することができる。

冗長性を加える方法は、メッセージを高次の空間に埋め込むなど、たくさんある。いずれにせよここでの要点は、私たちの感覚が適応度利得に関するメッセージを伝達すること、そして正しいメッセージを受け取ることが生死を分かつことである。適応度データの桁落ちは、生から死への転落を意味する。自然選択は、私たちの知覚インターフェースに冗長性を組み込み、エラーの検知と訂正が可能な冗長性を持つ、適応度利得を示すコードとして、時空というデスクトップ画面と物体というアイコンを形作ったと考えるべきだ。

これはまさに、ベッケンシュタインとホーキングが時空に関して発見したことである。時空は冗長なものと見なせる。二次元は三次元空間内のすべての情報を含むからだ。それが、前章で検討したサスキンドとトホーフトによる広く知られたホログラフィック原理の要諦である。この原理は直観に反し、感覚によって再構築される実在として三次元空間を見なす前提が誤りであることを示す。だが、感覚は適応度を報告すると、また、その報告がノイズによって損なわれないようにするために、余分な空間次元のような冗長性を必要とすると考えれば、合点がいくはずだ。

物理学者たちは、空間が冗長であるという、自然選択に由来する予測を確証している。しかし彼らは、実際にこの空間の冗長性が誤り訂正符号の基盤をなしていることも証明したのか？　その試みは現在進行中で、有望に思える。物理学者のアフメッド・アルムヘイリ、ジ・ドング、ダニエル・ハーローは、ホログラフィック原理によって明らかにされた空間の冗長性が、ノイズによるデータの消去を防ぐ誤り訂正符号の性質を反映するものであることを見出した。[*7] 彼らは次のように述べる。「またホログラフィック原理は、あるコードが消去を防ぐことのできる量子情報の量には上限があるという一般的な言明の名目のもと、自然に生じてくる」。[*8] 物理学者のジョン・プレスキル、ダニエル・ハーロー、フェルナンド・パストウスキらは、時空の幾何学を量子誤り訂正符号として解釈する方法を発見している。[*9]

現在、「時空と物体は、私たちの感覚が適応度を報告するために用いるコードである」という構図が明らかになりつつある。いかなる適正なコードとも同様、このコードは冗長性を用いてノイズに抗う。

この構図はまさにITPのものであり、それに「インターフェースはデータを圧縮しノイズに抗う」という追加の洞察が加えられている。

ところが、ほとんどの視覚科学者はこの見方を支持していない。彼らはその代わり、視覚が真正なものであり、時空の内部に存在するリアルな物体を再構築すると仮定している。この仮定は、UCLA病院の元精神科医ルイス・ジョリオン・ウエストによって執筆された、『ブリタニカ百科事典』の「空間知覚」と題する項目にも見出せる。そこには、次のようにある。「真正な知覚は、あるがままの刺激の直接的な知覚である。物理的な空間に、ある程度の真正性がなければ、食物を見つける、敵から逃げる、さらには誰かとつき合うなどといったことさえ不可能になるだろう。また真正な知覚は、変化する刺激を安定したものとしてその人に経験させる。たとえば近づいてくるトラの感覚イメージが次第に大きくなっていったとしても、トラの大きさは変わらないものとして知覚される」

もちろん視覚科学者は、視覚がつねに真正であると主張しているのではない。何らかの方法で実在を歪曲できることを認めている。しかし彼らの仮定では、真正性が視覚の目的であり、通常それは達成される。たとえば彼らは、物体の知覚の対称性が実在の対称性を開示すると主張している。視覚科学者のジークムント・ピズロは、それについて次のように述べる。「動物の身体の形について考えてみよう。すべてではないとしてもほとんどの動物の身体は、鏡面対称をなす。どうやって私たちは、それが鏡面対称をなしているとわかるのか？　なぜなら、私たちはそれをそのようなものとして見ているからである。鏡面対称をなす物体を、鏡面対称をなしているとして見ることは、対称軸を境とした両面が互いに同一の形をなしているとして知覚されなければ不可能だ。これは次の理由により注目すべきことである。

（1）私たちは二つの面のうちの前面、すなわち可視的な表面しか見ていない。（2）おのおのの面を一八〇度離れた視線方向から見ている。形の恒常性がリアルな現象でないのなら、また、それが完全なものに近くなければ、私たちは対称的な形が実際に存在することを知り得ないだろう」[*10]

この主張は次のように簡潔に言い換えることができる。「私たちの知覚が示すいかなる対称性も、それに対応する対称性が実在の世界に存在する」

この主張は正しいのか？　それに答えるのに必要なのは直観ではなく定理だ。実のところ、われわれはそれを手にしている。私が提案してシェタン・プラカシュが証明した「対称性の発明定理」は、その主張が誤りであることを示す。[*11]この定理によれば、私たちの知覚が示す対称性は実在の構造に関して何も開示しない。その証明は構築的なものであり、いかに知覚や行動が、平行移動、回転、鏡像、ローレンツ変換などの対称性を、対称性を欠いた世界で経験しうるのかを示してくれる。

当然、この主張には疑問が湧くだろう。というのも、私たちは対称性を持つさまざまな物体を見ているからだ。なぜだろうか？　知覚が示す対称性が実在の対称性を反映しないのなら、なぜ私たちは、そもそも対称性を見ているのか？

それに対する答えは、例によってデータ圧縮とエラー訂正のゆえ、というものだ。それらの機能が持つアルゴリズムとデータ構造には対称性が関与することが多い。[*12]過剰な適応度情報は、対称性を用いて取り扱い可能なレベルまで圧縮することができる。その感触をつかむため、一個のリンゴを見ているところを想像してみよう。あなたがわずかに左に移動すると、リンゴはどのように見えるだろうか？　対称性、すなわち単純な回転や平行移動を適用すれば、その問いに答えられるはずだ。見るたびに数百万の数値を保持するのではなく、平行移動に三つ、回転に二つ、合計してたった五つの数値を保てばよい。対称性とは、データを圧縮しエラーを訂正するために使われる単純なプログラムなのである。このように私たちの知覚が示す対称性は、実在の本質ではなく、情報のコード化と圧縮の方法を開示しているのだ。

あなたは、次のような異議を唱えるのではないか？「しかし、車を運転したり、私たちが見ているものと同じ形や対称性を見たりする視覚システムをコンピューター上に構築できるではないか。この事実は、私たちもコンピューターも、実在をありのままに見ていることを証明しているのではないか？」

まったくそうではない。「対称性の発明定理」は、生物か機械かを問わず、いかなる知覚システムにも適用される。コンピューターが見る対称性は、実在の構造に関して何も開示しない。私たちが見ている対称性を見ることのできるロボットを製作することは可能である。だがそれによって、世界の構造に関する洞察が得られるわけではない。

ピズロは、物体や空間の真正な知覚に関して進化的な根拠を提示している。「計画能力や意図的な行動の能力が与えられなければ、動物の進化と自然選択におけるその成功が導かれるとは考えられない」[*13]。彼の主張によれば、人間が狩猟、栽培、収穫を行なえるようになったのは、実在に対する真正な知覚が必要とされる計画能力や協調能力のおかげなのである。

計画や協調の能力は、人類の成功にとって不可欠のものだ。だがそれには、実在に関する真正な表象［実在の正確なコピー］が必要なのだろうか？ ＦＢＴ定理によれば、その答えは「ノー」だ。「グランド・セフト・オート」のようなオンラインゲームでは、プレイヤーは強盗を働く、車を盗むなどといった不埒な目的に向けて協力し合う。彼らは盗みを計画するにあたり、トランジスターやネットワークプロセスに関する真正な知覚からではなく、スポーツカーを始めとする魅力的な盗みのターゲットから成るニセの世界から情報を得ている。

真正な知覚を擁護する議論は挫折せざるを得ない。それにもかかわらず視覚科学の標準的な理論として通用している。それによれば、時空の内部に形などの客観的な性質を持つ三次元の物体が、誰も見ていなくても実際に存在する。リンゴを見ると、その表面に跳ね返された光は、目の光学的メカニズムによって二次元の網膜に焦点を結ぶ。この二次元の網膜へのリンゴの光学的な投射は、リンゴの持つ三次元の形や奥行きに関する情報をそぎ落とす。したがってあなたの視覚系は、二次元の情報を分析し、リンゴの持つ真の三次元の形をはじき出している、言い換えると網膜への光の投射によって失われた情報を回復し、再構築しているのだ。この回復プロセスは「逆光学」とも、ときに「ベイズ推定」とも呼ばれる。[*14]

ジェームズ・ギブソンの考えに基づいて構築された「身体化された認知」という理論の支持者は、この見方に反対する。[*15] 彼らの主張によれば、私たちはリアルな物理的世界と相互作用するリアルな身体を持つ物理的存在であり、また、知覚は行動と密接に結びついている。知覚と身体行動は合わせて理解されねばならない。赤いリンゴを見るとき、あなたは単に、逆光学、ベイズ推定などの抽象的な問題を解決しているのではなく、いかにそれに近づくか、つかむか、食べるかなど、自分の行動と密接に結びついた三次元の形を見ているのである。逆光学やベイズ推定を承認しているたいていの視覚科学者は、行動と知覚が密接に結びついているという考えに同意する。

「ラディカルな身体化された認知」の支持者は、単に知覚と行動が結びついていると主張するばかりでなく、「知覚はいかなる情報処理も必要としない」と論じる。[*16] 知覚と行動の相互作用は、計算や表象の概念を持ち出さなくても理解しうると、彼らは主張するのだ。この過激な見方の支持者はほとんどおらず、「いかなる物理プロセスも情報プロセスである」や「いかなる情報も破壊されない」という、量子物理学者の主張と相容れない。さらに言えば、一連の状態遷移を経るいかなるシステムもコンピューターとして解釈できるという自明の理にも反する（賢いとはとても言えないかもしれないが、それでもコンピューターなのだ）。

ＩＴＰは、標準的な理論や「身体化された認知」理論の、知覚が真正なものだとする見方には同意しないが、知覚と行動が密接に関連するという見方には同意する。私たちの知覚は適応的な探索や行動を導くために進化した。リンゴのアイコンは、それを食べるべきか否かの選択や、食べるのに必要な、つかむ、かじるなどの行動を、また毒ツタのアイコンは、それを決して食べないという選択や、接触を避けるための足取りを導いてくれる。

ＩＴＰは、因果性に関して直観に反する主張をする。時空の内部に存在する物体同士の因果的な相互作用はフィクションにすぎない。有用なフィクションではあるが、フィクションである点に変わりはない。ビリヤードの突き玉が８番球に当たり、それをコーナーポケットに落とすところを見た私は、コーナーポケットへと転がる８番球の動きが突き玉によって引き起こされたと自然に考える。しかし厳密に言えば、その考えは間違っている。時空は、単にその生物に固有のデスクトップ画面であり、物体はデスクトップ画面上のアイコンにすぎない。あるいはこれまで見てきたように、時空は通信経路、物体は適応度メッセージなのである。デスクトップ画面上のアイコンをゴミ箱にドラッグ&ドロップしてファイルが消されたことを、ゴミ箱へのアイコンの移動が文字どおりファイルの削除を引き起こしたのだと考えれば、間違ってはいるものの有用だ。事実、その種の疑似的な因果関係の推論によって行動の結果を予測する能力は、よく設計されたインターフェースの特徴をなす。

時空の内部に存在する物体同士の因果的な相互作用はフィクションにすぎないとするＩＴＰの予測は、因果的順序を欠く量子コンピューティングの分野から興味深い支持を得ている。[*17] 私たちが何かを計算するときには、特定の因果的順序に従って一度に一ステップずつ処理を実行していく。たとえば10を２で割り、さらに２を加えると、７という結果が得られる。その順番を逆にして先に２を加えてから２で割ると、６という結果が得られる。このように操作の順序には意味がある。ところが現在、確定された操作の因果的順序を持たないコンピューターが考案されている。このコンピューターは因果的順序の重ね合わせを用いて、より効率的な計算を実行する。[*18]

ＩＴＰの予測では、物理的因果関係はフィクションである。この予測は物理学と矛盾しない。現代の物理学者たちが主張するように時空には見込みがないのなら、物体も、その見かけの因果関係も見込みがない。さらには、意識を時空の内部に存在する物理系の持つ何らかの因果的性質と同一視する、ジュリオ・トノーニの意識の統合情報理論（ＩＩＴ）や、ジョン・サールの生物学的自然主義を始めとする、現代の意識の理論にも見込みがない。[*19] ニューロンなどの物体に因果的な力が備わっていないのなら、ＩＩＴは意識をフィクションと同一視していることになる。それでは見通しは暗い。さらに言えば、因果的計算は因果律を棄てた計算より効率が劣る。[*20] したがって意識を因果的計算と同一視するＩＩＴは、意識をより劣った計算と同一視していると言えよう。なぜ意識は劣っていなければならないのか？「なぜ自然選択は、より劣った計算である意識を選択する必要があるのかという意味であろう」意識に関するいかなる原理的洞察が、そのような疑わしい主張を誘導しているのか？

　物理的因果性の虚構的な性質は、曖昧模糊とした「万物の理論」を構築することをさらに困難にしている。それより先に、私たちはインターフェースとさまざまなレベルでのデータ圧縮やエラー訂正に関する理論を確立しなければならない。次にその理論を用いて、私たちがインターフェースを通して見る構造から、実在に関して何を推論できるのかを問うのだ。何も推論できないのなら、一定の実在の理論を提起して、それが私たちのインターフェース内にどう出現するのかを予測しなければならない。この手順は、理論を立てることで、注意深い実験によって検証が可能な実証的な予測を立てる通常の科学の手続きに沿う。思うにこの試みに成功すれば、生物と非生物の区別が、実在の本質に関する洞察に基づくのではなく、自分たちが持つ時空インターフェースの限界の産物であることが判明するかもしれない。私たちのインターフェースの限界をひとたび考慮に入れれば、生命、非生命を問わない実在の統合的な記述が見出されるだろう。さらにはニューロンのネットワークが、エラー訂正機能を備えたコード化メカニズムの代表的な例であることがわかるかもしれない。

　ＩＴＰでは、図10に示されているように、知覚と行動の結びつきを単純な図で表すことができる。この図では、主体と世界の相互作用が描かれている。図の上部にある丸みを帯びた長方形は、主体の外に存在する世界を示す。現時点では、私はこの世界について何かを知っていると主張したりはしない。とりわけ私は、それが空間、時間、物体を持つとする前提を立てない。この神秘的な世界は、変化しうる多数の状態（それが何かは問わない）を持つとだけ言っておく。主体は、図の下部にある二つの長方形によって示されるように、その部分として経験と行動を持つ。主体は、現在の経験に基づいて、行動に関

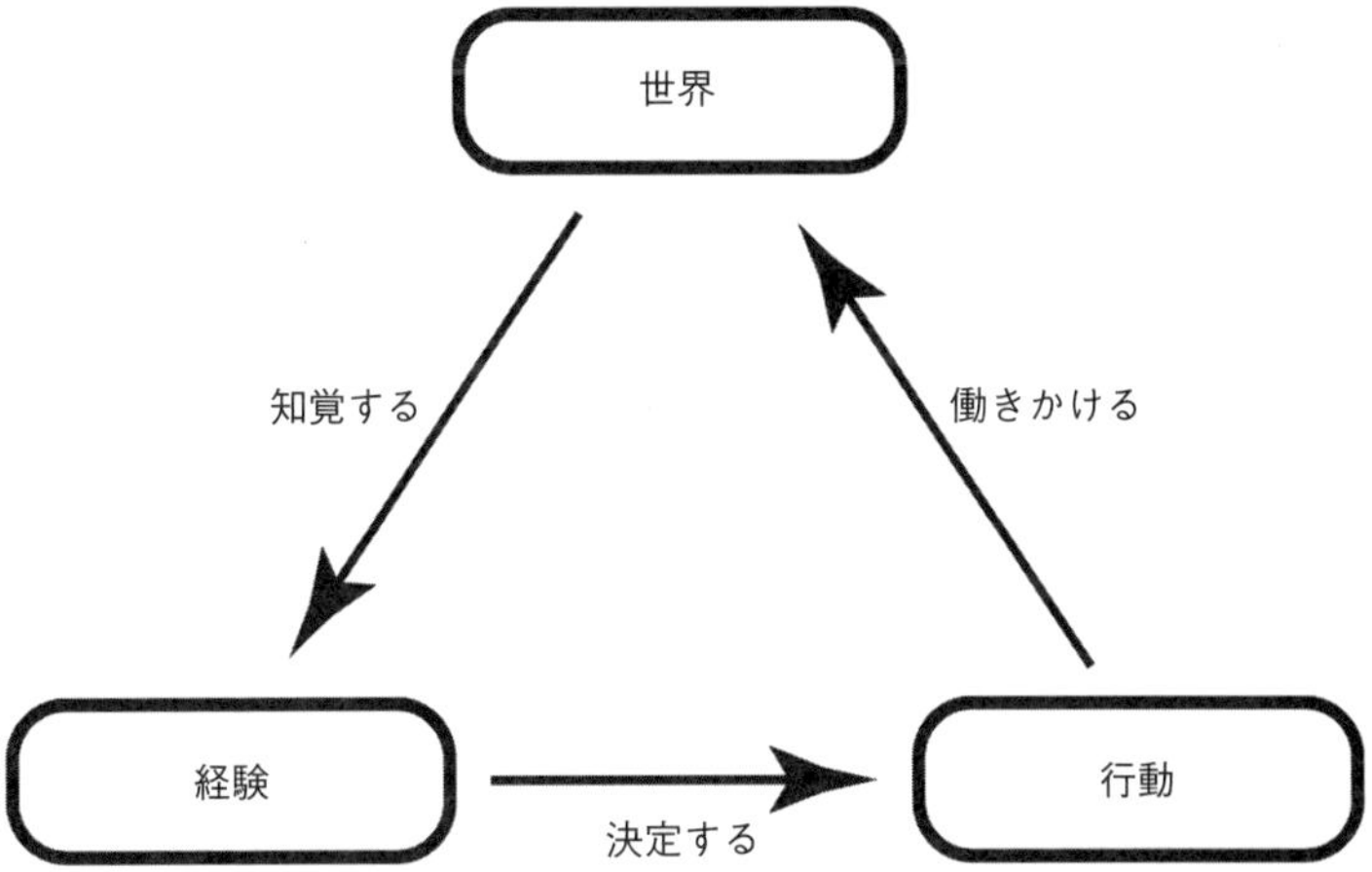

図10：「知覚する／決定する／働きかける（PDA）」ループ。自然選択は、経験が適応度を高める行動を導くようこのループを形作った。©DONALD HOFFMAN

する現在の選択を変えるか否か、あるいは変えるならどう変えるかを決定する。この決定は、「決定する」と表記された矢印で示されている。次に主体は、「働きかける」と表記された矢印が示すように世界に働きかける。主体の行動は世界の状態を変える。世界はそれに応じて、「知覚する」と表記された矢印が示すように主体の経験を変える。かくして知覚と行動は、「知覚する／決定する／働きかける（PDA）」ループによって結びつけられる（それに関する数学的説明は、巻末の「補足資料」を参照されたい）。

　PDAループは、適応度利得関数という進化の基本的な機能によって形作られる。ある行動の適応度は世界の状態に依存するが、生物（主体）とその状態にも依存する。主体が世界に働きかけるごとに世界の状態が変化し、それによって主体は適応度という報酬を獲得する（もしくは罰せられる）。適応度を十分に獲得できるよう行動する主体のみが、生き残って繁殖する。自然選択は、適応度に対して適正に調律されたPDAを持つ主体を選好するのだ。そのような主体では、知覚は主体に適応度メッセージを送る。そして主体の経験は、この適応度メッセージを表現する。このようにメッセージと経験はもっぱら適応度に関するものであって、世界の状態に関するものではない。主体の経験は、完璧ではないものの十分なインターフェースとして機能する。つまり子どもを生み育てるに十分なだけ長く生き延びるために必要な適応度ポイントを稼げる行動を導くのだ。

各主体は、望ましい適応度利得をもたらす行動を選択するべく、幾世代にもわたる無慈悲な選択によって形作られている。子どもを生み育てるのに十分なだけの適応度ポイントを獲得せよという指令は、知覚と決定と行動の協調を要請する。これら三者の協調を欠く主体は、若くして死ぬ残念な運命にある。それに対して、この協調を備えた主体は、有用なインターフェースと、それに適切に結びついた行動を形成する知覚に恵まれている。

経験や行動はタダでは得られない。その上演項目《レパートリー》の規模が大きくなればなるほど、それだけ多量のカロリーを摂取しなければならなくなる。それゆえレパートリーを小さく保つよう選択圧力がかかっている。しかしレパートリーが小さくなりすぎれば、適応度に関する不可欠のデータや、適応度を高める必須の行動を欠いてしまう可能性がある。競合する選択の力のあいだのバランスをとるために、各主体は独自の解決手段を進化させる。たぶん人間は、甲虫より大きな経験のレパートリーを持つはずだ。クマは、人間より大きな嗅覚経験のレパートリーを持つのだろう。これに関して決定的な解は存在しない。利用可能な生態的地位で主体を生き残らせてくれる実際的な方法があるだけだ。

とはいえ、いかなる解決手段をとろうが、適応度利得の複雑性と比べれば、経験と行動のレパートリーは小さい。主体が知覚する適応度メッセージはすべて、取り扱いが可能な大きさ、そして有用なフォーマットへと、不可欠な情報を失わずに適応度情報を圧縮しなければならない。またメッセージは、主体がエラーを検知し訂正できなければならない。

たとえばあなたは、夕方路地裏を歩いているときに、恐怖を感じて飛び上がったとしよう。その原因を探ろうとあたりを見回す。すると庭に放置されているホースが見え、ほっとする。そのときあなたが飛び上がったのは、エラー訂正が適切になされていない適応度メッセージが、つまり「ヘビだ！」という間違った情報が伝えられたからだ。このメッセージはエラー訂正に時間が割かれていないため瞬間的に到来し、あなたは適応度を低下させるヘビの一噛みを避けるために迅速に行動したのである。最初の驚愕が過ぎ去ったあと、「心配することはない。ただのホースだ」というエラー訂正メッセージが送られてくる。あなたは無駄に飛び上がったことでいくばくかカロリーを失い、ストレスのもとになるコルチゾールが分泌され、そのせいでわずかに適応度が削がれる。しかし長期的には、そのような誤りがちではあれ迅速なメッセージは、ヘビの致命的な一噛みを食らうリスクを減らすことであなたの適応度を高める。信頼はできても緩慢なメッセージばかりが流れていれば、「ヘビに噛まれた」ことを正しく学ぶ日が早めにやって来るだろう。そのメッセージは正しいが、それでは役に立たない。

この例は、適応度メッセージの圧縮や訂正には複数の解決方法《ソリューション》があることを示すためにあげた。自然選択は、適応度の不規則な変化に合わせてさまざまなソリューションを形作ってきたはずだ。また一つの生物が、適応度に関する種々のニーズに応じた複数のソリューションを備えていることもありうる。とはいえ、生物間で類似のソリューションが用いられていることも十分に考えられる。なぜなら、進化は種分化の過程で、再設計より再利用を多用する傾向があるからだ。再利用の格好の例は、私たちの目の非合理的な設計に見られる。目の水晶体《レンズ》を通過する光は、網膜の裏側の光受容体に当たる前に、血管や介在ニューロンが重畳する難所を切り抜けなければならない。すべての脊椎動物で、この間に合わせのソリューションが取られている。これは、そのような目の形態が脊椎動物の進化における初期の段階で出現し、以来まったく訂正されてこなかったことを意味する。だが、間に合わせのソリューションは必然的なものではない。タコやイカなどの頭足類では、光受容体は血管や介在ニューロンより前方にあり、適正なソリューションが取られているからだ。

読者は、図11のような錯視の例で、エラー訂正をリアルタイムで確認することができる。図の左側には白い切り抜きのある二つの黒い円が描かれている。右側の二つの円は、左側の二つの円の切り抜きがそろうよう回転させたものである。右側の二つの円を見ると、二つの円の手前に、突然一本の輝く線が浮き上がって見えてくるはずだ。自分で線を作り出したことをチェックするには、二つの円を親指で隠してみればよい。そうすれば輝く線は消える。

この輝く線は、消去の訂正としてとらえることができる。それはあたかも、視覚系が「送られてきた実際のメッセージは直線だが、線のその部分は伝送途上で消去されたのである」と判断したようなものだ。つまり輝く線で間隙を満たすことでエラーを訂正したのである。これは、000もしくは111という二つのメッセージのみ送ることができる単純な「ハミング」符合におけるエラー訂正に類似する。[*21] たとえば101というメッセージを受け取った受け手は、それがエラーを含むこと、そして中央の1が消去されたことがわかる。だから受け手はそのエラーを訂正して、111というメッセージを受信した

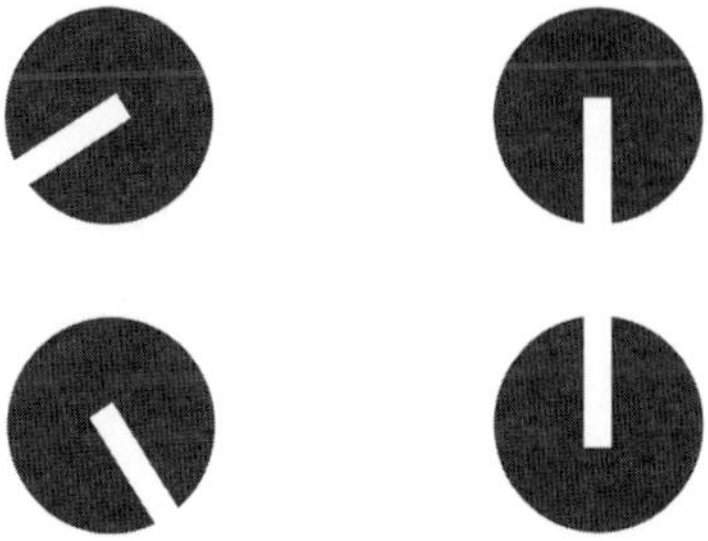

図11：消去された線の訂正。視覚系は、消去エラーを訂正するために、右側の二つの円のあいだに線を生み出す。©DONALD HOFFMAN

と判断できる。このハミング符合は、三ビットを用いて一ビットの情報を送ることで、受け手が一ビットのエラーを検知し訂正できるようにする〔元来「0か1」という一ビットで表せる情報を、伝送上のエラーを検知するために「000か111、それ以外は伝送エラー」という三ビットの情報で表し、いずれか一ビットのエラーの検知を可能にしているということ。二ビットではエラーの検知はできても訂正はできない〕。

黒い円のイメージの欠落部分を訂正することで、あなたは「黒い円の手前にある線」というメッセージを回復する。また、それとは別の「黒い円の背後にある線」というメッセージを回復することもあるだろう。後者のメッセージを得るためには、黒い円を白紙に開いた穴と見なせばよい。あなたはその穴を覗き込み、白紙の背後の線を見ているのだ。この見方をとった場合、二つの黒い円のあいだの線分はもはや輝いてはいないものの、その存在は依然として感じられるだろう。

ではあなたが見ていないとき、そこには輝く線が存在するのか、それとも輝いていない線が存在するのか？　もちろん、この問いはばかげている。あなたが見ていないときには、線は存在しない。そうではなく、あなたが見ている線は、欠落部分を訂正するときに回復されたメッセージなのである。

ここで問いを変えよう。これから図を見るとすると、あなたは輝く線と輝いていない線のどちらを見るだろうか？　その答えは、はっきりしないはずだ。輝く線を見ることもあろうし、輝いていない線を見ることもあるだろう。しかし、確率によってなら推測することができる。私の場合、輝く線を見ることのほうが多い。具体的に言えば、私が輝く線を見る確率はおよそ四分の三で、輝いていない線を見る確率はおよそ四分の一だ。「輝いている」「輝いていない」という、線の「状態」を示す用語で確率を示すよう誰かに求められれば、私は、輝いている状態が四分の三の確率を、輝いていない状態が四分の一の確率を持つ、線の「重ね合わせ」の状態として書き記すだろう。この表記は、前章で取り上げた、量子論における状態の重ね合わせに似ている。ここで思い出してほしいのだが、Qビズムによれば、量子状態は誰も見ていなくても存在する世界の客観的な状態ではなく、自分が行動すれば自分に何が見えるのか、より専門的に言えば、自分が観測すればいかなる結果が得られるのかに関する主体の信念を記述する。*22

先の例を一歩進めてみよう。図12の左側には、白い切り抜きのある四つの黒い円が描かれている。右側の四つの円は、左側の四つの円の切り抜きがそろうよう回転させたものである。右側の四つの円を見ると、四つの円の手前に、突然四本の輝く線が浮き上がって見えてくるはずだ。おのおのの輝く線は、二つの円のあいだの白紙の空間を貫いているように見える。この例でも、二つの円を親指で隠してみれば自分で二つの円のあいだに線を作り出したことを確認できる。そうすれば輝く線は消えだろう。

視覚系は、四つの消去エラーを訂正し四本の輝く線を生み出したのだ。しかしそれだけではなく、より高次のレベルで、もう一つのコード化されたメッセージ、つまり正方形を検知している。要するにあ

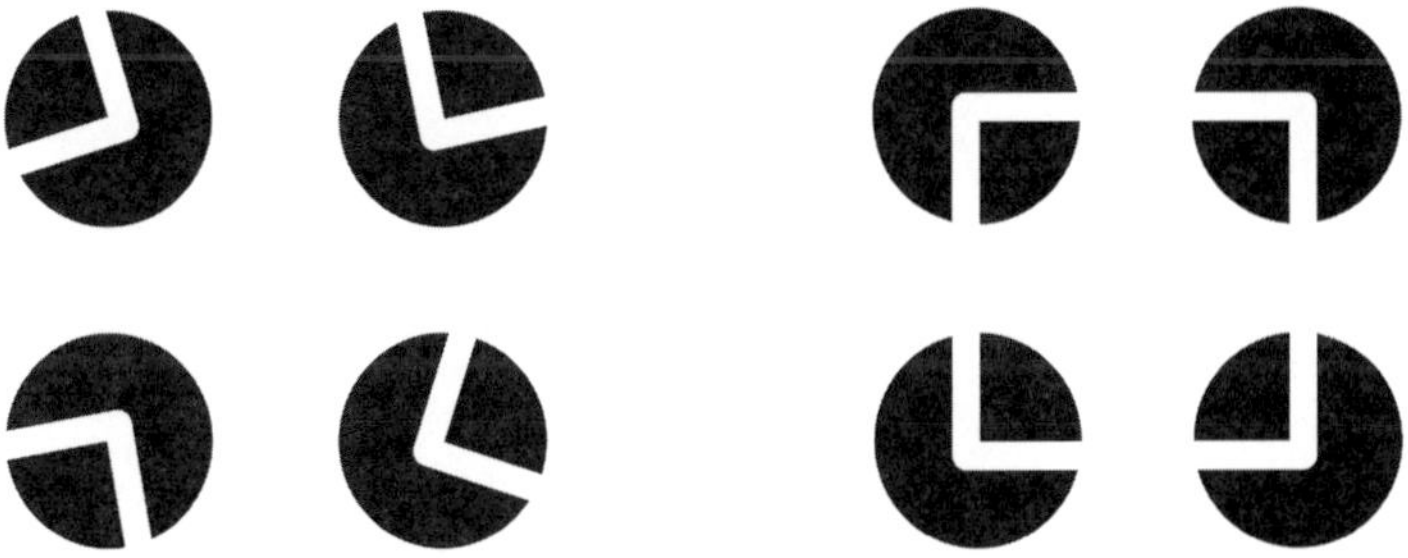

図12：消去された正方形の訂正。視覚系は、消去エラーを訂正するために、右側の四つの円の上に正方形を生み出す。©DONALD HOFFMAN

なたの知覚系は、異なる抽象レベルで、一次元の線と二次元の正方形という二つのメッセージを受け取っている。おそらくエラー訂正は、両レベルで同時に行われるのだろう。一方のメッセージが正方形に関するものであることは、消去された線を回復しなければならないとする視覚系の確信を強めている。

視覚系は、第二のメッセージを見出す場合もある。そのためには、この例でも黒い円を白紙に開いた穴と見なし、その穴を覗き込んでいると考えればよい。すると白紙の背後に正方形が見えてくる。この場合、線は輝いては見えない。線は存在するものの白紙に隠されていると、あなたは確信するはずだ。

したがって、この図から正方形に関して二つの異なるメッセージを受け取ることができる。一つは「輝く線の正方形が手前に存在する」というメッセージであり、もう一つは「輝いていない線の正方形が背後に存在する」というメッセージだ。すべての線が輝いているか、すべての線が輝いていないかのいずれかである点に留意されたい。二本の線は輝き、残りの二本の線は輝いていないなどということはない。なぜか？　なぜなら、視覚系は四本の線すべてを、正方形というただ一つのメッセージに統合しているからである。つまりそれは、一本の線に起こることはすべての線にも起こるべく、四つの線を一つの物体へと「織り合わせた［entangle の訳で量子もつれに言及している］」のだ。

さらにもう一歩例を進めてみよう。図13の左側には、白い切り抜きのある七つの黒い円が描かれている。右側の七つの円は、左側の七つの円の切り抜きがそろうよう回転させたものである。右側の七つの円を見ると、突然六本の輝く線が浮き上がって見えてくるはずだ。六本の線の消去を訂正したのである。しかし視覚系は、もっと劇的なことをなし遂げる。六本の線をたった一つの物体、三角錐《ピラミッド》へと織り合わせ、その過程で奥行きという新たな次元を生み出したのである。[*23] つまり二次元の情報から始めて、それをホログラフ的に三次元へと拡張したのだ。この例における織り合わせは、三次元空間の意識的経験の生成に密接に結びついている。ここで頂点が前方に突き出た三角錐を見ることもあれば、頂点が後方に突き出た三角錐を見ることもある点に留意されたい。一方の三角錐から他方の三角錐へと切り替わるとき、手前の線が背後に退き、背後の線が手前に浮き出て、ホログラフ的に構築した三次元の奥行きの関係は反転する。すべての線が一つの三角錐に織り合わされていることは、三角錐が円の手前に見えるときにはすべての線が輝いて見え、三角錐が円の背後に見えるときにはすべての線が輝いては見えないことによっても検証される。

量子論では、マーク・バン・ラームズドンク、ブライアン・スウィングルらの業績によって、時空が量子もつれの糸で織り合わされていることが示されている。[*24] それは単なる比喩ではないと、私は思う。私の考えでは、錯視の例で見た重ね合わせ、もつれ、そして三次元へのホログラフ的膨張は、量子論で研究されているものとまったく同じである。時空は観察者から独立した実在ではなく、適応度メッセー

図13：消去された三角錐の訂正。視覚系は、消去エラーを訂正するために、右側の七つの円の上に三角錐を生み出す。©DONALD HOFFMAN

図14：陰影のある円。左の円のランダムな陰影と中央の円の統一された陰影は、これら二つの円を平坦に見せる。それに対し、右の円の陰影は円を球であるかのように見せる。©DONALD HOFFMAN

ジを伝達するために自然選択によって形作られたインターフェースである。立方体の錯視の例では、エラー訂正、重ね合わせ、もつれ、ホログラフ的膨張を完備した時空インターフェースが作用しているところを確認することができるのだ。

図14は、二次元を三次元へと膨張させる別の方法を示している。各点の輝度がランダムに選択されている左の円には、ノイズしか見出せない。輝度が一定している中央の円は平坦に見える。右の円は、輝度が漸進的かつ系統的に変化している。そこでは魔術が生じ、円が球へと膨張する。二次元の情報が与えられているにもかかわらず、円がホログラフのように三次元の物体へと膨張するのだ。

図15に示されているように、視覚系は円を膨張させて凸状の形を作り出すこともあれば、凹状の形を作り出すこともある。ちなみに視覚系は、上方から光が照らされているものと想定して一つの形を膨張させる傾向を持つ。[*25]

輝度の勾配を膨張させるのに加え、図16に示されているように、視覚系は曲線も膨張させる。直線の格子模様が描かれている左側の円は平坦に見える。緩い曲線の格子模様が描かれている中央の円を見ると、円が膨張して球が作り出される。曲線の格子模様と輝度の勾配が組み合わされた右側の円を見ると、円が膨張して説得力のある球が作り出される。

線、正方形、立方体、球を用いたこれらの例から、何を学べるのか？　標準的な視覚科学によれば、これらの例は、客観的な時空の内部に存在するリアルな物体の真の形を視覚系がいかに再構築しているのかを教えてくれる。

しかし、ＩＴＰはそれとはまったく異なり、視覚系が適応度メッセージをいかに解読しているのかを教えてくれると考える。客観的な時空や、時空の内部にあらかじめ存在し、真の性質を回復すべき物体などというものはなく、時空や物体は、適応度メッセージを記述するコードシステムにすぎない。ここまで見てきた、二次元の情報を三次元の情報へと膨張させる錯視の例は、実際には実在が三次元ではなく二次元を持つことを示しているのではない。それらの例の目的は、時空それ自体が実在の一側面であると想定している慣例的な見方を弱めることにある。それらの例が二次元を持つのは、白紙の上に印刷されたものであるからにすぎない。

適応度メッセージがちょっとしたノイズでかく乱された場合は、輝く線の例に見たように、視覚系は、

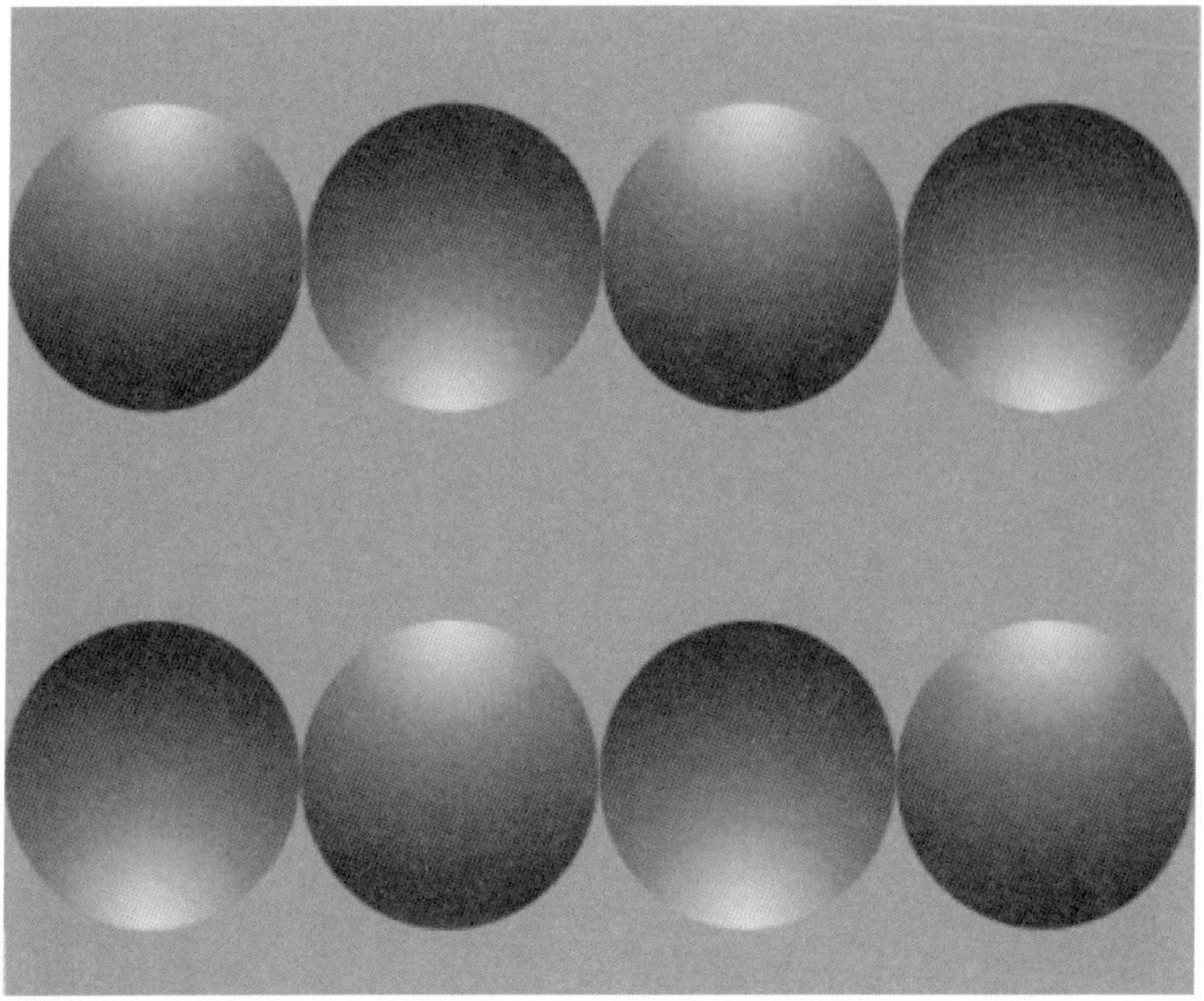

図15：凸状と凹状の円。私たちは、光源が上方にあると想定する。©DONALD HOFFMAN

図16：三次元の膨張。私たちは、曲線を三次元の奥行きを持つ形として解釈することがある。©DONALD HOFFMAN

場合によってエラーを訂正することができる。だがノイズが大きすぎると、全ピクセルがランダムな輝度を持つ円の例［図14の左の円］のように、視覚系はエラー訂正ができず、ノイズだけを見て適応度メッセージを見ることができない。

しかし輝度や輪郭によって一貫したメッセージが伝えられる場合、私たちはそのメッセージを、適応的行動を導くよう仕立てられた、三次元の形という言語へと解読する。たとえば球を見ることで、つかみ方やよけ方を知る。リンゴを見れば、つかんで食べると適応度を高められることを、また、ヒョウを見れば、それと同じことをするのは賢明でないことを知るのだ。

要するに、私たちはあらかじめ存在している物体が持つ真の三次元の形を回復するのではない。そもそも、そのような物体は存在しない。そうではなく、コード化言語としてたまたま三次元の形が用いられる適応度メッセージを回復しているのである。

適応度メッセージを解読するために人間の視覚が用いている規則がひとたびわかれば、私たちはこの規則を利用して、自分の望みのメッセージを送れるようになる。ジーンズについて考えてみよう。ジーンズは、すり切れの模倣を意図して、手でやすりをかけたりレーザーでエッチングしたりすることで仕上げが施されることがよくある。仕上げには、図16の円に見られるような、三次元の形に関するメッセージを伝える輝度の勾配がともなう。またジーンズには、ポケットや縫い目やヨーク［切り替え布］などの曲線状の輪郭が見られる。図16の円の曲線のように、それらの曲線状の輪郭は三次元の形に関するメッセージを伝える。ダレン・ペシェクと私は、曲線や仕上げを注意深く配置することで、形に対する知覚を操作して別の適応度メッセージ、すなわちそのジーンズを穿く身体が魅力的であることを示すメ

図17：ジーンズで身体を強調する。左側が平坦に見えるのに対し、右側は筋肉に張りがあり魅力的に見える。この差は、奥行きに対する視覚的な手がかりの注意深い使用に起因する。©DONALD HOFFMAN

ッセージを伝えられることを発見した。この研究は、「Body Optics™」と呼ばれる新たなタイプの衣類の考案につながった。[*26] 衣類は化粧と同様、いくばくかの罪のないうそとともに、用意周到に作られた適応度メッセージを伝えることができるのだ。

この事実は、図17に示されたジーンズを見ればよくわかる（同じ図は、カラー図版の図Aとしてカラーで見ることができる［以下の同様な注については（カラー図版B - K）と訳す］）。左側の部分の作りと仕上げは標準的なものだが、右側の部分は、筋肉に張りがある魅力的な身体というメッセージを伝えるべく注意深くデザインされている。左側が平坦に見えるのに対し、右側は筋肉が張り格好よく見える。ジーンズを穿いているのは一人だが、見かけの形状と魅力の度合いにおいて両側は互いに著しく異なる。

本章のまとめをしよう。時空は生命が誕生するはるか以前から設定されていた古来の劇場なのではなく、適応度利得を追跡し捉えるために、私たちがたった今作り出したデータ構造なのである。またリンゴや惑星などの物体は、意識が登場するはるか以前から置かれていた古来の小道具なのではなく、それらも私たちが作り出したデータ構造なのだ。そしてリンゴの形は適応度利得を記述するコードであり、食べるために私がとるべき行動を示唆している。さらに言えば、私とリンゴの距離は、そばに行ってつかむのに要するエネルギーをコード化している。

私たちは時空を膨張させ、注意深く作り出された形を持つ物体を構築する。しかし、私たちはそれらの形に色をつけたり肌理を加えたりして装飾する。なぜか？　なぜなら、色や肌理は適応度に関する不可欠のデータをコード化するからだ。それについては次章で検討する。

第8章　ポリクローム　インターフェースの突然変異

「意味に汚されず、特定の形態に結びついていない単純な色は、千の異なる方法で魂に話しかけることができる」
——オスカー・ワイルド『芸術家としての批評家』

色は多くを語る。適応度利得を示す無数のメッセージを導き、そのそれぞれに対して適応的な反応を引き起こす。色は適応度を開示する窓であると同時に、牢獄でもある。一度も見たことのない色を思い浮かべられるか試してみよう。私には何も思い浮かべることができない。私は見ていないが、他の人々や動物は見ている色はあるはずだが、四次元空間を想像できないのと同じように、私はその一つでも具体的に思い浮かべることができない。このように、色は他の知覚と同様、窓でもあれば牢獄でもある。

色は適応度を開示する窓として完璧なものではない。生殖するのに十分な程度に長く生きていられるようにしてくれる行動を導けば、それでよいのだ。また色は他の知覚と同様、適応度利得の複雑さを必要最小限のデータへと圧縮する。

どんな窓にも枠がある。人間の目は、およそ四〇〇ナノメートルから七〇〇ナノメートルの範囲の波長を持つ光しか見ることができない。これは電磁スペクトル全体のほんの一部でしかなく、データの圧縮というより削除と言えよう。その小さな色の窓の外側には、適応度に関する大量のデータが伏在しているが、私たちは危険を承知でそれらを捨てているのだ。それには私たちを料理できるマイクロ波、燃やせる紫外線、がんを引き起こせるX線などが含まれる。私たちが見ていないものは、ときに私たちを殺すことがある。だが通常は、子どもを生み育てたあとでのことだ。したがって自然選択は、まれにしか生殖の機会を奪うことのない、その種の危険に対して私たちを盲目かつ脆弱にした。知覚は私たちに適応度について教えてくれるが、それによって示されるものは真正でも完全でもない。つまり私たちが利己的に望むほど多くは教えてくれず、子どもを生み育てるのには十分ながら、百歳まで闊達に生きられるほどではない程度に教えてくれるにすぎない。

私たちが見ることのできる狭い波長の範囲内でも、情報は豊富に存在する。それでも私たちは目の小さな領域が扱う四つの数値へと、それを容赦なく圧縮する。四つの数値のうちの三つは錐体細胞と呼ばれる光受容体に由来し、それにはL、M、Sの三種類がある。残りの一つは、桿体《かんたい》細胞と呼ばれる光受容体に由来する。[*1] 光受容体がデータを圧縮する様態は、図18（カラー図版B）に示すとおりである。

カラー図版では赤で示されている曲線Lについて考えてみよう。この曲線は、L錐体が光のさまざまな波長に対して持つ感度を示している。ある光子がおよそ五六〇ナノメートルの波長を持つ場合（赤い曲線の頂点の近く）、L錐体がその光子をとらえシグナルを送る可能性は、四六〇ナノメートルの波長を持つ光子（赤い曲線の底部の近く）に比べて非常に高い。

同様にM錐体は、五三〇ナノメートル付近の、S錐体は四二〇ナノメートル付近の波長にもっとも鋭敏である。L、M、Sから成る三つの錐体細胞は人間の色覚に不可欠のもので、おもに明るい光のもとで有効に機能する。Rと表記された破線の曲線は、薄暗い明りのもとでの陰影の視覚を媒介する桿体細胞の感度を示している。桿体細胞の全体的な感度は錐体細胞よりもかなり高く、だから薄暗い明りのも

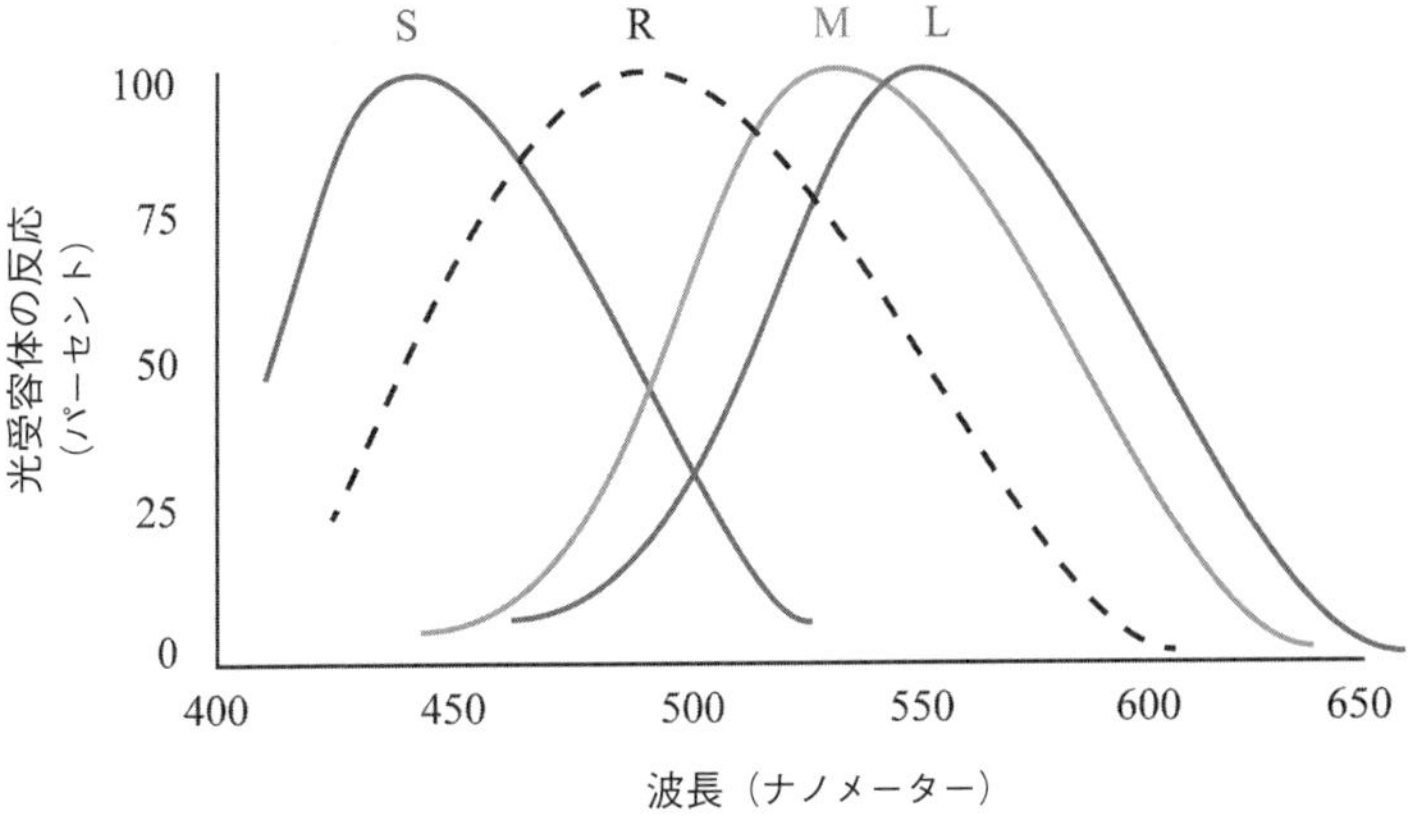

図18：目の網膜の三種類の錐体細胞（L、M、S）の感度曲線。弱い光に対する視覚を媒介する桿体細胞の感度は「R」と表記された曲線で示されている。
©DONALD HOFFMAN

とても機能するのである。

それらは大規模な圧縮データであり、私たちは狭い波長の範囲の外に位置する光子を無視し、図18にあるように網膜に達したわずかな光子を四つのフィルターを通してさらに切り詰める。

人間の目は七〇〇万個の錐体細胞と一二〇万個の桿体細胞を持ち、それらのおのおのが圧縮された情報を伝達する。次に目の神経回路はそれを一〇〇万のシグナルに削減し、脳に伝える。それから脳はエラー訂正を実行し、行動に役立てられる適応度情報を解読しなければならない。

図19（カラー図版C）の五輪を見れば、視覚系による消去エラーの訂正を実地に体験することができる。五つの輪は、黒い円とその内側に隣接するカラーの円から成る。輪の内部は白い。この図を見ると、視覚系はエラーを検知する。つまり、輪の内側の色が、元来円の内部全体を満たしていたと仮定し、色を注入することでこの消去を是正しようとする。だから、青、オレンジ、灰色、緑、赤でうっすらと満たされた円が見えるのだ。その効

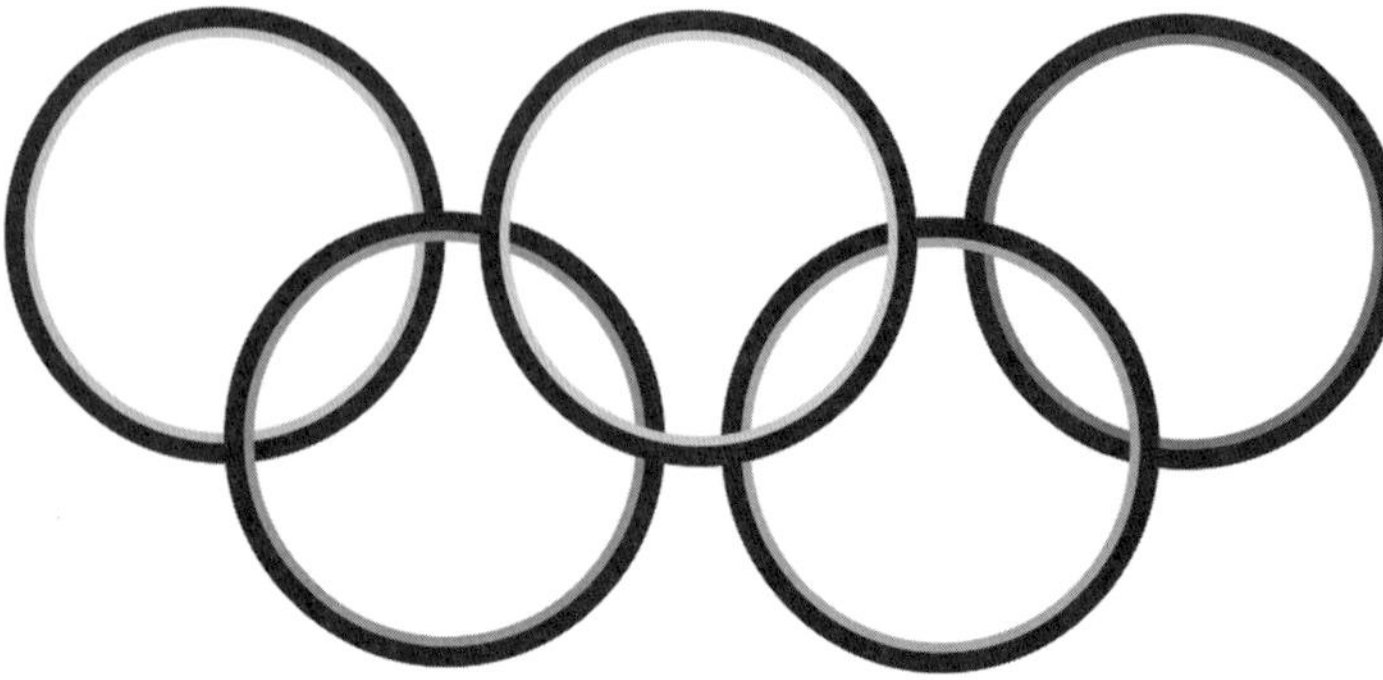

図19：五輪錯視。おのおのの輪を満たす色は錯覚である。視覚系は消去エラーを訂正するためにそれを生み出している。©DONALD HOFFMAN

果は、少しばかり図の側方へと目を向けたとき最大になる。古い世界地図は、この「水彩錯視」の効果を利用して各国を異なる色で塗り分けていた。[*2]

　また図20（カラー図版D）で示されるネオン色拡散の錯視によっても、視覚系による色のエラー訂正を実地に体験することができる。[*3] 左の図には、弧の一部が青く塗られた黒い円が描かれている。円と円のあいだは白い。ところが視覚系は、透き通った青い正方形が消去されたものと仮定し、その空間を明確な縁《へり》で画された青く輝く正方形で満たすことでこのエラーを訂正する。円を覆ってみれば、青い輝きが消えて正方形が錯覚であることを確認できる。

　このようなエラー訂正と色の解読は、視覚科学者が現在も懸命に解明しようとしている高度なロジックに従う。図20の右の図は左の図とほぼ同じだが、青い小さな円が加えられているところのみ異なる。右の図は左の図より青い曲線が多いにもかかわらず、視覚系は青い正方形が消去されたとは仮定せず、したがって輝く正方形を描くことがない。

　この例で視覚系が駆使するロジックは、幾何学や確率に関連

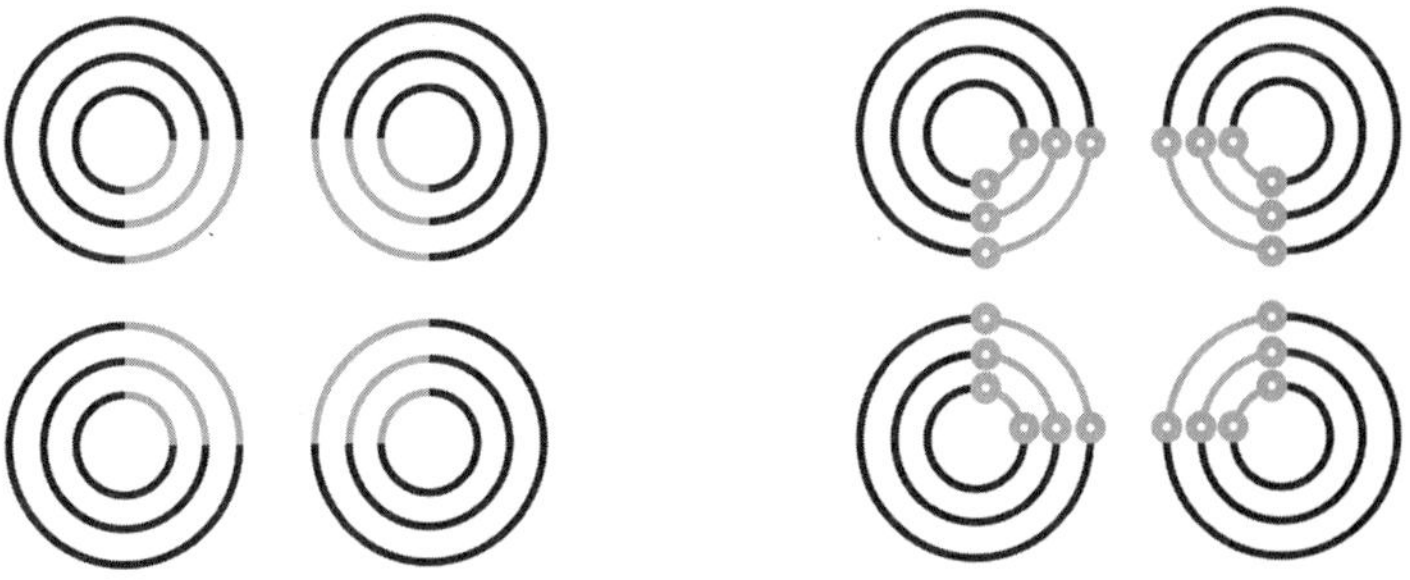

図20：ネオン色拡散の錯視。青く輝く正方形は錯覚である。視覚系は消去エラーを訂正するためにそれを生み出している。©DONALD HOFFMAN

する高度な推論を動員しているように思われる。青く透き通った正方形が右の図の大きな円や小さな円から成るパターンのすぐ上に浮いていたなら、その正方形の縁は複数の小さな円で構成される縁と完全に揃って見えるはずである。だがそのような右の図の見えは、ある一つの特殊な「非一般的」視点から正方形や円が見られた場合にのみ生じる。その視点が少しでも変わると、青い正方形と小さな円の揃いは失われるだろう。「一般的」視点を要請するこのロジックは、色や幾何に関するインターフェース言語の内部における、適応度情報の解読とエラー訂正に用いられる主たる原理であるように思われる〔適応度情報の解読とエラー訂正に基づく錯視が成立するには一般的視点が要請されるが、青い正方形と円の縁の重なりを見ようとすればそれに特化した非一般的見方をとらなければならないため、右の図では青い正方形が見えてこないということ（著者に確認済）〕。情報を解読するとき、確率の低い解釈は捨てられるのだ。[*4]

　適応度メッセージを解読しそのエラーを訂正する過程で、視覚系はときに、物体と色と動きを統合する複雑なアイコンを構築する。図21（カラー図版E）は、オンラインで見ることのできる動画から二フレームを抽出したものである。[*5] 各フレームには多数のドットが含まれ、フ

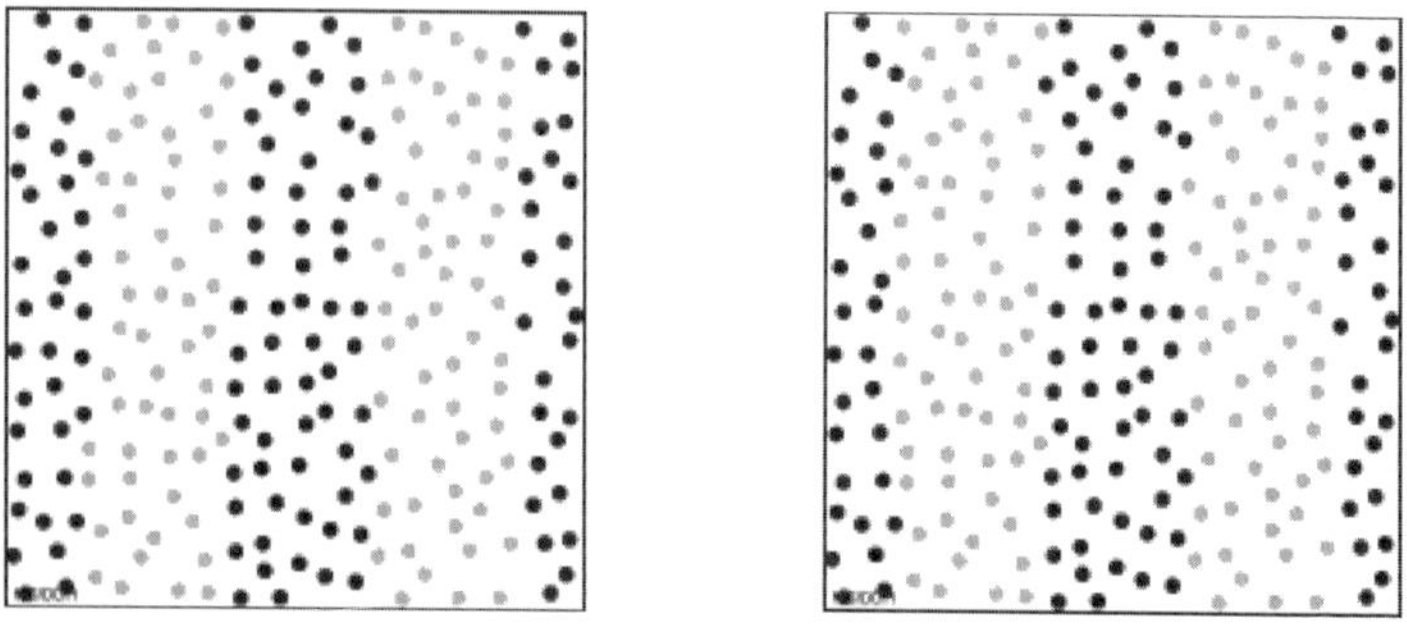

図21：ドットの動きを映した動画［巻末注5参照］から抽出した二つのフレーム。これらのフレームを動画で見ると、視覚系は明確な縁を持ち左へ移動する青い帯を生み出す。©DONALD HOFFMAN

レームが変わってもその位置は変わらない。ただしフレーム間で、黒から青、もしくは青から黒へと色が変化するドットがいくつかある。しかし各フレームが連続する動画で見ると、黒いドットの背景の上を、明確な縁を持つ青い帯が左へ移動していく様子が見える。[*6] このとき視覚系は、消去の訂正を行なって、青いドットのあいだの白い空間を透き通った青い表面で満たしている。さらに、もう一度消去の訂正を行なって、この青い表面を明確に区切っている。かくして視覚系は、縁と青い表面を結びつけて、透き通った帯という、一つの物体を作り出し、それに左方向の動きをつけ加えている。そしてこのプロセスが終了した時点で、適応度メッセージを形、位置、色、動きを持つ物体というインターフェース言語へと解読し、それによって自分の次の行動を導くのだ。

　複雑な形は複雑な行動を導く。図22（カラー図版F）のジョゼフの帽子について考えてみよう。視覚系は、三次元空間で起伏する帽子の頭部と縁の複雑な形を解読する。その結果、縁の部分をつかむためには手を特定の握りと方向に、また頭部をつかむためにはそれとは別の握りと方向に合わせなければならないことがわかる。さらには頭部より縁の部分のほうが、帽子の形を崩さずに

図22：ジョゼフの帽子の錯覚。帽子の左側の茶色の長方形は、前面の黄色い長方形と同じ色で塗られている。©DONALD HOFFMAN

しっかりとつかめることがわかる。このように帽子とは、その複雑な形が適応的行動をとるために不可欠な情報をコード化する、私たちが持つインターフェースのアイコンなのである。

そもそも手それ自体が、実在ではなくインターフェースのアイコンである。したがって帽子の形と同様、手の形も解読しなければならない。私たちは、客観的な世界が実際にはいかなるものなのかを知らない。よって私たちが帽子をつかむとき、客観的な世界のなかで自分が実際に何をしているのかは、正確にはわからない。私たちにわかることと言えば、実際に何をしていようとも、私たちのインターフェースは三次元の手が三次元の帽子をつかむ様子を見せてくれるということだけである。帽子と手、そして手で帽子をつかむことは、圧縮されエラー訂正フォーマットでコード化された適応度メッセージを構成し、私たちはそれを三次元の空間として知覚する。私たちの身体もアイコンであり、私の知らない複雑な実在を隠蔽している。私は、自分のリアルな行動がいかなるものであるかを知らない［自分の行動が、客観的な実在の世界でいかなる形態で現れているのかはわからない」。私にわかることと言えば、自分の身体を表すアイコンが、自分のインターフェースの内部で他のアイコンといかに相互作用しているように見えるかだけである。

ジョゼフの帽子はさまざまな色で塗られているが、私たちはそれらを表面や光として解読する。たとえば帽子の左側面にある茶色に見える長方形を、直接光を受けている茶色の表面として、また、前面の黄色に見える長方形を、影がかかった黄色の表面として解釈する。あるいは、これら二つの長方形を同じ色として見ることもできる。二つの長方形以外の部分を手で隠してみればよい。そうすればどちらも同じ茶色に見えるはずだ（実のところ、私はこの画像を作り出す際、フォトショップのペイントツールを用いて、二つの長方形の内部のピクセルが同じ色になるよう描いた）。かくしてこのイメージは、二つの対立する方法で解読することができる。二つの長方形を、一方は同じ茶色をしたものとして、他方は異なる色をしたものとして解釈できるのだ。どちらも実在を描いているのではない。それらは適応度メッセージにすぎない。文脈が異なれば、解読されるメッセージも異なる。

ジョゼフの帽子は、その形と色が適応度利得の確保に役立つ一つのアイコンである。その記述は網羅的なものではなく、その瞬間に自分が必要としていることのみを伝えてくれる。たとえば帽子の形は、つかみ方や、外界から身を守るためには頭の上にどうやって乗せればよいのかを教えてくれる。またそれは帽子というカテゴリーに分類され、その事実によって「帽子は咬みつかない」「食べられない」「走ったりしない」「日光や寒さから私たちを守ってくれる」などの、適応度に関する有用な手がかりを得ることができる。それに対してヘビのような異なるカテゴリーに属するアイコンは、「ヘビは咬みつく」

「食べられる」「走りはしないがすばやく這う」「日光や寒さから私たちを守ってくれない」など、帽子というカテゴリーに属するアイコンとは異なる手がかりを与えてくれる。ヘビをつかむよう強制されれば、その形は帽子をつかむときとは異なる握り方をするよう教えてくれるだろう。

ここまで論じてきたように、「物体は適応度利得を記述する一時的なデータ構造にすぎない」とする考えは、「物体は実在の構成要素をなし、視覚の目的は形などの真の物理的性質を見積もることにある」という、現在でも視覚科学の標準とされている考えとは鋭く対立する。またそれは、「物体との相互作用は、そのリアルな性質に対する推論的ではない直接的なアクセスを私たちに与えてくれる」とする主張とも対立する。

これらの対立は根本的なものである。ＩＴＰの主張によれば、空間と時間は実在の本質的な側面ではなく、適応度メッセージを記述するためのデータフォーマット、言い換えれば適応度メッセージを圧縮し、そのエラーを訂正するために進化したフォーマットにすぎない。また時空の内部に存在する物体は、実在の持つ諸側面ではなく、ホモ・サピエンスのニーズに特化したアイコンのフォーマットでコード化された適応度メッセージにすぎない。次の点は特に指摘しておきたい。私たちの身体は実在の持つ一側面などではなく、また、私たちの行動は時空の内部にあらかじめ存在する物体への直接的なアクセスを与えてくれるわけではない。そうではなく、私たちの身体は人類に特化したフォーマットでアイコンとしてコード化された適応度メッセージなのである。自分を空間の内部に存在し、時間が経過しても存続するものとして知覚するとき、実のところ私たちは、自分のデータ構造の内部のアイコンとして自分自身を見ているのである。

人間の感覚は、経験という言語で適応度利得をコード化するべく進化してきた。この言語には、情動の経験が含まれる。怒り、恐れ、不信、嫌悪から愛情、喜び、平安、至福に至るまで、私たちの持つ情動の種類は、きわめて豊かだ。特定の色が特定の情動を引き起こす場合があり、色彩心理学と呼ばれる科学はその可能性を探究している。*7 とりあえず次のような結びつきが見出されている。

赤：強い欲望、力、空腹、興奮
黄：嫉妬、幸福
オレンジ：快適、暖かさ、愉快
緑：羨望、調和、趣味のよさ
青：自信、質、男性性
ピンク：誠実、洗練、女性性
紫：力、権威
茶：強靭さ
黒：悲しみ、恐れ、洗練、高価さ
白：純粋さ、誠実、幸福

この一覧は大雑把なものである。たとえば赤にも多くの色調があり、そのおのおのが独自の色相、彩度、輝度を持つ。消防車の赤は、ブルゴーニュ・ワインの赤とはまったく異なって感じられる。色によって喚起される情動も、間違いなくその独自の色調に依存する。

また引き起こされる情動は、視覚的文脈にも依存する。図22（カラー図版F）のジョゼフの帽子の左側面に描かれている茶色は、「Opaque Couché」と呼ばれる、緑がかった茶色の色相と彩度を持ち、数千人のオーストラリア人の投票で、世界一醜い色に選ばれている。前面の区画は黄色く見えるが、黄色は世界一醜い色ではない。二つの区画のピクセルは同じ色座標を持つにもかかわらず、視覚的な文脈が変わると異なる情動反応が引き起こされるのだ。

引き起こされる情動は、文化に依存する場合もある。スペインの闘牛士がまとう衣装に頻繁に見られる赤は、アメリカ人のほとんどが感じることのない、スリルに満ちた興奮や愛国的な誇りなどの情動をスペイン人に引き起こす。情動は個人の経験の特異性にも依存する。アシダカグモ（バナナ・スパイダー）の呈する黄色い色調によって、特異な恐れの情動が引き起こされるクモ恐怖症者もいる。

色の微妙《ニュアンス》な差異によって、適応度を高める行動を導く、それぞれが微妙に異なる情動が喚起されうる。情動を持たない植物でさえ、色の微妙な差異を用いてさまざまな適応的行動を導いている。成長の先端部に、青い光を検知し空に向かう成長を導く光受容体を備えている植物種がある。[*8] そのような植物は、私たちが獲物の動物を狩るように、青い光子を追跡することで光を狩るのだ。

ある種の植物の葉は、赤い光に鋭敏に反応する光受容体を持つ。それらの植物は、赤い光をとらえると朝がやって来たことを「知り」、やがてより深みのある赤を帯びた光をとらえたときには夕方になったことを知る。かくして夜の長さを、そしてそれゆえ季節を知り、開花などの活動が導かれる。確かに植物の「知識」は限られており、簡単に騙される。花卉《かき》栽培業者は真夜中に赤い光を浴びせて、母の日に開花が間に合うよう植物を騙すことがある。しかも、たった一枚の葉に赤い光を浴びせるだけで十分なのだ。[*9]

ほとんどの植物は、日々の葉の開閉など、概日リズムを調節する青色光受容体を備えている。クリプトクロムと呼ばれるこの光受容体は、人間を含めた動物の概日リズムを調節している受容体と同じものである。これは、光に向かって育つよう植物がその先端部に備える光受容体フォトトロピンとは異なる。植物は「時差ぼけ」になることさえある。青い光を受けられる時間を人為的に変えると、植物がその状況に適応し、再び光と同期して葉の開閉を行なえるようになるまで数日かかる。[*10]

豊かな光受容体を誇る植物もある。「はじめに」で述べたように、ノハラガラシに似た小さな雑草シロイヌナズナは、一一種類の、すなわち人間の倍以上の種類の光受容体を備えている。[*11]

しかしそのシロイヌナズナも、少なくとも二〇億年前、もっとも古く見積もった場合には三五億年前には地球上に生息し、動物の進化を可能にする大気中の酸素を生成していた、原始的なシアノバクテリアにはかなわない。光を集めるために身体全体をレンズとして用いているシアノバクテリアも存在する。

Fremyella diplosiphon と呼ばれるシアノバクテリアの一種は二七種類の光受容体を備え、それを利用してさまざまな色の光を、仕組みはよくわかっていないが巧みに取り込んでいる。[*12]

色の知覚は進化的に深い起源を持ち、色の識別は、数百万の生物種が生存に不可欠の適応度メッセージを解読するために用いている強力なツールである。色が私たちの情動にしっかりと組み込まれているのは、まったく不思議ではない。しかし色と情動のあいだの正確な結びつきに関する私たちの理解は非常に浅く、先にあげた色と情動の結びつきの一覧は、実験による検証を必要とする。

一例をあげよう。ステファン・パーマーとカレン・シュロスによれば、人は、淡水の青のような自分の好む物体に関連する色を気に入り、大便の茶色のような嫌悪を催すものに関連する色を忌避する。[*13] このような色と物体の関連づけは、進化の過程で悠久の時を超えて、数世紀をかけて文化によって、さらには数十年間の個人的経験によって形作られる。二人の発見によれば、色の選好は、その色がどんな物体を想起させるか、そして思い起こした物体の色にどれくらい近いか、さらには各物体に対する情動的な反応に依存する。この結果は有望な出発点になろう。

とはいえ、それは出発点にすぎない。人間の目は、一〇〇〇万種類の色を識別する能力を持つ。パーマーとシュロスの実験のように、単色の区画に対する注意に限っても、探究すべき色と情動の結びつきは無数にある。単色の区画などというものは、自然界にはまれにしか見られない。頻繁に見られるのは、「クロマチュア」と呼ばれる色と肌理の結びつきだ。この結びつきは豊かな構造を持ち、適応度に関するデータを多量にコード化し、より繊細な反応を引き起こすことができる。[*14]

たとえば図23（カラー図版G）では、四つの緑のクロマチュアは、平均すると互いに類似する緑を呈しているが、肌理の差によって、見る者に異なった反応を引き起こす。緑のブロッコリはおいしそうに見え（ブロッコリが好物なら）、緑のイチゴはとても食べられないように見える。緑の肉に至っては、嫌悪を催させる。肌理のない平板な緑の正方形は、その種の繊細な情動的効果を持たない。同様に四つの赤いクロマチュアは、互いに類似する赤を呈しているが、肌理が異なるためにおのおのが独自の情動的反応を喚起する。

私たちは、一〇〇〇万種類の色を識別する卓越した能力を持つが、この数は識別可能なクロマチュア

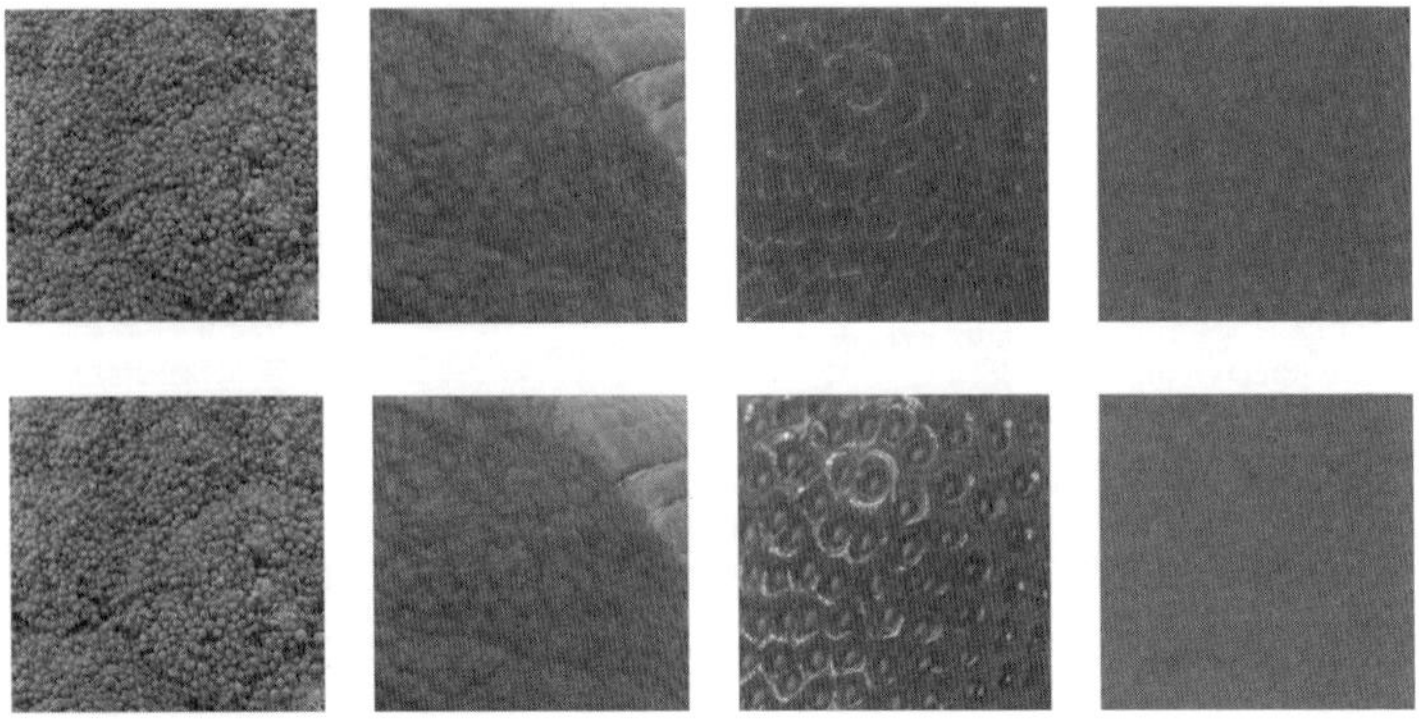

図23：八種類のクロマチュア。クロマチュアは、特定の情動を喚起する点において単色の区画より多様である。©DONALD HOFFMAN

の数に比べるとまさに色あせてくる。たった二五個のピクセルから成る正方形の画像は、観察可能な宇宙全体の粒子の総数より多い種類のクロマチュアを表現することができる。[*15] このようにクロマチュアは、適応度メッセージを伝える豊かな媒体として機能する。そのことは、単色の言語では不可能な正確さで私たちの情動に雄弁に訴えかけてくる、前掲のクロマチュアの図版によって確認することができる。クロマチュアの雄弁さは、ブロッコリの表面の無数の突起やイチゴの滑らかさに見られるような、形に関する繊細な記述を含んでいる。そしてその記述は、つかむ、搾る、なでる、つねる、こする、そっと押す、（草を）はむ、噛む、さする、キスする、抱擁するなどの行動を喚起するよう巧妙に作られている。クロマチュアの雄弁さは、ざらざらする、毛が逆立つ、つやのある、突起した、擦れた、うぶ毛でおおわれた、弾力的な、毛深い、つるつるした、硬い、氷のような、ギザギザした、こぶのある、ぐにゃぐにゃした、湿った、しびれるような、とげだらけの、くぼみのある、ボロボロの、ちくちくする、滑る、すべすべした、こわばった、ひりひりする、油ぎった、ビロードのような、ウールのような、

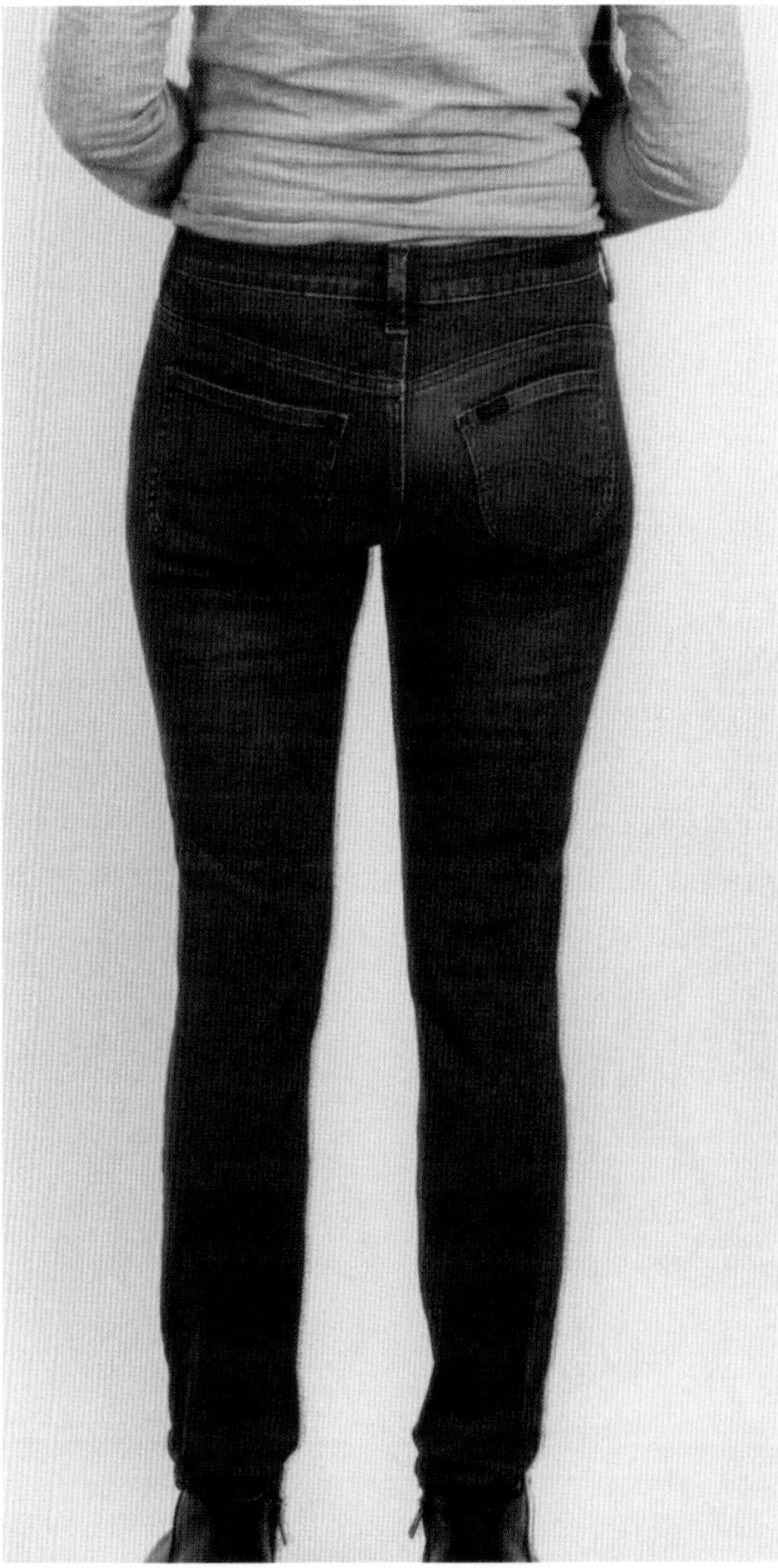

カラー図版Ａ　ジーンズで身体を強調する。左側が平坦に見えるのに対し、右側は筋肉に張りがあり魅力的に見える。この差は、奥行きに対する視覚的な手がかりの注意深い使用に起因する。©DONALD HOFFMAN

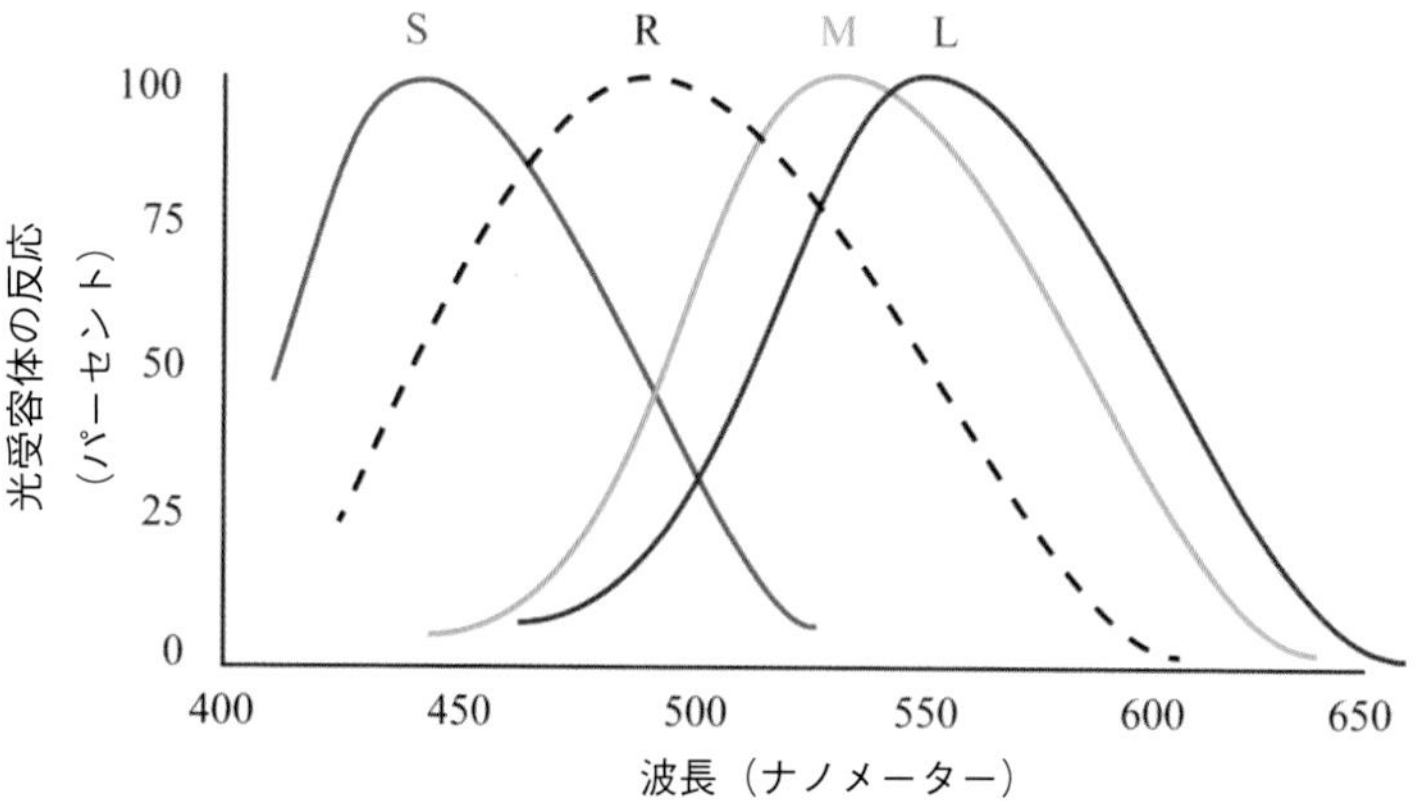

カラー図版Ｂ　目の網膜の三種類の錐体細胞（Ｌ、Ｍ、Ｓ）の感度曲線。弱い光に対する視覚を媒介する桿体細胞の感度は「Ｒ」と表記された曲線で示されている。©DONALD HOFFMAN

カラー図版Ｃ　五輪錯視。おのおのの輪を満たす色は錯覚である。視覚系は消去エラーを訂正するためにそれを生み出している。©DONALD HOFFMAN

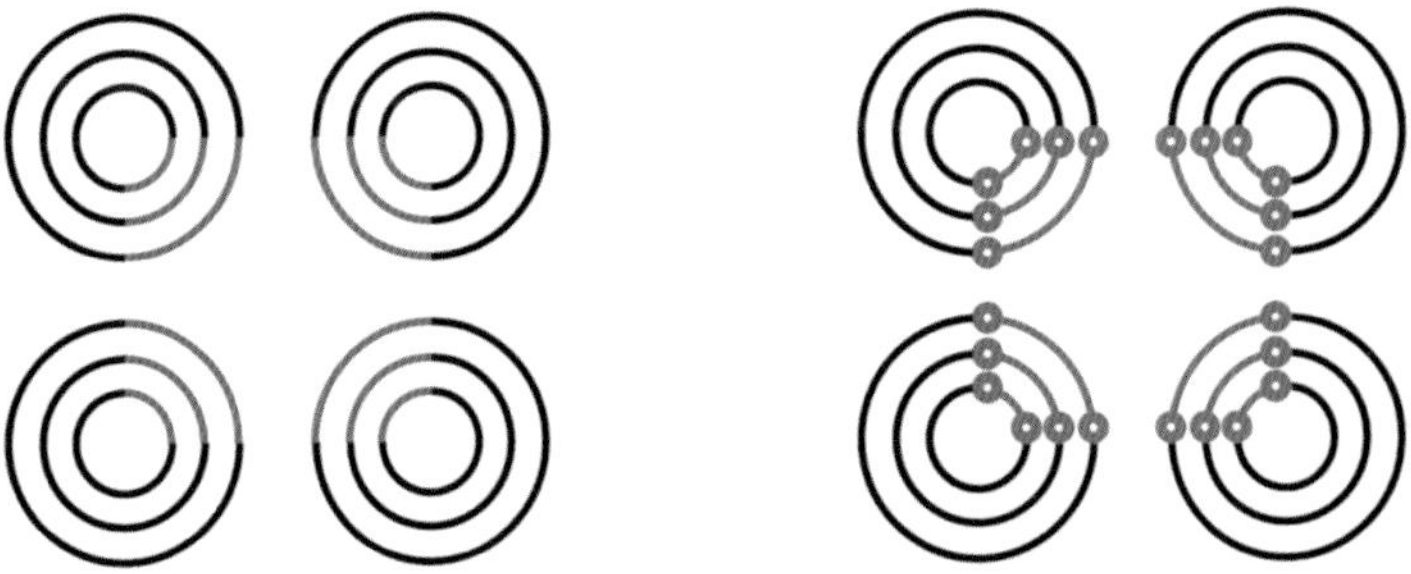

カラー図版D　ネオン色拡散の錯視。青く輝く正方形は錯覚である。視覚系は消去エラーを訂正するためにそれを生み出している。©DONALD HOFFMAN

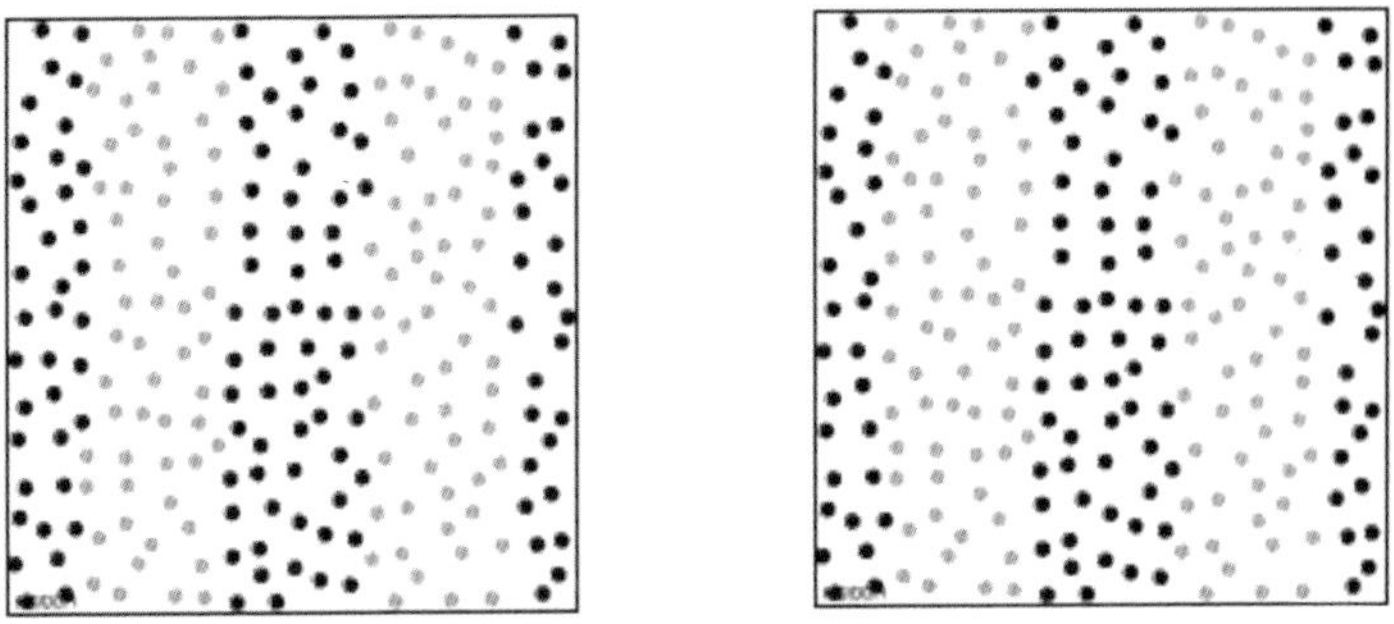

カラー図版E　ドットの動きを映した動画から抽出した二つのフレーム。これらのフレームを動画で見ると、視覚系は明確な縁を持ち左へ移動する青い帯を生み出す。©DONALD HOFFMAN

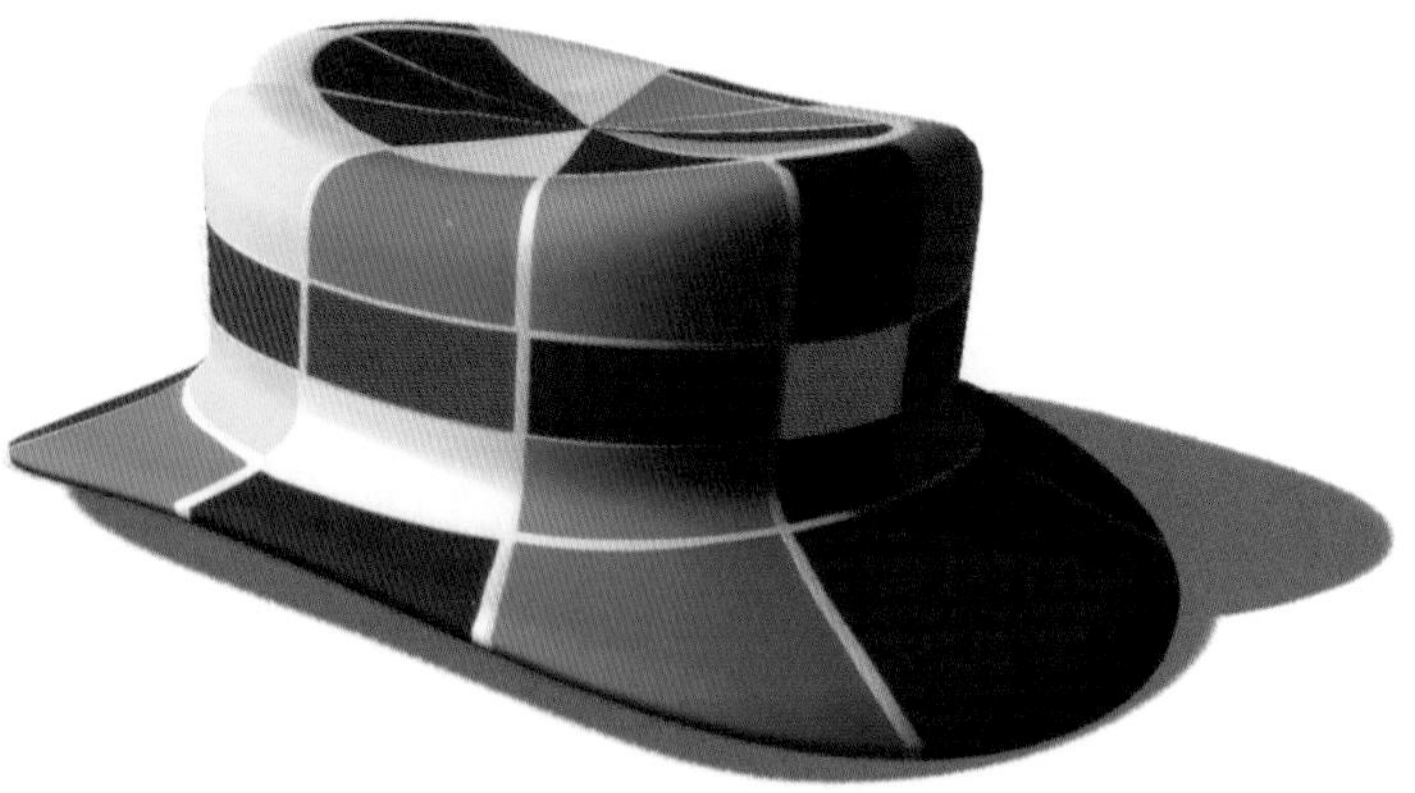

カラー図版Ｆ　ジョゼフの帽子の錯覚。帽子の左側の茶色の長方形は、前面の黄色い長方形と同じ色で塗られている。©DONALD HOFFMAN

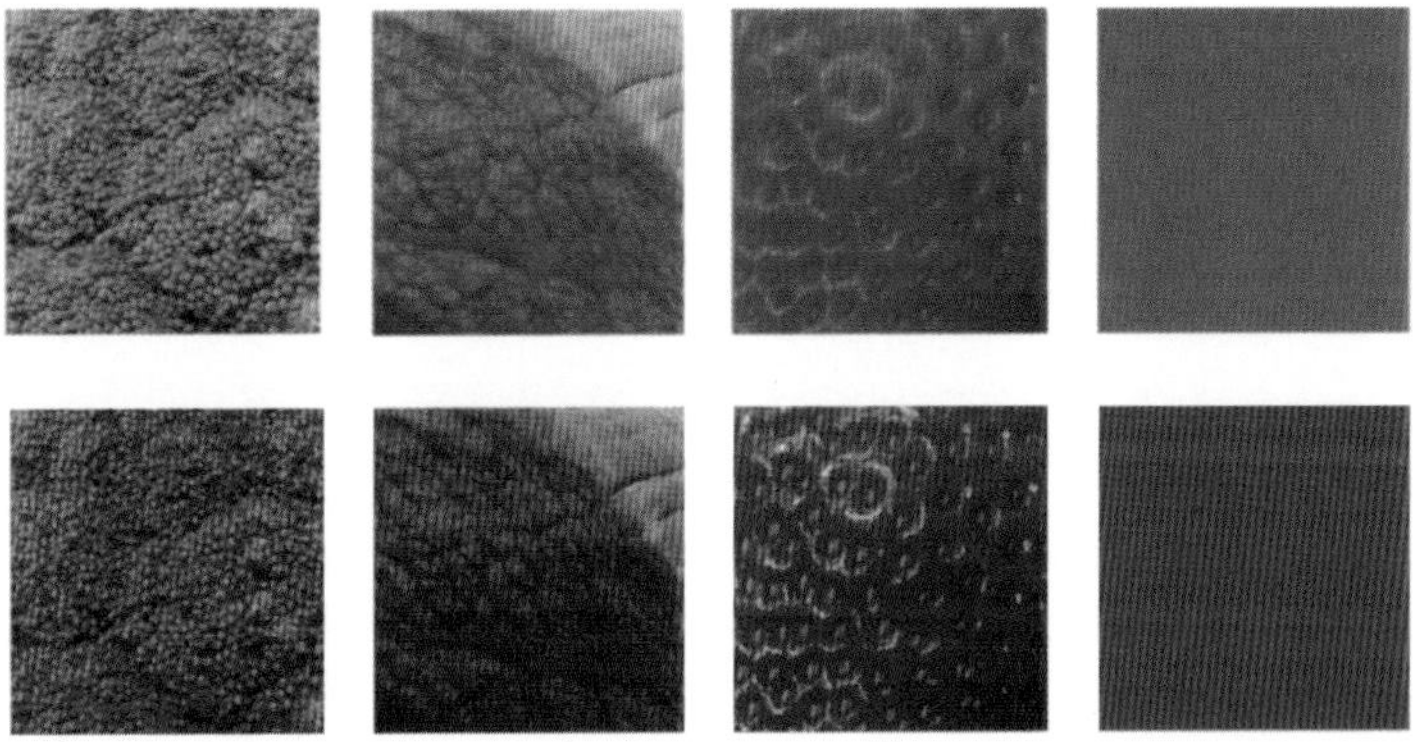

カラー図版G　八種類のクロマチュア。クロマチュアは、特定の情動を喚起する点において単色の区画より多様である。©DONALD HOFFMAN

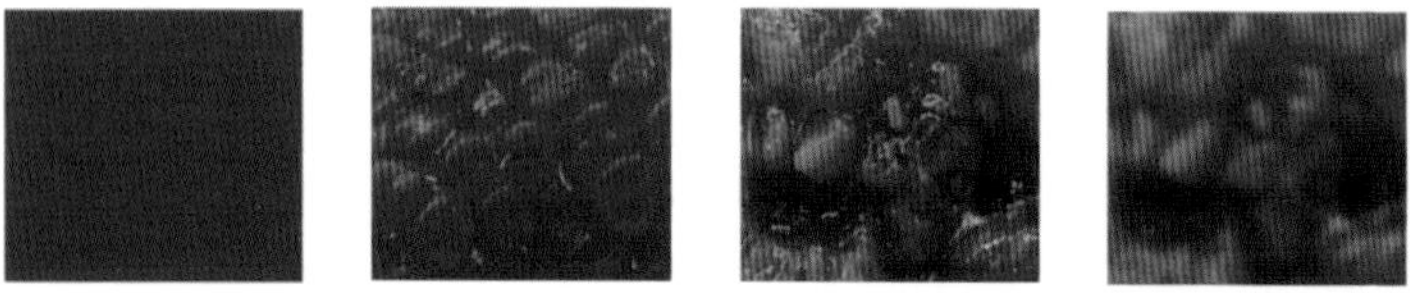

カラー図版H　四種類の赤いクロマチュア。赤は、肌理が妥当なものであった場合にのみ食欲を引き起こす。©DONALD HOFFMAN

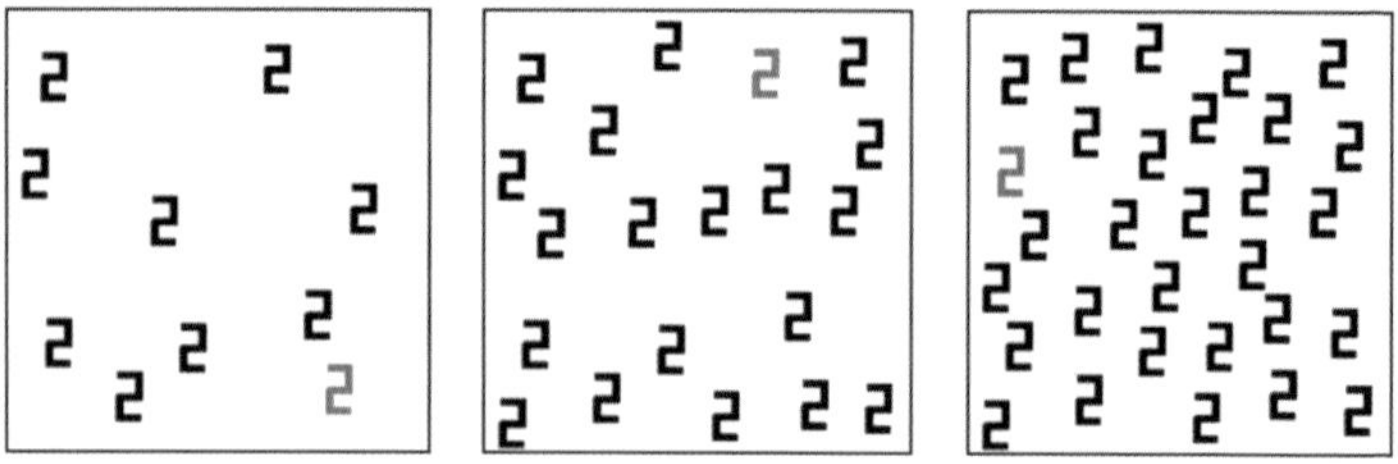

カラー図版I　色が飛び出して見える例。緑の2は、多数の黒い2に囲まれていてもすぐに見つかる。©DONALD HOFFMAN

カラー図版J　ある店のショーウインドー。このショーウインドーは、ブランド名や製品に関する情報を見つけにくくしている。©DONALD HOFFMAN

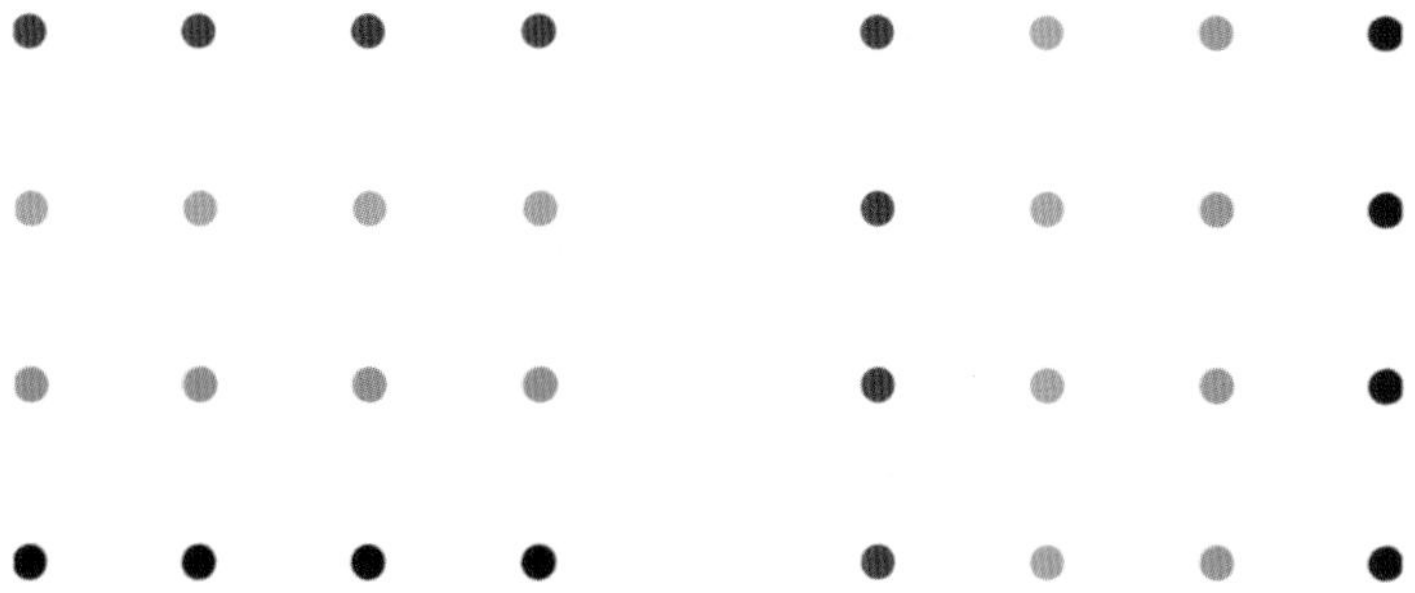

カラー図版K　色によるグループ化。左の図には水平のグループを、右の図には垂直のグループを見て取ることができる。©DONALD HOFFMAN

木のような、濡れた、しなやかななど、引き起こされた行動に対して指や唇が受けそうなフィードバックの予測へとさらに拡張される。

クロマチュアは実在、つまり誰も見ていなくても存在する物体の材質や表面について御託を並べるのではなく、適応度をかき集めるにあたっていかに行動すべきか、何が起こると予測されるかを私たちに教えてくれる。それは革新的な技術であり、人間固有のインターフェースの内部に提示される、圧縮された適応度利得の表現である。そして真実を隠蔽し、私たちが生き続けられるようにしてくれる。

多くの企業にとって、色はブランド戦略の中心をなす。そのことは、マクドナルド社の金色のアーチ、ターゲット社［アメリカの小売業者］の赤い二重丸、ツイッター社の青い鳥、スターバックス社の緑のセイレーンなどに見て取れる。このように企業は、大金をはたいて自社の色を選び、宣伝し、守っているのだ。携帯電話事業者のT－モバイル社は、マゼンタ色を用いたブランド戦略に多くの時間と資金を費やしてきた。AT&T社は、T－モバイル社と競合する子会社Aio Wireless社を設立した。Aio Wireless社は、店舗とマーケティングのためにT－モバイル社のマゼンタに似たプラム色を用いた。T－モバイル社に訴えられたAio社は、証人として専門家を雇った。この専門家は、プラム色とマゼンタ色のあいだには、並べて提示されたときに人間が識別できる限界値のおよそ二〇倍の大きな差があると正しく指摘し、よって商標権侵害にはあたらないと主張した。

T－モバイル社に専門家として雇われた私は、顧客がこれら二つの色を並べて見ることはめったになく、記憶をもとに識別しなければならないと指摘した。記憶をもとに比較する人間の能力はお粗末なものだ。プラム色とマゼンタ色の違いは、たまたま私たちの能力の限界付近に該当する。法廷はこの見解に同意し、二〇一四年二月にAio社に差し止め命令を出した。米地裁判事のリー・ローゼンタールは、次のように書いている。「T‐モバイル社は、Aio社によるプラム色の使用と、自社による類似のマゼンタ色の使用に消費者が混乱をきたし、Aio社がT‐モバイル社の関連会社、もしくは協力会社であると思い込む可能性を提起した」。またT‐モバイル社は、「裁定は、携帯端末の顧客が当社をマゼンタ色と結びつけてとらえており、当社によるマゼンタ色の使用が商標法によって保護されるとする当社の立場を法的に有効なものと認めた」という声明を発表している。

この訴訟が示すように、色は知的財産として扱われることがある。しかし、クロマチュアはそれよりはるかに貴重なものになりうる。色より情報量が多く、特定の情動の喚起を目的として、また特定の商品や文脈に合わせて作り出すことができる。

たとえば、赤は食欲を促進すると主張する色彩心理学者がいる。この主張はほんとうだろうか？図24（カラー図版H）について考えてみよう。最初の二枚の画像は食欲を促進するかもしれない。しかし、あとの二枚は嫌悪を催させるだろう。その差はクロマチュアに求められる。

伊村知子らの研究によれば、チンパンジーはクロマチュアを用いて、キャベツ、ホウレンソウ、イチゴなどの野菜や果物の新鮮さや望ましさを判別する。[*16] クロマチュアに細工をすれば、チンパンジーや人間の情動反応を操作できる。

人間の知覚は、私たちの行動を導き、子孫を残すのに十分なだけ長く生きられるようにするべく進化したユーザーインターフェースである。この事実をしっかりと把握し、「私たちは実在をありのままに見ている」とする概念的なくびきから脱すれば、私たちは人間のインターフェースを逆行分析して、そ

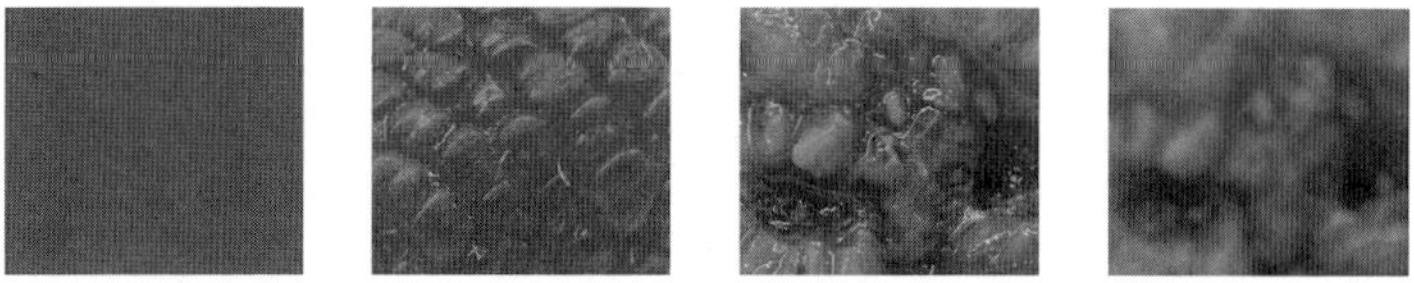

図24：四種類の赤いクロマチュア。赤は、肌理が妥当なものであった場合にのみ食欲を引き起こす。©DONALD HOFFMAN

れがいかに適応度情報をコード化し行動を導いているのかを理解し、たとえば特定の情動を喚起するクロマチュアを考案するなどして、かくして得た知見を実践的な問題の解決に応用することができるようになるだろう。

フーディーニ張りの脱出術を駆使して、概念的なくびきを脱するのは容易なことではない。複数の感覚が融合する共感覚について考えてみれば、この脱出の手助けになる。単なるインターフェースではなく実在を見ていると私たちが確信していられる理由の一つは、他者も自分とまったく同じように周囲を見ていると思い込んでいることだ。私が「テーブルの上にあるあの赤いトマトは、熟していて食べられる」と言えば、あなたは同意するだろう。このとき私はごく自然に、あなたの知覚が私の知覚、さらに言えば実在と同じであると仮定している。さもなければ、二人の見解は一致しないだろう。あなたが私に同意するのは、二人とも同じ実在をありのままに見ているからだ。そう考える。

しかし、あなたと私が口では同意したとしても、二人の知覚は劇的に異なっているかもしれない。人類の四パーセントは共感覚者であり、それ以外の人々とは大きく異なる知覚世界で生きている。[*17]

共感覚にはさまざまな種類がある。たとえば、音声によって独自の色が経験される共感覚が存在する。ウラジーミル・ナボコフは『記憶よ、語れ——自伝再訪』で、自分自身の「色のついた聴覚の事例」について次のように書いている。「英語のアルファベットの長く伸ばしたaは、（……）私にとっては風化した木材の色合いがある。しかしフランス語のaは、光沢のある黒檀を思い起こさせる。（……）qはkより茶色っぽく見える。sはcのライトブルーとは違って、空色と真珠の興味深い混合に見える」[*18]

私たちのほとんどが音声を聞くだけなのに対して、ナボコフは各音声を特定の色として、さらには「光沢のある黒檀」「空色と真珠の興味深い混合」などの表現が示すようにクロマチュアとして見るのである。

色やクロマチュアはさまざまな共感覚で顕現する。それらは音楽、印刷された文字や数字、曜日、月、情動、痛み、におい、味によって、さらには人の性格《パーソナリティー》によっても引き起こされる。「色字」共感覚者は、文字や数字に色を見る。Aが赤、Bが緑などといったように、アルファベット全文字に色を見るのである。

味覚・触覚共感覚では、味覚のおのおのに、手で触ったときに感じられる三次元の形状が結びつけられる。共感覚者マイケル・ワトソンは、スペアミントの経験について神経科学者リチャード・サイトウィックに次のように語っている。「丸い形を感じます。（……）また非常に冷たいので、その温度からして何らかのガラスや石材でできているに違いありません。すばらしいのは、その完璧な滑らかさです。（……）この感覚は、〈背の高いガラス製の円柱のようなものである〉としてしか説明のしようがありません」[*19]

ワトソンの他の味覚に対する経験も、スペアミントと同様非常に繊細なものである。一例をあげるとアンゴスチュラ・ビターズについて次のように述べている。「これは間違いなく生物の形をしています。全体にわたってマッシュルームのような弾力性があります。（……）それは短いつるから分岐した油っぽい葉のように感じられます。全体的な感覚で言えば、つり篭から乱雑に生い茂るつたといった感じがします」[20]

ワトソンの発言に注目されたい。彼はガラス製の円柱やつり篭から乱雑に生い茂るつたなどといった複雑な物体を、心とは独立した真正な物体としてではなく、単に味覚の性質を表す有用なデータ構造として知覚している。スペアミントはガラス製の円柱に似ても似つかないし、アンゴスチュラ・ビターズはつたにまったく似ていない。この事実は、「物体の知覚はあらかじめ存在している物体の真正な描写ではない」というITPの主張を例証する。知覚とは、適応度に関する不可欠の情報を、行動へと転換可能なフォーマットへと圧縮するにあたって必要とされるデータ構造なのである。ひとたび物体がその目的を果たせば、そのデータ構造が占めていたメモリ領域は解放《ガーベッジコレクト》され、次の一瞥によってとらえられる新たな物体《オブジェクト》のデータ構造の生成に使用される。ワトソンの共感覚についてよく考えてみれば、「あらかじめ存在している物体」という概念や、「私たちが経験している物体は、実在の世界に存在するリアルな物体の低解像度版である」とする信念のくびきから想像力を解き放つことができるだろう。

サイトウイックとデイヴィッド・イーグルマンのインタビューを受けた別の共感覚者で、音楽によって色のついた形が喚起される共感覚者デミ・サイモンは、次のように述べている。「音楽を聴いていると、色のついた線が動いているのが見えます。それは高さと幅のある金属性のものであることが多く、もっとも重要な点は奥行きがあることです。形はそれを聞くことと別ものではなく、その一部なのです。(……)それぞれの音の響きは、小さな金色の玉が落下するように感じます」[21]

アーティストのキャロル・スティーンは、いくつかの形態の共感覚を経験している。においは色の引き金になり、記号、言葉、音、触覚、痛みは色や形、さらには動きや場所から成る狂想曲《ラプソディー》を奏でる。彼女の共感覚では、創造的な視覚像が奔流のように次々に出現し、そこから彼女は絵や彫刻に関する霊感を汲み取っている。彼女によれば、「これらの輝かしい色の力動的な視覚像、つまり視覚性共感覚は、（……）直接的で生き生きしています」*22。そして共感覚経験の豊かさについて次のように語る。「形はこの上なく美しく、単純で純粋なものです。（……）私は一瞬のうちに一年分に匹敵する彫刻を見ているのです」

これらの共感覚による形や色は繊細でもありうる。スティーンは、一九九六年に『Ｃｙｔｏ』というタイトルの作品を制作している。この作品は共感覚経験で見た「Ｃｙｔｏ」という文字素の複雑な形やクロマチュアを模写した、高さ二〇センチメートルほどの緑青づけされた青銅製の像である。彼女の経験はあいまいな記憶や概念的な連想に基づくのではなく、具体的な遭遇、繊細な知覚だと言える。しかし彼女の緻密な彫刻でさえ、彼女自身が躍る形と述べるような、共感覚経験の動的な展開を省いている。

以上の例が示すように、共感覚経験の多くはあいまいな想像力や貧弱な概念化の産物などではなく、親指をハンマーで叩いたときと同じくらい直接的で説得力あふれる純然たる知覚なのである。スティーンは、ワトソンが語っているものと同じ重要なメッセージを伝えている点に留意されたい。『Ｃｙｔｏ』は、あらかじめ存在している物体の真正な知覚としてではなく、このケースで言えば特定の文字素を表現するための有用なデータ構造として、スティーンが緻密な三次元の物体を見ていることを例証する。

共感覚経験は時間が経過しても一貫している。たとえば、各文字や数字に対して特定の色を経験する色字共感覚者は、数週、それどころか数年を隔てて行なわれた複数の実験で同じ色を報告する。このような一貫性は、真の共感覚者と感覚的な結びつきを勝手にでっち上げているにすぎない人々を区別するための「真偽テスト」として用いられている。色字共感覚者には、一つの文字に複数の異なる色を見る人もいる。また、文字の明暗差《コントラスト》が縮小するにつれ、色の彩度も低下すると報告する色字共感覚者もいる。これらの事実も、色字共感覚の起源が概念的なものではなく知覚的なものであることを示す。

一九世紀にフランシス・ゴルトンが初めて述べたように共感覚は遺伝するが、文字Aを、親は赤いものとして、子どもは青いものとして見るなどといったように特定の結びつきが遺伝するのではない。さらに言えば、味覚に色を見る親の子どもが文字に色を見るなど、共感覚の対象になる感覚の種類も親子のあいだで異なりうる。このことは、アルファベットや数字などの文化的な構築物が関与する場合もあるとはいえ、共感覚の結びつきが単に家族内で教えられたものでなく、遺伝に影響されていることを示唆する。

その考えは、共感覚が、2q、16、そしてもしかすると5q、6p、12pとそれぞれ呼ばれる染色体上の遺伝子の影響を受けていることを示す遺伝的連鎖の研究によって裏づけられる。[*23] 現時点では確固たる結論を出すには時期尚早だが、一万九〇〇〇人の被験者が参加した実験で、おのおの異なる遺伝的起源を持つ五つの共感覚群《クラスター》が存在することが示されている。これらのクラスターは、イーグルマンらが、色のついた音楽、色のついたシーケンス（文字、数字、月、曜日など）、触覚や情動によって引き起こされる色、空間的に表示されたシーケンス、味覚などの非視覚的な刺激によって引き起こされる色として分類している。[*24]

それらの遺伝子は何をしているのか？　一つの可能性として、脳のさまざまな感覚領域間の神経結合を強化していることが考えられる。色字共感覚の例で言えば、認知神経科学者のヴィラヤヌル・ラマチャンドランとエドワード・ハバードは、色覚に関連する活動を行なっている紡錘状回内の皮質領域が、文字の知覚に関連する領域に隣接すると述べている。[*25] 彼らの主張によれば、共感覚者は非共感覚者より多くの神経結合に恵まれ、よってそれら二つの脳領域間の混信《クロストーク》がそれだけ多い可能性が考えられる。この予測は、認知神経科学者のロムケ・ロウとスティーヴン・ショルテが拡散テンソル画像を用いて行なった実験によって検証されている。[*26] 拡散テンソル画像とは、核磁気共鳴画像法と高度なアルゴリズムを用いて人間の被験者を対象に脳領域間の結合を測定する技術である。彼らは、「心の目」で色を見る「連想型」の共感覚者より、外界にあるものとして色を見る「投射型」の共感覚者のほうが、脳領域間の結合が強いことを発見した。また共感覚者においては、前頭葉の領域と頭頂葉の領域のあいだに、より強い結合が見られ、より弱い結合はいかなる皮質領域間にも見出されなかった。

共感覚は例外的なものではあれ、概して言えば病理的なものではない。事実、共感覚者には認知面で恩恵を受けている人もいる。たとえば共感覚的な結びつきには、記憶力を高めるものもある。心理学者ダニエル・スミレクらの研究に参加したある色字共感覚者は、非共感覚者より数字の羅列をうまく思い出すことができ、文字が印刷されている色が彼女の共感覚の色と一致した場合、記憶力はさらに向上した。[*27] 特異な才能を持つ自閉症者で、よく知られた著者、講演者でもあるダニエル・タメットは、一〇〇〇〇に至るすべての自然数のおのおのに独自の色、形、肌理を知覚し感じている。さらには、これらの共感覚的な結びつきを利用して、円周率を二万桁以上記憶しており、復唱できる。[*28] これはヨーロッパ記録だ。

共感覚者は知覚的な課題の遂行において非共感覚者に勝ることがある。マイケル・バニシーは、非共感覚者と比べた場合、共感覚的な色を見る共感覚者が色の判別に、また、共感覚的な触覚能力を持つ共感覚者が触覚の判別に長けていることを発見した。[*29] ジュリア・シムナーらは、シーケンス・空間共感覚者が、非共感覚者に比べて心のなかで三次元の物体を回転させ、他の物体とマッチするか否かを判別する能力に長けていることを見出した。[*30] ちなみにシーケンス・空間共感覚者は、数字、文字、曜日、月などのシーケンスを、空間内の特定の場所に位置する特定の視覚形態として見る。

私は共感覚能力の簡単な紹介を始めるにあたって、それを知ることで私たちが実在をありのままに見ているという信念のくびきから脱することができるはずだと述べた。共感覚に関するさまざまな事例によって、共感覚者は、適応的な行動を導き、私たちが持つものと同じくらいの鮮明さ、複雑さ、繊細さを持つ特異な知覚を享受していることが明らかになった。

わかっている範囲で言えば、マイケル・ワトソンの特異なインターフェースは、私たちのインターフェースより豊かで適応的である。彼のインターフェースは料理にも役立つ。リチャード・サイトウィックによれば、「彼はレシピを見ながら料理したことは一度もなく、〈興味深い形〉の料理を作ろうとする。砂糖は味を〈丸く〉し、シトラスは料理に〈とがり〉を与えるのだ[*31]」。ワトソンのインターフェースは、私たちのインターフェースと同様、動的である。彼の言葉を借りると、「味が変化するにつれ、形もその都度変わっていきます。(……)私はフランス料理が好きです。というのも、形が変化する様がとてもすばらしいからです[*32]」

私たちのインターフェースが真正であるのに対し、ワトソンのインターフェースは錯覚であると主張するなら、それにはまったく根拠がない。実のところ、どちらも真正なものでも錯覚でもなく、「何を食べるべきか？」など、生存が関わる決定を行なうにあたり適応的な指針を与えてくれる。ワトソン流のインターフェースが一般的でない理由は、真正な知覚の必要性のゆえではなく、進化の偶然のゆえにすぎない。すでに述べたように、数百万年前に起こった不運なできごとによって、すべての脊椎動物が、光を遮断したり散乱させたりするニューロンや血管の背後に光受容体が配置されるという、愚かな設計の目を持つに至った。頭足類はこの欠陥を免れ、より効率的なモデルを受け継いでいる。もしかすると何らかの災厄のせいで、私たちが持つ、食物の質を感じるインターフェースの性能が劣っているのに対し、幸運な突然変異の恩恵を受けたワトソンは、アップグレードされたインターフェースを持っているということなのかもしれない。将来、私たちの生存が高級フランス料理にかかってくるようになったなら、自然選択はワトソンが持つもののような共感覚を選好するだろう。そして未来の人々は、スペアミントを味わったときにガラス製の円柱を感じるようになるのかもしれない。[*33]

要するに、私たちは真の知覚や理想的な知覚を備えているのではなく、におい、味、色、形、音、触覚、情動など、限られた種類のフォーマットを持つ、十分に機能するインターフェースを受け継いだのだ。私たちのインターフェースは安価で迅速に機能し、そして子孫を生み育て遺伝子を受け渡すに十分な程度の適応度情報が得られるよう進化してきた。そのフォーマットは、実在の構造そのものではなく恣意的なものである。同等に、あるいはもっとうまく機能するフォーマット、すなわち別の知覚モードは無数に存在する。しかしまったく見たことがない色を思い浮かべることができないのと同じように、それらの未知の知覚モードを具体的に思い浮かべることはできない。ソナーを使って飛んでいるガをとらえるコウモリであるとはどのようなことか？ コウモリのソナーの働きを間一髪で妨害するガであるとはどのようなことか？[34] ビールビンと交尾しようとする甲虫であるとは、あるいは青銅製のバイソンの像と交尾しようとするヘラジカであるとはどのようなことか？ 一二種類の光受容体を持つ（六種類は紫外線を検知する）シャコ目であるとはどのようなことか？ その種の問いには答えようがない。進化という鋳掛け屋は、極上の形態で無数の知覚インターフェースを作り出せるが、私たちにとってそれらの大部分は想像すらできない。

進化は、ホモ・サピエンスの知覚インターフェースを細工することをやめたわけではない。二五人中一人いる共感覚者に何らかの形態の共感覚の恩恵を与えている遺伝子の変異は、そのプロセスの一つである点に間違いはない。それらの突然変異のなかには流布するものもある。進化の鋳掛けの多くは、色覚に焦点を絞っている。進化は、「私たちの知覚は真正でなければならない」とする狭隘な見方に挑戦状をたたきつける。というのも、無限の形態の感覚インターフェースを自由に探索し、適応度の獲得という私たちの果てしない努力を導く新たな手段をおりに触れて見つけ出すからだ。

第9章　精査　人生でもビジネスでも必要なものが手に入る

「心は、知覚されたものすべてに対して等しく注意を向けるのではない。心に顕現しても、何の影響を及ぼさないものに対してより、心に影響を及ぼし、心を変え、貫くものにはるかに多くを費やす」

――ニコラ・マルブランシュ『真理の探究』

私たちの感覚は真実ではなく適応度をかき集める。そして適応度利得をいかに見つけ、捕捉し、保つべきかに関するニュースを伝える。

私たちの感覚は適応度に焦点を絞ってはいても、情報の洪水に直面しなければならない。目は一億三〇〇〇万個の光受容体を持ち、毎秒数十億ビットの情報を集めている。[*1] 幸いにも、これらのビット情報のほとんどは冗長なものであり、ある受容体にとらえられる光子の数は、一般に近傍の受容体にとらえられる光子の数とほとんど変わらない。目の神経回路は、質の低下をほとんど招かずに、数十憶ビットの情報を数百万の単位に圧縮することができる。これは、画像の圧縮と同じである。次に目の神経回路は、数百万ビットの情報を、視神経を介して脳へと伝える。このデータの流れは、千倍に圧縮されてはいるものの、穏やかな小川のようなものではない。それは洪水であり、抑制されなければ視覚系を圧倒する。この洪水の抑制は、視覚的注意の仕事だ。目には毎秒数十億ビットの情報が入ってくる。しかし、視覚的注意を得ようとする競争に勝てるのは、そのうちの四〇ビットにすぎない。[*2]

図25：変化盲。二つの写真のあいだには三つの違いがある。©DONALD HOFFMAN

最初の数十億ビットから数百万ビットへの圧縮時には、情報はほとんど失われない。本の草稿をチェックして無駄な言葉を削除するようなものだ。しかし、最後の四〇ビットへの圧縮ではほぼすべてが失われる。一冊の本がオビの宣伝文になるようなものである。宣伝文は、適応度をかき集めるのに最低限必要な程度に簡潔かつ説得力がなければならない。これは、隅から隅まで色や肌理や形に関する無数の細部で詰まっているかのように見える視覚世界の経験に一致しないように思える。確かに私たちは、いわば見出しだけではなく、記事や社説や求人広告などすべてを見ているように思える。

しかし、経験は私たちを欺く。ドバイを写した二枚の写真（図25）を見てほしい。二枚の写真は、三つの大きな違いを除いて同一である。三つの違いを見つけてみよう。ほとんどの人は、相当に長い時間をかけなければならないはずだ。この現象は「変化盲」と呼ばれている。[*3] たまたま違いに気づくまでは探しまくらなければならないのに、ひとたび見つかるとそれを見ざるを得なくなるのだ。ネットにはたくさんの変化盲の例があがっている。それらを見れば、変化盲が人間の視覚の持つ重要かつ一般的な側面であることがわかるだろう。[*4]

ここでは何が起こっているのか？　視覚は適応度をかき集めようとす

るが、そのプロセス自体が適応的であるためには、無駄が削ぎ落とされ、決定にはわずかな資源の投下で済ませられるようでなければならない。メールボックスに大量のEメールが入ってくるのと同じようにして、目には無数の適応度メッセージが入ってくる。視覚系は、それらを全部読んで時間とエネルギーを浪費したりはしない。ほとんどをスパムとして扱い、ただちに削除するのだ。そしていくつかの貴重なメッセージを読み、それに基づいて行動する。不必要なEメールを受け取ることはわずらわしく、それを削除するのはとても面倒くさい。しかし話が視覚となると、生死がかかってくる。つまらないことに注意を向けて重要な情報を見落とす人は、自分が誰かの先祖になることはないだろう。自然選択は、私たちが機敏な採集者になるべく視覚的注意を形作ってきたのである。

数十億ビットの情報を四〇ビットに切り詰めるために、視覚のスパムフィルターは容赦なく削除を行なう。そのプロセスは単純で興味深い規則に従う。製品のマーケティングやデザインに従事している人々にとって、その規則を知ることは、消費者の瞬間的な注意を惹くという、至るところで行なわれている戦いに勝つための不可欠の要件になる。それを熟知する企業は、消費者の注意を自社の製品へと引き寄せ、競合他社の製品から引きはがすことができる。その知識を欠く企業は、知らず知らずのうちに利他主義を実践する結果になるだろう。

視覚フィルターの最初の一手は、光受容体の配置に基づく。等間隔でピクセルが配置されているデジタルカメラのセンサーとは異なり、網膜は視野の中心付近により多くの光受容体を備え、周縁に向うにつれその数が減少していく。私たちの多くは、視野全体を豊かな細部に至るまで見ていると思っている。図26に示されているように、それは思い込みにすぎない。図の中心にある点に焦点を絞って見れば、内

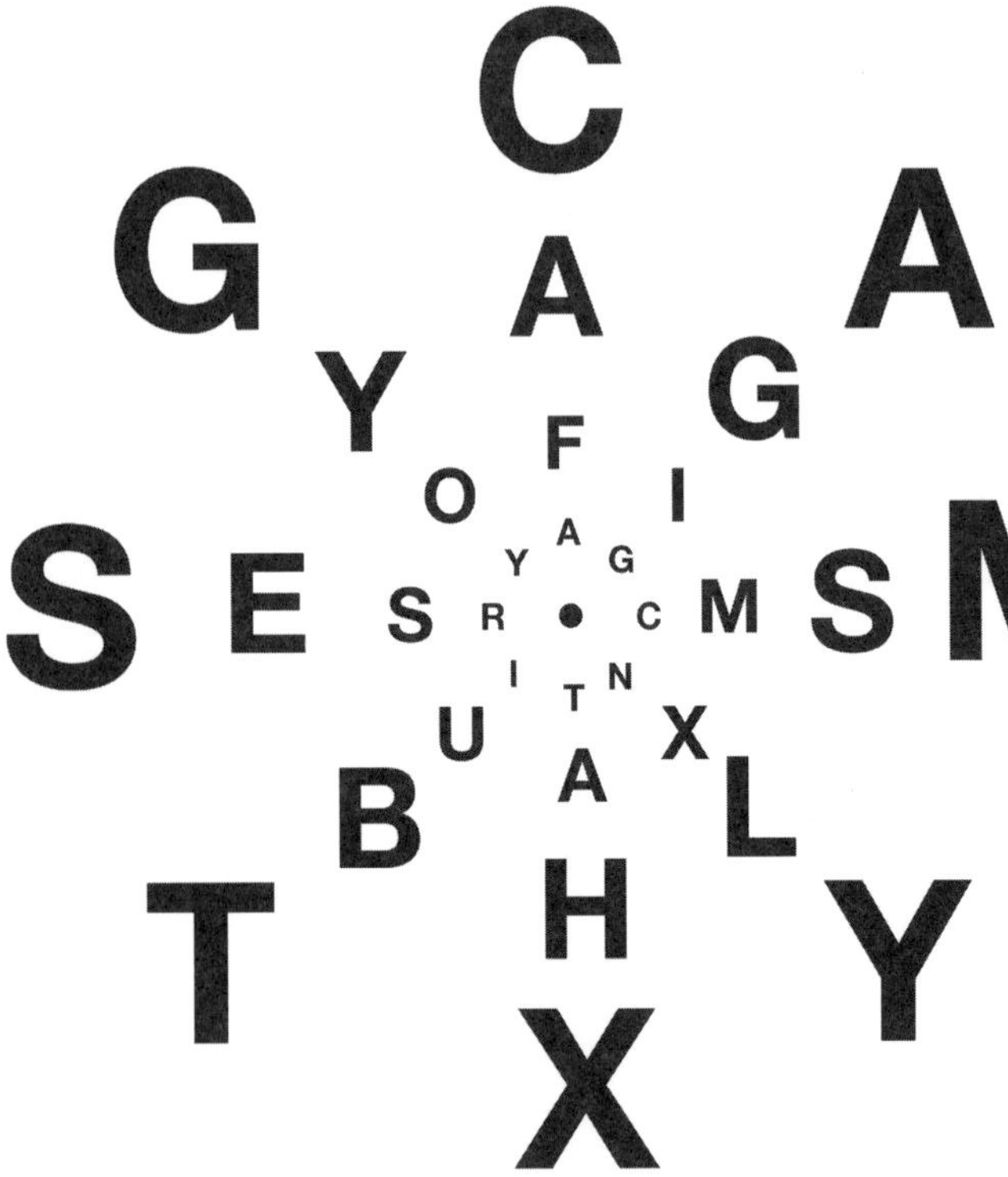

図26：視力。図の中心にある点を凝視すると、大きな文字と小さな文字は同程度の明確さで見える。©DONALD HOFFMAN

側の小さな文字は、外側の大きな文字と同じくらい容易に識別できる。同程度に読めるようにするためには、外側の文字は大きくしなければならない。なぜなら、対応する網膜の部位では光受容体の密度が低いからだ。

この図からわかるように、光受容体の密度は周縁に向かうにつれ急激に低下する。私たちの視野は水平に二〇〇度、垂直に一五〇度まで広がっているが、高解像度で見ることができるのは視野の中心を取り巻く二度のみである［度とは中心角の度数を意味する］。腕を伸ばして見たときの親指の幅が、一度に相当する。すでに述べたように、腕を伸ばして親指を見れば、細部まで見ることのできる視野の範囲がいかに狭いかがわかる。それは視野全体の一万分の一にすぎない。

ならばなぜ私たちのほとんどが、この視野の制約にまったく気づかず、視野全体を高解像度で見ていると思い込んでいるのか？　その答えは、絶え間ない目の動きにある。眼球は「見てジャンプし」を一秒間におよそ三回繰り返す。この回数は、読んでいるときにはそれより多くなり、凝視しているときには少なくなる。「見る」プロセスは「固視」と、また「ジャンプする」プロセスは「サッケード」と呼ばれる。かくして私たちは、何かを見るたびに、細部に富んだ狭い視野領域を通して見ているのだ。よって、普通は視界がぼやけることはない。だから私たちは、一度にすべてを細部に至るまで見ていると、当然のことのように思い込んでいるのである。

光受容体の配置は、適応度の収集のために得られた巧妙な戦略の一つだ。視野の大部分を占める解像度の低い領域は、適応度メッセージの追跡に使われる。視野の左端で何かがちらついたとすると、それはトラの尾の小さな動きかもしれない。視野の右端で何かがきらめいたとすると、それは水かもしれない。そのような可能性は、水をチェックする前にトラをチェックしたほうがよいなどといった具合に、重要度に従って順序づけられる。それから目は、次に何をすべきかを詳細に分析するために高解像度でとらえられるよう各項目を順番にじかに凝視していく。その結果たとえば、最初にチェックした視野の左端のちらつきは、トラではなく風にそよぐ草の葉であることがわかる。だからそれは忘れて、次に視野の右端のきらめきをチェックする。するとそれが水であることが判明する。よって、さっそくそれを

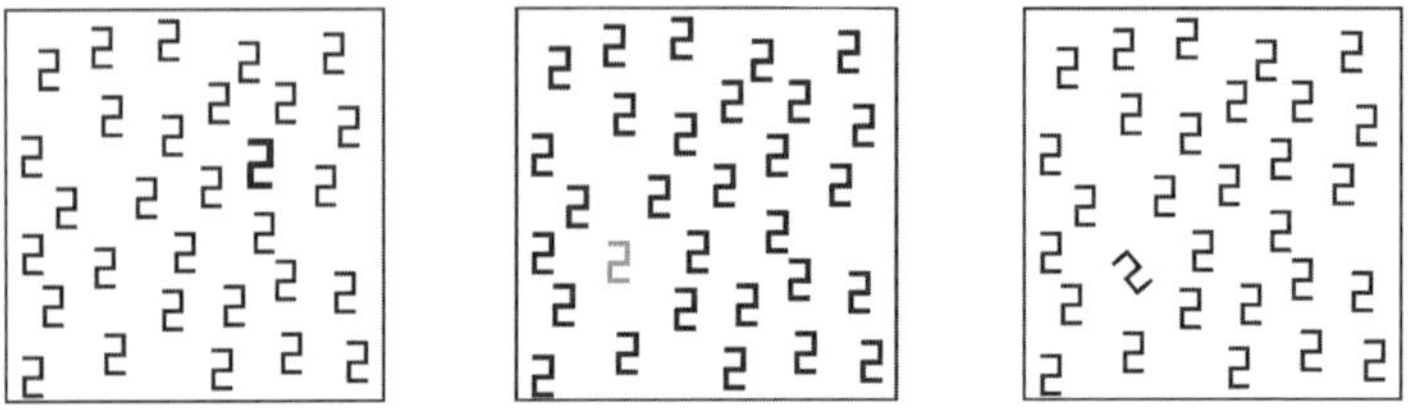

図27：数字が飛び出して見える例。左の図の大きな2、中央の図の薄い2、右の図の傾いた2はすぐに見つかる。©DONALD HOFFMAN

飲みに行く。

なぜ私たちは変化盲の影響を受けるのか？　ドバイを撮影した二枚の写真の差異を見つけるのに苦労するのはなぜか？　なぜなら、私たちは適応度をかき集めているからだ。つまり、細部にわたって調査することに価値があると思われる適応度メッセージを求めて視野を探っているからである。ほとんどのメッセージは、それに値しない。自然選択は、価値のないメッセージを無視するよう私たちを形作ってきた。無視している何かが変化しても、それに気づく可能性は低い。変化盲とは、実在の真の状態を見損なうことではなく、適応度を変える可能性が低い適応度関連のニュースを捨てるという選択をとることとなのである。

とりわけマーケティングやビジネスに関心のある読者には有用な情報になるはずだが、この考えは視覚的な広告に適用することができる。広告の目的は、重要な事実をただ提示することにあるのではない。それどころか、重要な事実の提示ではまったくない場合もある。その目的は、製品を求める消費者のまなざしを引きつける視覚的なメッセージを作り出すことにあるのだ。消費者は、競合するメッセージによって作り出された混乱に直面している。肝は、そのような消費者の注意を引くことにある。もっとも単純なレベルでは、メッセージは、色、大きさ、コントラスト、向きなどに関して近隣のメ

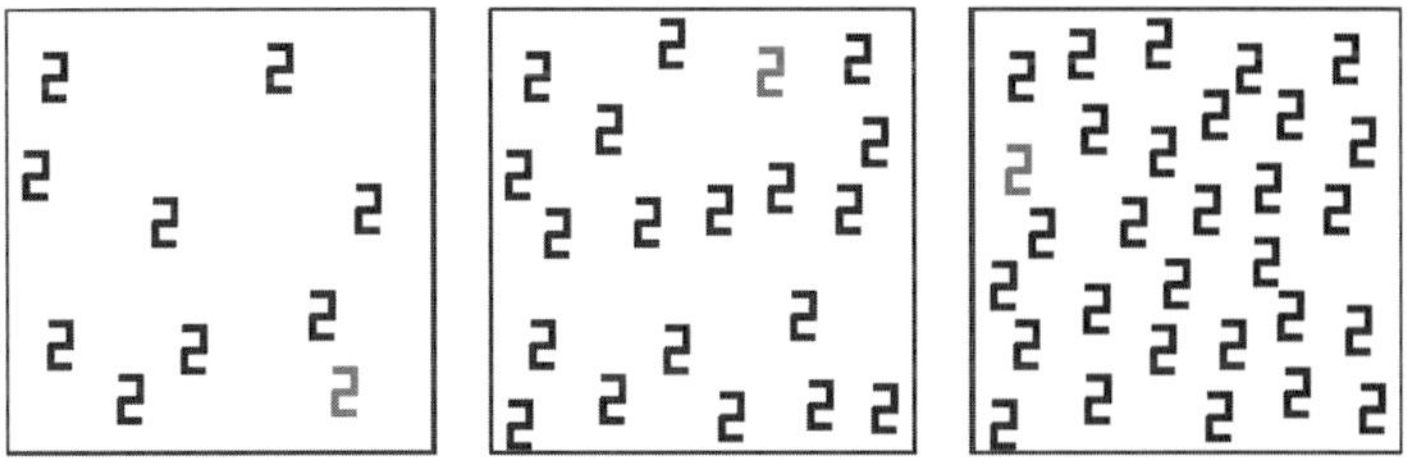

図28：色が飛び出して見える例。緑の2は、多数の黒い2に囲まれていてもすぐに見つかる。©DONALD HOFFMAN

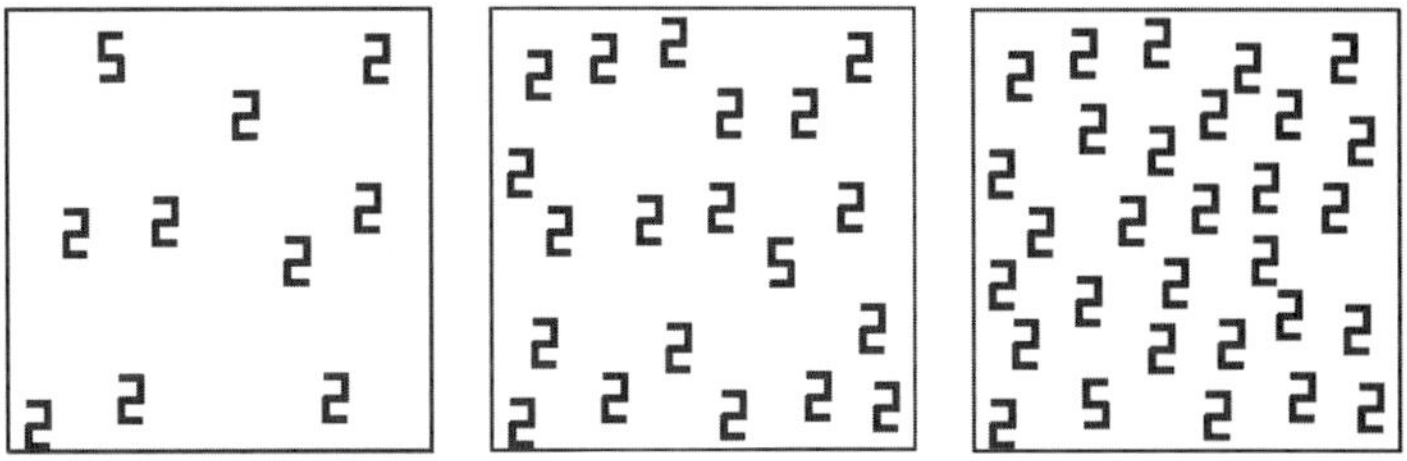

図29：見つけにくい例。おのおの図で、5は飛び出して見えず、探さなければならない。©DONALD HOFFMAN

ッセージとは異なることで消費者の注意を引きつけられる。[5] 一例として図27を参照されたい。見る者の注意を引く要因は、左から右へ、それぞれ大きさ、コントラスト、向きの違いである。

この例では、他と異なるアイテムは、たくさんのアイテムに囲まれていてもすぐに見る者の注意を引く。図28（カラー図版I）の緑の2は、左の図のように周囲のアイテムが少ないと「勝手に飛び出して」見えるが、右の図のように周囲のアイテムが多くても同様に見える。

しかし、飛び出して見えない相違もある。図29で5を見つけるのはむずかしく、右の図が示すように周囲のアイテムが増えるほど見つけづらくなる。

同様に、図30の左の図で十字を見つけるのはむずかしい。また右の図では、灰色をした

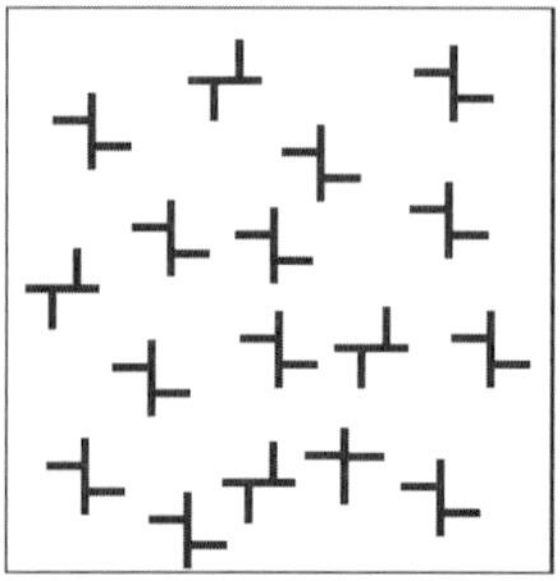

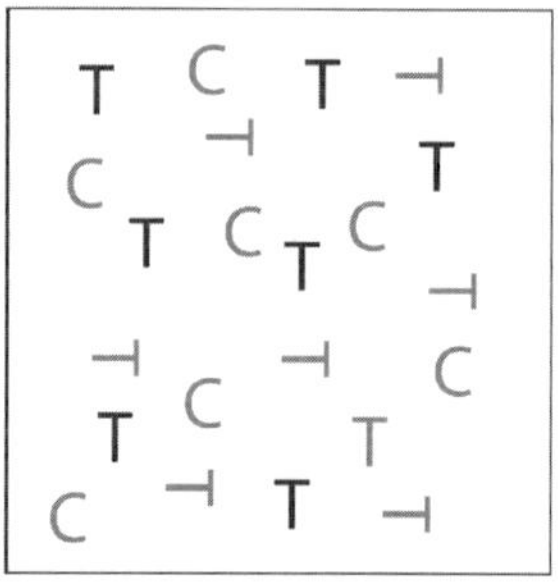

図30：見つけにくい例。左の図の十字と右の図の灰色をした上向きのTは、飛び出して見えない。左の図はジェレミー・ウルフとジェニファー・ディマスの研究に基づく。[*5] ©DONALD HOFFMAN

上向きのTを見つけるのはむずかしい。

色、大きさ、明滅、動き、コントラスト、向きなどの視覚的な手がかりには、混乱のなかから勝手に飛び出して、見る者の注意を引くものがある。それらは、見る者がわざわざ探さなくても注意を引くため「外因性手がかり」と呼ばれる。注意深い写真家はその効果を理解しており、写真を編集して、主題から注意をそらす飛び出しを除去している。花嫁なら誰も、背景にあって目を奪う、余計な線や、コントラストのきつい飾りが写真に写り込むのを好まない。写真の縁それ自体、コントラストがきついと飛び出して見えることがある。写真家はよく、この現象を除去して鑑賞者の目を主題に集中させるために、縁の近くを穏やかに暗くして写真の輪郭をぼかすことがある。

広告で成功を収めるためには、飛び出しの効果を調節することが不可欠になる。いかなる広告にも、見る者の目を引く戦略が取り入れられている。あなたが出した広告は、見る者の目をあてのない追跡に陥れていないだろうか？　自分が伝えたい事実や情動を汲み取れるよう目を導くことができているだろうか？[*6]　視覚は実在を記録するカメラにすぎないと考えていると、人が広告を見

図31：ある店のショーウインドー。このショーウインドーは、ブランド名や製品に関する情報を見つけにくくしている。©DONALD HOFFMAN

る際に何が起こるかを誤解することになるだろう。そうではなく、視覚や他のあらゆる感覚は、生存に関わる適応度情報をかき集められるよう自然選択によって進化した収集の道具として考えられるべきである。

図31（カラー図版J）は、高級ショッピングモール内に居を構える、あるスポーツウェア店の入り口のショーウインドーを撮影したものである。それは、注意をそらす余計な手がかりに満ちている。もっともひどいのは窓の左右上方のまぶしい反射で、それより弱い反射は至るところに見られる。それらの輝度と色のコントラストは、目を袋小路に追い込む。ショーウインドーを見ている人が歩いていくにつれ、これらの反射は窓に沿って滑らかに動いていくが、その動きも注意をそらす要因になる。それを防ぐには無反射ガラスを用いればよい。

しかし反射を取り除いたとしても、視覚のジャングルのあらゆる箇所から偽りの叫び声が響いてくるはずだ。熱帯雨林、ジャクソン・ポロックが二枚、脈略のないオレンジ色の壁、こわばったマネキンの禿頭が発する荒涼とした光、左のマネキンの手のあたりから垂れ下がる斜めの修飾線、これらはいずれも、見る者の注意を無意味にそらす。目を凝らして見ると、「QUICK DRYING AND VENTED FOR ANY ACTIVITY［どんな活動をしてもすぐに乾き、風通しがよい］」という主たる宣伝文句が書かれているのがわかるはずだ。マネキンが着ている、本来宣伝しなければならないTシャツは、光とコントラストが不足しているために色あせて見える。

視覚がカメラのようにあらゆる細部を記録していたら、このショーウインドーはうまく機能するだろう。データはすべて揃っているのだから。だが、視覚は受動的なカメラではなく、適応度利得を狩る短気なハンターなのだ。通行人は報われない視線の一つや二つはショーウインドーに向けるかもしれないが、重要ながら隠されている、「すぐに乾く」「風通しがよい」というメッセージを目がとらえるはるか以前に、あきらめて次の店へと歩みを進めていくだろう。

それに対し、よく知られたアイポッドの広告は、不必要な飛び出しをすべて除去している。背景は、大胆ながら統一された色から成る。前景には陶酔したダンサーが黒いシルエットで描かれ、一点を除いてあらゆる項目が除去されている。その一点とは、白いイヤホンから出ている白い線が黒いシルエットの上を気ままに垂れ下がり、旋回する黒い手に握られたアイポッドへと合流していく様子が描かれていることである。この広告を見ていると、情動がよく伝わってくる。言葉は必要ないし、実際に使われていない。そこには「アイポッドを持つことは陶酔することです。何か文句がありますか？」という適応度メッセージを明確に見て取れる。

図32：輝度のコントラストによるグループ化。中央の図には水平のグループを、右の図には垂直のグループを見て取ることができる。©DONALD HOFFMAN

図33：形によるグループ化。左の図には水平のグループを、右の図には垂直のグループを見て取ることができる。©DONALD HOFFMAN

注目に値するメッセージの視覚的な探索において、視覚系は共通の主題を持つ複数のメッセージをグループ化し、ひとまとめに注意を向けたり捨て去ったりしやすくする。いくつか例をあげよう。図32の左の図に示された一六個のドットは、コントラストに基づいて中央の図のように横の列に、あるいは右の図のように縦の列にグループ化することができる。

それらは、図33のように形によってもグループ化できる。

図34のように大きさでもグループ化できる。

図35（カラー図版K）のように色によってもグループ化できる。

図36のように向きによってもグループ化できる。

図37のように近接性によってもグループ化できる。

なお、ここにあげた例では、明滅、動き、奥行きなどの他の強力な要因が省略されている。

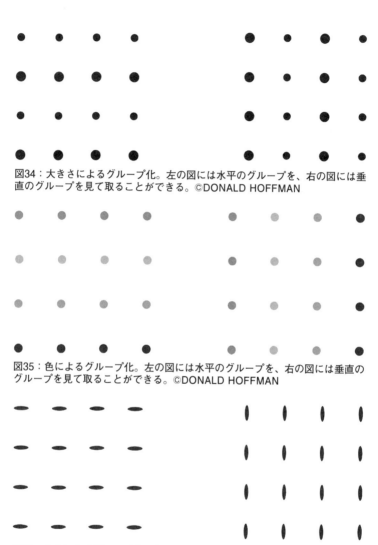

図34：大きさによるグループ化。左の図には水平のグループを、右の図には垂直のグループを見て取ることができる。©DONALD HOFFMAN

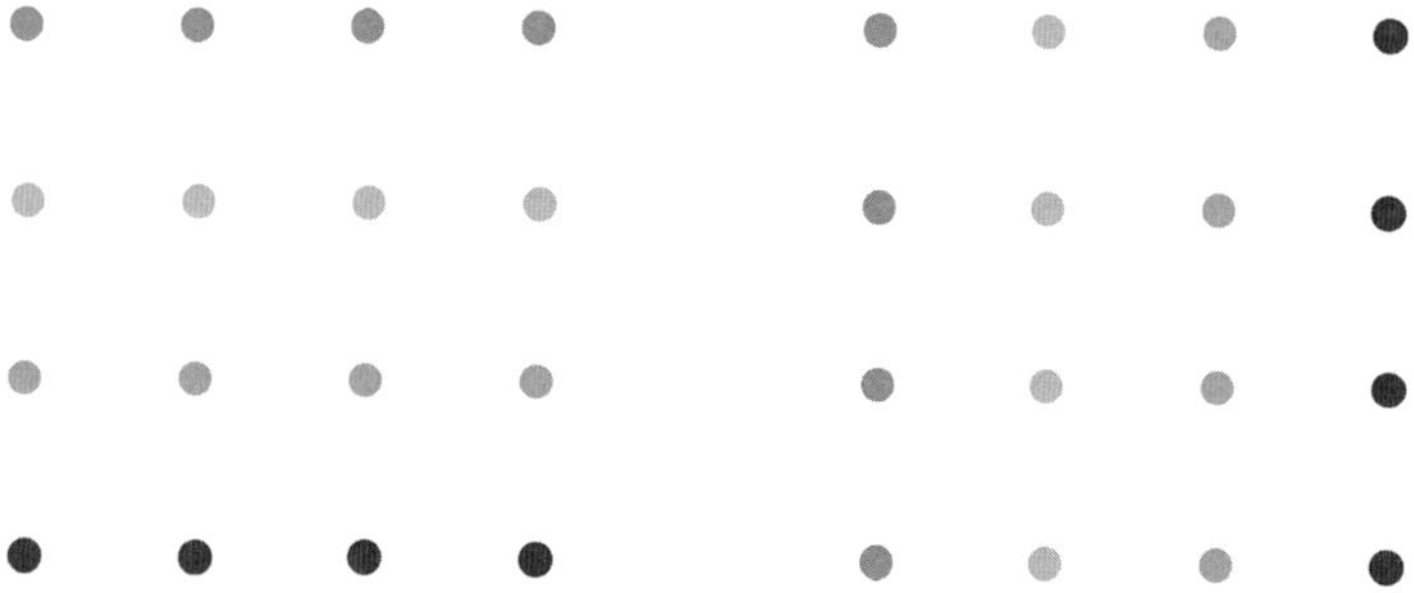

図35：色によるグループ化。左の図には水平のグループを、右の図には垂直のグループを見て取ることができる。©DONALD HOFFMAN

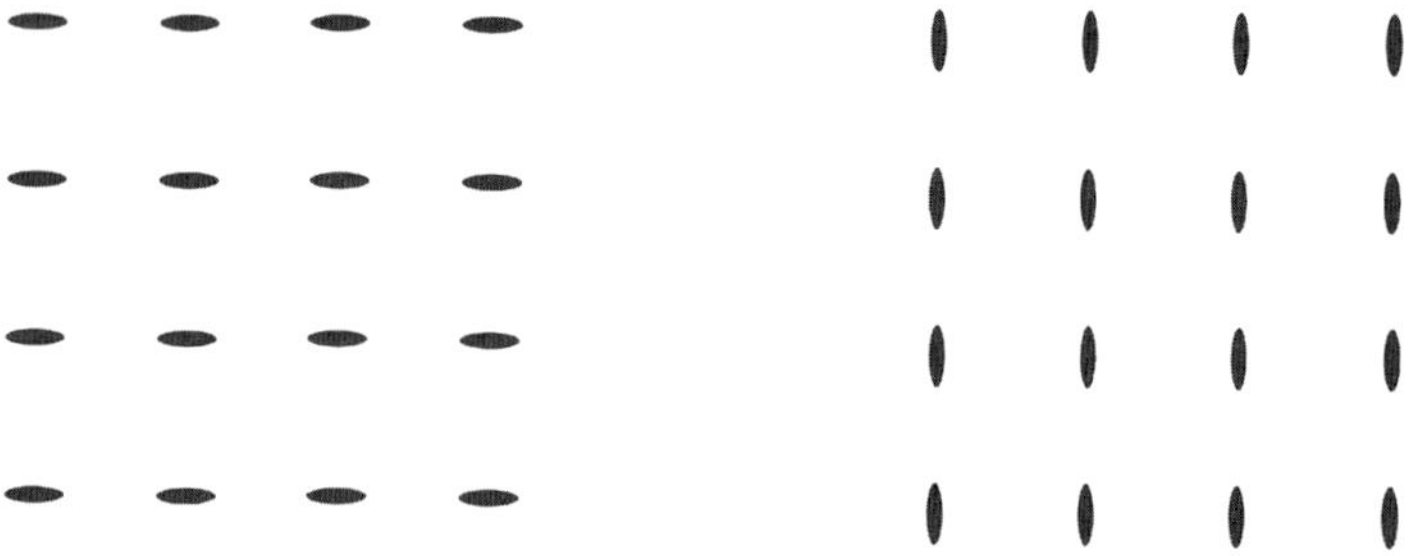

図36：向きによるグループ化。左の図には水平のグループを、右の図には垂直のグループを見て取ることができる。©DONALD HOFFMAN

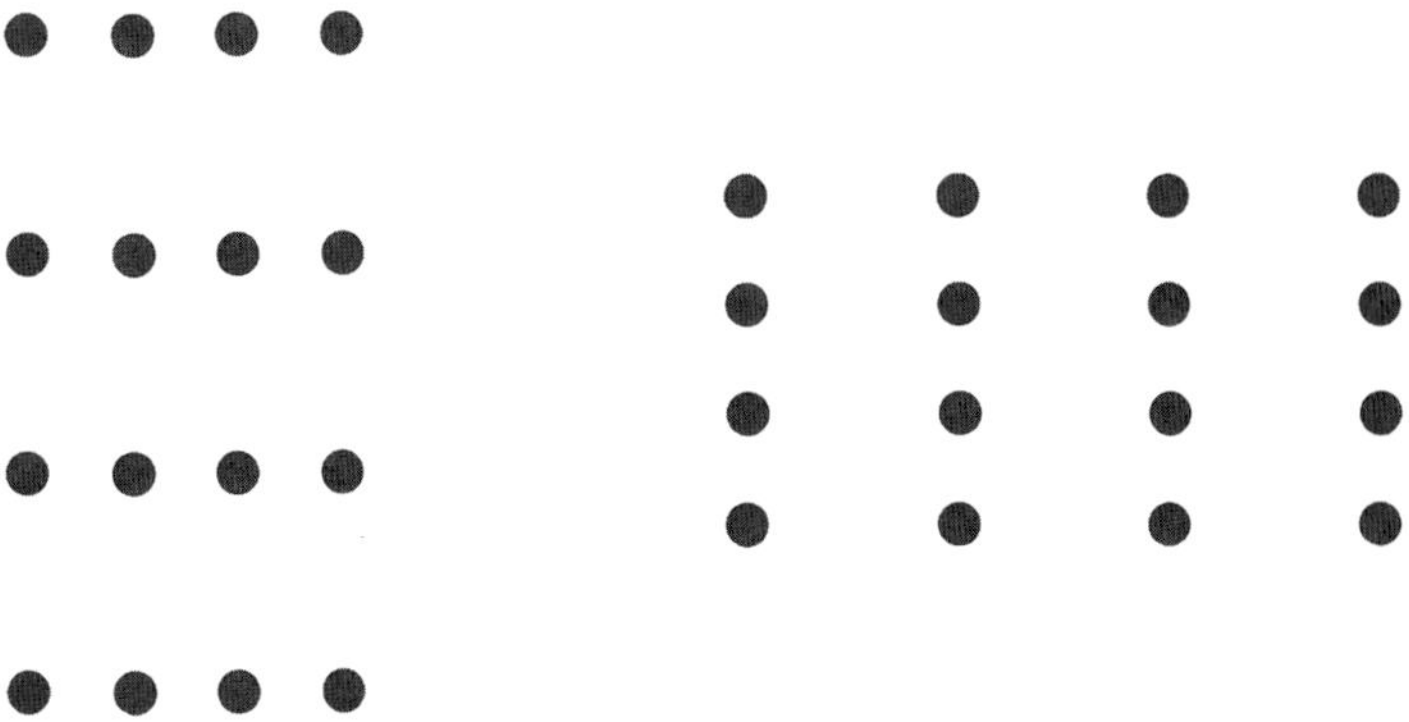

図37：近接性によるグループ化。左の図には水平のグループを、右の図には垂直のグループを見て取ることができる。©DONALD HOFFMAN

図38：向きと近接性によるグループ化。左の図には水平のグループを、右の図には垂直のグループを見て取ることができる。©DONALD HOFFMAN

特徴間の競合は、グループ間の競合を促進する場合がある。図38の左の図では、向きと近接性が協調しながら水平のグループを生み出している。それに対し右の図では、近接性が向きを打ち消し垂直方向のグループを生み出している。

グループ化は例外項目の検知に役立つ。図39（A）では、一匹狼の線分は簡単には見つからない。しかし、図39（B）のようにグループ化が促進されるよう線分を配置すると、例外項目が飛び出して見える。このテクニックは、店内における製品の陳列に適用することができる。陳列棚は、買い物客を当惑させる非常に乱雑なものにもなりうる。しかし色、コントラ

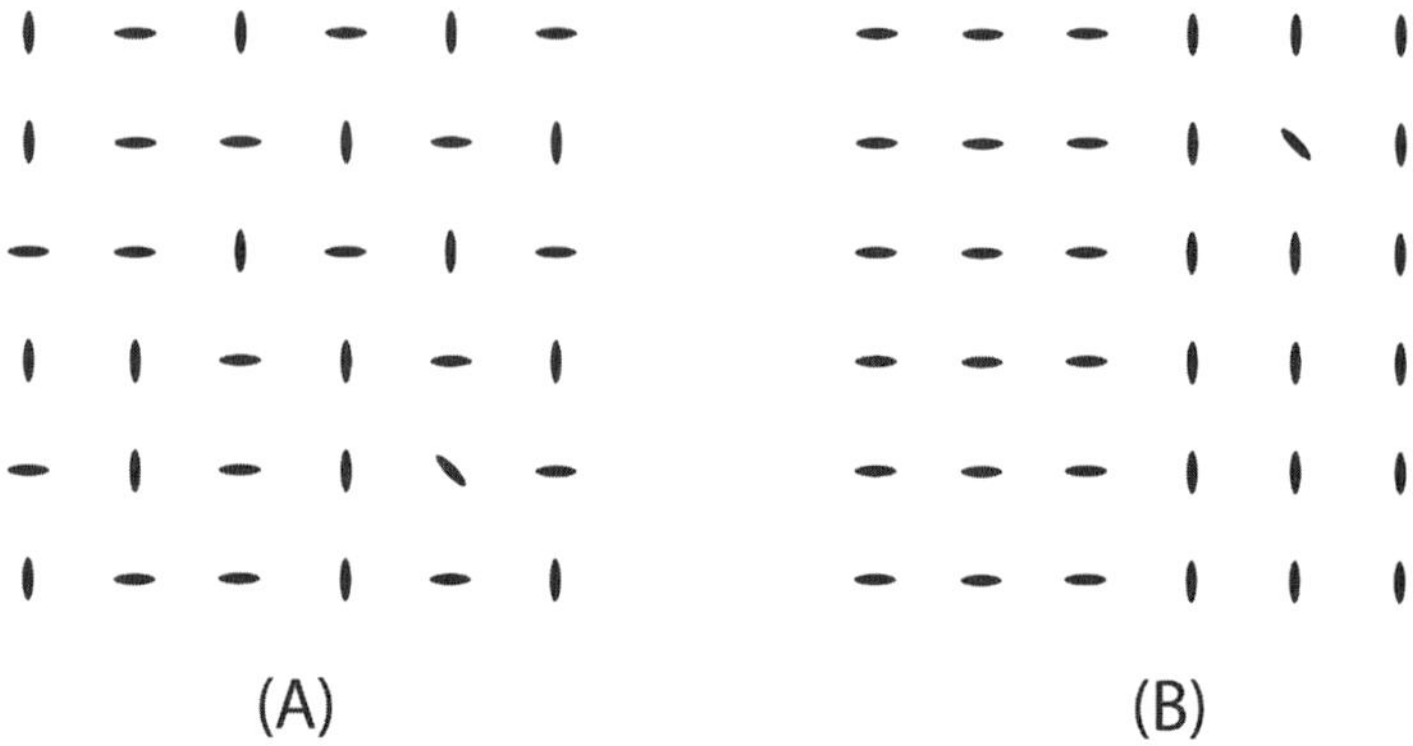

図39：グループ化と検知。左の図より右の図のほうが、傾いた線分をたやすく見つけられる。©DONALD HOFFMAN

ストなどの特徴に基づくグループ化を巧みに活用して、買い物がしやすいよう製品を陳列することができる。

グループ化はデータ圧縮の一形態と見なせる。たとえば、図39の各線分には向きがあるが、（A）では視覚系は各線分の向きを一つずつ記述するよう強制される。それに対し（B）では、はるかに容易に記述することができる。というのも、左側の一八本の線分はすべて水平であり、右側の一八本は一本を除いてすべて垂直だからである。グループ化は、一つの記述をグループ全体に適用できるようにする。かくして、グループの項目ごとにうんざりするほど記述を繰り返す必要はなくなる。このような圧縮は、変化を見つけるのに役立ち、図39（B）では、斜めの線分は飛び出して見えてくる。

注意は外因性手がかりによって引っ張られるが、内因性の目的を追跡するよう手懐けることもできる。レモンを探しているときには、黄色い物体がより際立って見え、レモンの探索がしやすくなる。脳の後頭皮質に位置するV1領域の神経活動は、顕著性と、目的に基づくその変更に相関する。[*7] 近傍のニューロン同士は、視覚世界内の近傍の地点を示す。よっ

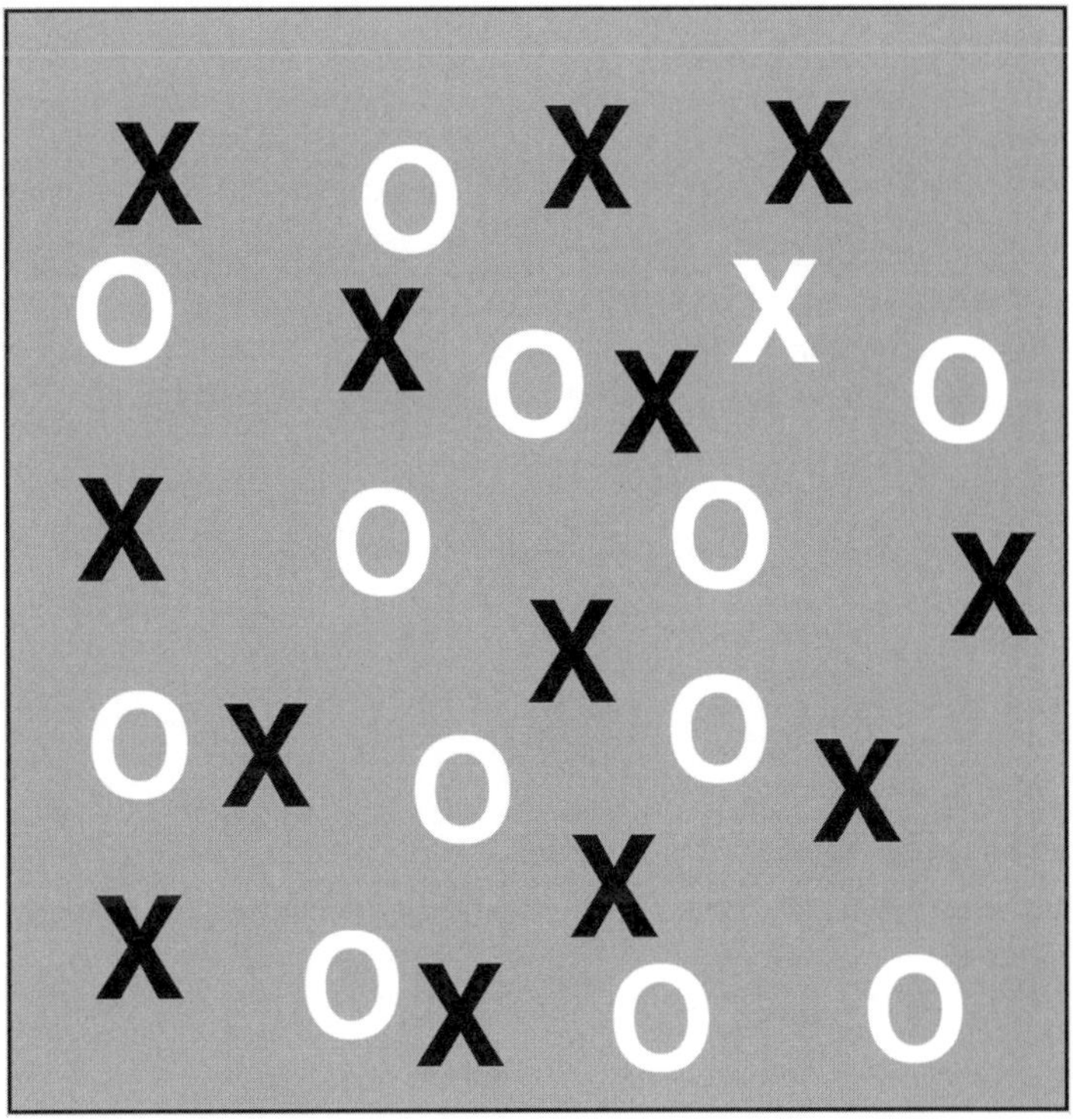

図40：内因性の注意と検知。白に注意を向けていると、白いXが飛び出して見える。©DONALD HOFFMAN

てV1領域のニューロン全体によって、視覚世界の組織分布的顕著性マップが構成される。ニューロンは色などの特徴に積極的に反応し、近傍のニューロンもその色に反応している場合それらのニューロンを抑制する。この側方抑制は、視野内のありふれた特徴の顕著性を抑え、まれな特徴の顕著性を高める。オレンジ色［次の段落の、茂みに潜むトラを見つける例と関連している］を見つけるなどといった内因性の目的は、その目的に関わる特徴に反応するニューロンの活動を高めることで、顕著性マップを変更する。たとえば図40に黒い文字を探していると、黒いXから成る一つの領野が注意を占める。また白い文字を探していると、白いOから成る一つの領野に注意が向かい、白いXが飛び出して見える。

目的が茂みに潜むトラを見つけることだった場合、トラという目標《ターゲット》はさまざまな色を呈する。トラを対象に顕著性マップで間違った色が強調されると、その間違いのせいで命を失うかもしれない。だから自然選択は、賢明に色を強調するべく私たちを形作ったのだ。たとえば、トラの色として茂みの色と同じ黄色を強調するのは誤りである。それではトラと茂みをほとんど区別できなくなるからだ。その代わり私たちは、賢明にもトラに固有のオレンジ色を強調し、実際にトラが茂みのなかから飛び出して襲いかかってくる前に、茂みのはざまからトラの縞模様が視覚的に飛び出してくるよう仕向ける。[*8]

とはいえ、ターゲットの正しい特徴を強調したからといって、必ずそれが背景から飛び出して見えるとは限らない。捕食者や獲物などの対象を目がとらえる前に、少しばかり探索する必要があるのだ。その際、すばやく探すことができれば、逃げられる前に獲物を見つけられる、あるいは見つかる前に捕食者から逃れられる可能性が高まる。そのため自然選択は、効率的な探索ができるよう私たちを形作ったのである。目は、当面のターゲットが持つ固有の特徴が多く見出される領域のみを探索する。同じ箇所を二度探索することはまれにしかない。ある箇所をチェックしそこにターゲットが見つからなければ、視覚系はその箇所を覚えておき、通常はもう一度そこに無駄な視線を送ったりはしない。この便利なトリックは、「復帰抑制」と呼ばれている。

復帰抑制は便利ではあるが無謬ではない。あなたは、空腹を抱えて熟れたリンゴを探しているところだとしよう。するとあなたの視覚系は、赤い色のようなリンゴに固有の特徴を示す、顕著性マップの領域を強調し、視野内のもっとも際立った箇所を選択する。そして細部を確認できる視野の狭い範囲に焦点を合わせるために目をその箇所に導き、そこに見出した適応度メッセージを解読する。かくして得られたメッセージが「赤い葉」であったとする。火を起こすために燃えやすいものを探しているのなら、それは有用なメッセージになるだろう。だがあなたは空腹で、欲しいのはリンゴであり、「赤い葉」に用はない。だから視覚系は復帰抑制のトリックを発動し、その葉に愚かにも再度目をつけたりしないようにする。それから次に興味深い、すなわち二番目に顕著性の高い箇所に目をやる。仮にそれが「赤い岩」だったとしよう。残念ながらリンゴではない。そこも再度チェックする必要はない。だから再び復帰抑制が発動する。ここまでは、事態は順調に進んでいる。さらに視覚系は、次の箇所をチェックして新たなメッセージを解読する。そのメッセージは「トラ」だ。残念ながらまたもやリンゴではない。そこも再度チェックする必要はない。かくしてまたもや復帰抑制が……。

おっと！　見ているものが探しているものと異なれば、たいていの場合、復帰抑制は賢明な処置だと言える。しかし、この間違いは致命的だ。「トラ」はあなたが求めていたメッセージではないが、無視することはできない。それは「トラ」に限られるのではなく、捕食者や獲物に関するいかなるメッセージにも当てはまる。狩猟採集者がリンゴを探しているときに動物の足をちらりと見かけた場合には、復帰抑制は誤った処置になる。

要するに捕食者にしろ、獲物にしろ、動物を見たら、リンゴにせよ、何にせよ、探し物を見つけようとするプロセスを中断して、動いているものを監視すべきである。この論理に導かれて、進化心理学者のジョシュア・ニュー、レダ・コスミデス、ジョン・トゥービーは二〇〇七年に、人間が「動いているものを監視する」システムを進化させたと述べた。このシステムは、視野内に動物を検知し監視するよう設計されている。すでに論じた、外因性手がかりと内因性の強調に依拠する注意のプロセスは、色、形、明滅などの低次の特徴にもっぱら依存している。それに対し「動いているものを監視する」システムは低次の特徴ではなく、動物というカテゴリーに照準が合わせられている。[*9]

ニュー、コスミデス、トゥービーは、変化盲の実験を行なって自分たちの仮説を検証している。各トライアルで、被験者は何も映っていない画面を四分の一秒眺めてから、複雑な風景の写真を見た。それから再び何も映っていない画面を眺めてから同じ写真を見たが、一点だけ重要な変更が施されていた。それ物体が一個除去されていたのだ。そして被験者がその変更に気づくまで、その手順が繰り返された。被験者がごまかせないようにするために、三分の一のトライアルは変化のない「キャッチトライアル」だった。

あるトライアルでは、変化したのは人や動物などの動く生物であった。別のトライアルでは、植物、動かせる人工物（ホッチキス、手押し車など）、あるいは固定された人工物（風車、家など）、乗り物（車、バンなど）であった。

予測されていたとおり、被験者は動かない物体より動く物体の変化を、平均して一秒から二秒すばやく検知した。これはかなりのスピードアップと言えるだろう。すばやさの代償として正確さが低下したのではないかと訝る読者もいることだろう。急いてはことを仕損じるともいう。しかしそれとは逆に、被験者は、動く物体の変化については一〇回に一回しか変化を見逃さなかったのに対し、動かない物体の変化に対しては三回に一回見逃した。つまり私たちは、動く物体の変化をより迅速かつ正確に検知できるということだ。それには進化的な理由がある。

現代の都市環境のもとでは、乗り物は動物よりありふれていて危険であるにもかかわらず、被験者は乗り物より動物の変化を迅速かつ正確に検知したのだ。この結果は、動いているものを監視するシステムが、乗り物の到来よりはるか以前に進化によって人間に組み込まれたのだと考えれば、容易に予測できる。現代に生きる私たちの目は、二五〇〇万年前から一万一七〇〇年前まで続き、繰り返される氷河作用によって特徴づけられる地質時代、更新世のあいだに、人類の先祖が進化させた戦略を用いて適応度をかき集めようとしているのだ。

私たちは、この太古の時代の戦略を広告のデザインに応用することができる。あなたは、シャンプーをオレンジ色のボトルに詰めて売っていたとしよう。そして一人の買い物客が店に入って来て、青いボトルに入った他社のシャンプーを探していたとする。彼女はオレンジ色のボトルを見て、自分の求めていた色ではないと思う。だからオレンジ色のボトルが並ぶ棚に対して復帰抑制を発動し、あなたの製品を無視することにしたのだ。それでは、彼女の買い物には役立っても、あなたの売上げは上がらない。

では、どうすればよいのか？　彼女に青いボトルを探すのを止めさせ、オレンジ色のボトルに彼女の貴重な注意を向けさせるにはどうすればよいのか？　その方法として、彼女が備えている、動いているものを監視するシステムに訴えかけることがあげられる。たとえば、ボトルにネコやシカの絵が描かれたシールを貼ればよい。この方法はうまくいくだろう。ただし、それでは目立つので競合他社もいずれボトルに動物の絵が描かれたシールを貼るようになるだろう。そうなれば、あなたの製品の優位性は相殺される。

それほど目立たないようにするためには、動物をそっくりそのままこれ見よがしに提示することはやめて、目、手、足、顔などの身体部位を描けばよい。動いているものを監視するシステムに働きかけるという点では、目による一瞥は、動物がその目でこちらを覗き込んでいることを意味する。[*10] 自然選択がそう見えるよう仕向けたのである。全身が見えるときだけ動物に注意を向けているようでは、潜在的なエサを見落とすか、逆に自分がエサになる危険を犯すことになろう。「これは目である」というメッセージは、そこにはその目を持つ動物がいて、それに注意を向けることには価値があると忠告するメッセージでもある。

動物の全身ではなく一部を用いるこの広告戦略は、より抑制されてはいるものの、それでも不十分であり競合他社はやがてかぎつけるだろう。

進化の論理は、もっとすぐれた戦略を示唆する。自分が見ているものが目であることを検証するには、時間がかかる。検証に時間がかかりすぎれば、エサをとらえられなくなったり、自分がエサになるのを回避できなくなったりするだろう。だから自然選択は手っ取り早い方法《ショートカット》を選好する。そのため少しでも目に似ているものは、わずかのあいだでも注意を引くのだ。

オスのタマムシは、交尾の相手に頓着しないことを思い出されたい。メスのタマムシと同じくらい光沢のあるビールビンにほれ込むのだから。オスのヘラジカは、メスのヘラジカにも青銅製のバイソンにもかどわかされる。セグロカモメのヒナは、母鳥からも、赤い円盤のついた四角形の厚紙からもエサをもらおうとする。ハイイロガンは自分の生んだ卵であれ、バレーボールであれ温めようとする。自分のなわばりを守ろうとするトゲウオのオスは、他のオスばかりか、下側が赤く塗られてさえいれば魚の形をしていない木片とも戦う。動物行動学者に頼めば、その手の話をいくらでも聞かせてくれることだろう。かくのごとく自然選択は、つねに粗雑なカテゴリーを用いるよう知覚を形作っているのだ。[*11]

このことは、マーケティングや広告における劇的な革新の大きな可能性を開く。その可能性は、現在のところほとんど活用されていない。買い物客の目は、甲虫やヘラジカの目と同様、注意を誘導するショートカットやトリックに頼っている。[*12]その方法を熟知している人々は、巧妙に考案したアイコンを用いて買い物客の目を自在に引きつけることができる。問題は、また好機でもあるのは、動く物体を検知するために人間の視覚が用いているショートカットやトリックがほとんど知られていないことだ。いかにアイコンを単純化すれば、一目見ただけで顔、手、目、チョウに見えるよう買い物客の目にトリックをかけられるのだろうか？　その答えは現時点ではわからない。数年前、ある店の通路を歩いていたとき、私の目は突然、虹色に輝く輪が描かれたシャンプーボトルにくぎ付けになった。輝きという外因性手がかりが、私の注意を引いたことに間違いはない。しかし私は、自分がその輪を凝視し続けているこ

とに気づいた。おそらく輝く輪は、動物の監視システムを作動させる視覚の部位に「あれは目だ」と語っているのかもしれない。他にどのような単純化された目のアイコンが、動物の監視システムを作動させるのか？　目のアイコンのみならず、人間や動物のさまざまな身体部位のアイコンについてはどうか？　それに答えるには、私たちは巧妙な実験を行なって、自然選択が人間の視覚に組み込んだ方法を逆行分析しなければならない。

ここまで私は、この方法の真の潜在能力を過小評価してきた。タマムシは、ただ単にメスと同じくら

いビールビンを好んでいるのではない。メスよりはるかに好んでいるのだ。セグロカモメのヒナは母鳥と同じくらい円盤付きの厚紙を好んでいるのではない。円盤が大きくなればなるほど、それだけ好むようになる。トゲウオは他のオスと同程度に下側が赤い木片と戦うのではない。ニセの腹部が大きくなればなるほど、それだけ他のオスを無視して無害な木片と戦うようになる。人間の男性は、自然な胸を持つ女性と同程度に豊胸手術をした女性を好むのではない。豊胸手術をした胸が不自然な上向きの膨らみを呈していれば、男性ははるかに強くそれを好むのである。[*13] 顔の風刺画では、写真と同じくらい容易に顔の持ち主を特定できるのではない。より迅速に特定できるのだ。[*14]

以上は「超正常刺激」の事例である。[*15] 進化は生物の知覚を、生態的地位が課す諸条件のもとでできるだけ安価に、真実ではなく適応度を追跡するべく形作った。超正常刺激は、特定の生態的地位のもとで結果として得られる適応度を示すコードがいかなるものかを示唆する。たとえばセグロカモメのヒナは、その生態的地位のもと「大きな赤い円盤は、エサが得られるよりよい機会を意味する」という単純なコードに基づいて生き残ってきたのである。

それがマーケティングに対して持つ意義は明白だ。自然選択によって消費者の視覚系に組み込まれた視覚コードを利用するべく作り出された単純なアイコンは、超正常的な力で注意を引きつける。そのようなアイコンは目立つ必要がなく、競合他社が逆行分析をすることはむずかしい。それでも高い効果が得られるのだ。ブランド戦略に用いられるアイコンに関して言えば、情動的な含みも重要になる。ブランド戦略の目的は単に注意を引くことにあるのではなく、正しい種類の注意を引くことにある。それには一般に、高級感、豊かさ、たくましさ、健康感など、特定のポジティブな感情を自社ブランドに結びつけるアイコンが必要になる。牙をこれ見よがしに描いたアイコンは注意を引くだろうが、吸血鬼映画やハロウィンの衣装の宣伝でなければ、好ましくない注意を引くだろう。入念に考案されたアイコンは、見る者の注意を引き、望ましい感情を引き起こす視覚的特徴を巧みに誇張する。

あなたは、見る者の注意を引き魅力的に感じられる目のアイコンが欲しかったとする。ここで、第2章で次のように述べたことを思い出そう。大きな虹彩、拡大した瞳孔、青みを帯びた強膜、輝かしいハイライト、顕著なリンバルリングを持つ女性の目は、より魅力的に見えると。もちろん目を魅力的に見せる特徴は、他にもあるだろう。マーケティング担当者の課題は、超正常的な効果を持つ特徴をうまくとらえたアイコンを考案することにある。それは定型化された目かもしれないし、もっと抽象化されたものかもしれない。現時点での科学的知識の限界のもとでは、この課題を達成するには、グラフィックデザイナーの直観と才能に頼るのがベストなやり方であろう。しかし、ホモ・サピエンスの視覚コードを乗っ取る方法を学ぶために、進化の理論に基づく実験を行なっている企業は、それによって得られた知識を活用して、このコードを巧妙に操作するアイコンを作り出すことができるはずだ。

これは、ほとんど開拓されていない広大な領域におけるほんの一例にすぎない。すでに述べたように大脳皮質の活動の三分の一は、視覚と相関する。他の感覚も含めれば、探究すべき乗っ取り可能な感覚コードはたくさんある。それらのいくつか、あるいはおそらくほとんどはスパゲッティコード［無駄が多く読みにくいプログラム］であり、ニューロンや血管の背後に光受容体を覆い隠している人間の目の愚かな設計同様、効率が悪いはずだ。私たちの知覚は人間固有のユーザーインターフェースであって真実に臨む窓ではない。その基盤をなすコードは、ところどころに輝かしい島々が点在するぞんざいな解決法の海だと言える。視覚は安上がりに寄せ集められたインターフェースであり、客観的真実を回復する理想的な観察者に近づくことなどできない。このインターフェースは、私たちが占める生態的地位のもとで子どもを生み育てるに十分な期間生きていくのに必要なだけの適応度情報を教えてくれるにすぎない。そのことを理解し、それに基づいて実験を行なっていけば、知覚の科学、マーケティング、製品のデザインの進歩をめぐって、明るい見通しが得られるだろう。*16

私たちのインターフェースは、捕食者や獲物を見つけ追跡するために組み込まれている。この配線を組み込んだ自然選択の論理は、すでに見たように明確で説得力がある。この配線を持つ者は、ランチになるよりランチを楽しむ可能性が高い。しかしホモ・サピエンスのメニューに載っているのは、動物の肉だけではない。人間は単なる肉食動物ではなく雑食動物であり、私たちの祖先は長く、果物や野菜を食べていた。自然選択は果物や野菜を発見するために、またそれらは動かないのでその場所を覚えておけるよう私たちを配線したのだろうか？

自然選択が果物や野菜の発見を選好したか否かは、現時点でははっきりしない。被験者が動いている物体をすばやく検知することを見出したニュー、コスミデス、トゥービーの実験では、植物に対してはそのような結果は得られていない。ただし彼らが実験で用いたのは、木や低木やパイナップルだった。これまでのところ、人間が果物や野菜を見つけるよう特に配線されているかどうかを研究する実験は行なわれていない。

赤と緑の緻密な識別を可能にする三色型色覚が最近霊長類で進化した理由の一つは、緑の葉を背景に熟した果物を発見できるよう選択されたからなのかもしれない。この仮説は興味深いが、今のところ論争の的《まと》になっている。[*17]

しかしジョシュア・ニューらは、農産物の野外市場で行なった実験で、私たちが食物のありかの記憶に長けていること、そして男性より女性のほうがよく覚えていられること、(特に好物でなくても)カロリーの高い食物のありかはさらによく覚えていられることを発見した。[*18] この発見は理解できる。記憶は知覚と同様、適応度に奉仕するために進化した。私たちの記憶は、知覚が現在に関する真正な報告でないのと同じように、過去の真正な報告ではない。記憶も知覚も、客観的な真実ではなく、進化の領域の唯一の通貨である適応度を対象としている。より多くの適応度を付与してくれる果物や野菜に、より多くの記憶が割り当てられたとしても、まったく不思議ではない。

このことは、動物のアイコンがそれに対する私たちの注意を高めるのと同様に、食物のアイコンが製品に対する私たちの記憶を高めることを示唆する。もちろん、視覚コードを乗っ取り、適応度の高い食品を装えるアイコンを考案するよう注意しなければならない。やり方を間違えると、アイコンは好ましくないもの、覚えておく価値がないものとしてその製品に烙印を押す結果にもなりうる。[*19] 正しいやり方を採用すれば、アイコンは超正常的な力を獲得するだろう。ハチの巣のような最高級の食品の宣伝にクロマチュアを加えれば、製品に対する記憶をより強められるだろう。

復習しよう。私たちの目は適応度のレポーターであり、スクープを求め、解読する価値のある適応度情報をかき集めている。メッセージは通常、ひとたび解読されると標準的なフォーマットで出現する。私たちは解読されたメッセージを、空間内の物体として見る。物体のカテゴリー、形、位置、向きは、必要な適応度ポイントを得るために、それにどう働きかければよいのかを教えてくれる。私たちはエネルギーコストを抑えながら適応度を探し回り、わずかな手がかりにも注意を向けようとするデカだ。奥行き、明滅、動き、大きさの対比、色、輝度、向きなどの外因性手がかりは、私たちの注意を引きつける。内因性の目的は、外因性手がかりの顕著性を変える場合がある。たとえば、ナシを探すという目的はナシ固有の緑をより際立たせる。私たちはつねに、動くものを精査している。カロリーの高い食物を求めてあたりを精査することもある。適応度利得の探索にあたって用いられるこれらの戦略は、探索のプロセスそれ自体をより適応的なものにするのだ。

だが私たちは、それとは異なる探索テクニックも持っている。台本に基づく注意（scripted attention）である。その効果のほどは、例を用いるとわかりやすいだろう。かつて私は、ジーンズを製造する大手企業から、新たな印刷広告を評価するよう依頼されたことがある。その広告には、ジーンズを穿いて勝ち誇ったような笑顔を浮かべている筋骨たくましい男性がこれ見よがしに描かれていた。これはすぐれたやり方だ。なぜなら、その構図は買い物客の持つ、人間や動物を監視する注意モジュールに働きかけ、その企業のブランド製品に壮健さや陽気な気分というポジティブな属性を付与するからである。さらにこの広告は、鮮やかな色と強いコントラストで企業のロゴを派手に描いていた。これは、外因性手がかりによって注意を引くすぐれたやり方だ。ところがこの広告は、買い物客の注意を、以上の効果を損なうような間違った方向に誘導していた。というのも、台本に基づく注意の役割に配慮されていなかったからである。

具体的に説明しよう。人間は社会的な動物である。あなたが適応度をかき集めようとしているとき、他者がどこでそれを集めているかに留意する。他者が注意を向ける場所に、あなたも注意を向けるだろう。つまるところ、他者の注意を引きつけるものは、あなたの注意を引いてもおかしくはない。もしかすると彼らは、忍び寄ってくるメスライオン、おいしい食物の一切れ、親切な友人、執念深い敵など、あなたが見落としている不可欠の適応度情報を見ているのかもしれない。あなたは、彼らの身体、顔、目の向きから、彼らが何に注意を向けているのかを推測し、自分の注意もそちらに向けるだろう。

前述のジーンズの広告では、モデルの身体、顔、目はすべて一方向に向けられていた。ロゴから離れ何もない空間に向けられていたのだ。モデルは自社の広告に背を向けていた。彼の身体は、頭からつま先まで、買い物客に明白なメッセージを送っていた。「この製品は忘れても構わない。あっちの左のほうにもっと興味深い製品がある」というメッセージを。たまたま左のほうに競合他社のジーンズの広告が貼られていれば、このモデルは、競合他社のジーンズのほうが自社のジーンズより注目に値すると、意図せずして買い物客に報せることになる。それでは、マーケティング予算をドブに捨てるようなものだ。

幸いにも、この件は修正が簡単だった。私は広告の両側を入れ替えて、モデルの注意が自社の望む箇所、すなわちロゴに向くよう修正したのである。これは、台本に基づく注意の一例である。私たちは目下の文脈に関する知識を用いて、適応度の集め方を限定し、より迅速かつ正確に集められるようにする。私たちは誰かを見るとき、台本に導かれてその人の顔や身体がどこに向けられているのかに注意を向けるのだ。

他の注意の台本が用いられることもある。店舗では、買い物客は製品を探すのに天井や床に目を向けたりはせず、もっぱら棚に注意を向ける。自宅の浴室では、あなたは石鹸や髭剃りがある場所を知っているはずだ。アメリカで車を運転しているときには、右に曲がる前に左を一瞥する。イギリスではその逆だ。アメリカからイギリスに出掛けてレンタカーを借りる際には、いつもの台本が発動するのに注意しなければならない。キョロキョロと注意をあちこちに向けて、事故が起こるリスクが高まるだろう。このように、ある文脈のもとでは適応度を高める注意の台本も、別の文脈のもとではあだになりうるのだ。とはいえ自然選択は、新たな台本を学ぶ能力を私たちに与えてくれた。だから私たちは、環境が変われば、台本を変えることができる。

他者に関する台本は、彼らの視線を追うよう私たちを導く。だが、それ以上のこともする。他者の手を見るよう導くのである。あの手は何をしようとしているのだろうか？　何を指しているのか？　何をつかんでいるのか？　武器か？　食べ物か？　他者の手は、一瞬であなたの適応度を高めたり低下させたりすることがある。手に注意を向けることは、それ自体適応戦略と見なせる。私が評価したジーンズの広告では、モデルの手は、製品の宣伝につながることは何もしていなかった。ただ垂れ下がっていただけだったのだ。製品を手に持っていれば、あるいはロゴを手で指していれば、その手は見る者の注意を誘導できたはずである。

注意に関する標準的な見方は、実在が時間と空間の内部に存在するネコや車などの物体から構成されると、また、それらのあらかじめ存在している物体を見て正確に知覚するよう注意の働きが導いてくれると想定している。この想定は誤っている。ネコや車は、ホモ・サピエンスの感覚インターフェース内に現れる適応度メッセージなのである。視覚の対象をネコから車へと切り替えるとき、私たちは注意を、あらかじめ存在しているネコからあらかじめ存在している車へと向け変えるのではない。そうではなく、適応度に関するある暗号文書を解読して「ネコ」というメッセージを、次に別の暗号文書を解読して「車」というメッセージを取り出しているのだ。私たちは、適応度をかき集める絶えざる営為のなかで、必要に応じてネコや車やその他の物体を作り出し、破壊しているのである。

適応度関数は、生物、その状態や行動、あるいは客観的な世界（それがいかなるものであろうと）の状態によって複雑なものになる。適応度には恒常的な側面もある。だから私は、飼いネコのチューリップからいったん目をそらし再びそちらに目を向けると、もう一度彼女の姿を見ることができるのだ。私が同じチューリップを見るのは、適応度に関する同じ暗号文書を解読しているからである。また適応度には一時的な側面も存在する。たとえば脇に回ってチューリップをもう一度見れば、異なる角度から眺められた彼女は、前とは少しばかり違って見える。ハンバーガーを二個続けて食べれば、三個目は最初の二個よりおいしそうに見えなくなる。このようなネコやハンバーガーに対する知覚の変化は、それらがコード化している適応度の変化を反映している。

私は飼いネコのチューリップが大好きだし、車の運転を楽しんでいる。だがネコも車も、知覚されていないときにも存在しているとは考えていない。何かは存在している。その何かは、それが何であれ、ネコ、車、ハンバーガーなどの、私たちが持つインターフェースの語彙でコード化された適応度メッセージを受け取るようさまざまな感覚に働きかけてくる。それらの語彙は、実在を記述するには適していないというだけのことだ。

私は太陽を愛で、わが脳のニューロンを失いたくはない。だが太陽は、それを知覚する生物が誕生する以前から存在していたとは思わないし、わがニューロンは知覚されなくても存在するとは思わない。

星々もニューロンも、私の知覚インターフェースをなす時空で構成されるデスクトップ画面上のアイコンにすぎないのだ。

私たちの知覚が自然選択によって形作られたのなら、画像編集アプリの虫メガネアイコンが、コンピューターの内部に存在するリアルな虫メガネの真の位置や形を表しているのではないのと同じように、知覚は実在の真の性質を描いているのではない。画像編集アプリの虫メガネアイコンをクリックすれば、画像は拡大する。拡大の理由を考え、アイコンがその原因だと結論づけるかもしれない。私の結論が間違っていたとしても、それは無害であり、画像編集に限って言えば、むしろ有用なフィクションでさえある。しかし自分で画像編集アプリを開発するとなると、このフィクションはもはや無害とは言えない。なぜなら、ユーザーインターフェースの背後に隠された、コンピューター内部の深いレベルで作用している因果関係をきちんと理解しておく必要があるからだ。同様に、ほとんどの研究用や医療用のアプリにとって、ニューロンには因果的な力が備わっていると、すなわち神経活動によって思考や行動などの活動が引き起こされると仮定することは無害であるし、有用なフィクションでもある。しかし、神経活動と意識的経験の根本的な関係を理解したければ、このフィクションはもはや無害ではなくなる。なぜなら、感覚インターフェースの時空フォーマットの背後に隠された、より深いレベルで作用している因果関係をきちんと理解しておかねばならないからだ。

知覚が真実を、たとえば太陽それ自体を示せない理由は、太陽それ自体が適応度利得の雲で覆われているからである。そしてこの雲が、私と私の遺伝子の運命を決めている。進化は一貫して、太陽それ自体ではなく適応度利得の雲に知覚を向けてきた。太陽それ自体が、この雲、そしてそれゆえ太陽をめぐる私の知覚経験にも影響を及ぼすことは確かだが、太陽をめぐる私の知覚経験は、太陽それ自体を記述するのではない。コンピューターファイルはデスクトップ画面上のアイコンに影響を及ぼすが、アイコンはファイルを記述しない。それと同じことだ。

時空の内部に存在する物体の知覚表象は、実在でも物自体でもない。また、それらの記述でもない。ならば、実在は永久に科学の対象にならないのか？　必ずしもそうではない。最終章では、それについて検討する。

第10章　コミュニティ　意識的主体のネットワーク

「沈黙は神の言葉である。他のあらゆるものは貧弱な翻訳にすぎない」

――ジャラール・ウッディーン・ルーミー

「言葉にできることははっきりと語ることができる。語り得ないことについては沈黙しなければならない」

――ルートヴィヒ・ウィトゲンシュタイン『論理哲学論考』

ブラックホールやパラレルワールドなどの未知の世界の謎について知る喜びは、肘掛け椅子にすわりながら今ここで味わうことができる。ブラックコーヒーの味、くしゃみの音、椅子にあたる身体の感覚などといった日常経験の起源ほど、興味をそそられる科学の謎はないだろう。私たちの脳は、いかにしてこの魔法を繰り出しているのか？　いかなる魔法の杖の一振りで、このおよそ一三〇〇グラムの肉のかたまりが意識ある心を生み出しているのか？　それが謎のまま残されているのは、データが不足しているからではないように思われる。科学の専門誌には、この魔法使いが魔法を繰り出しているところをスキャンした画像で満ちているのだから。どうやらこの用心深い魔法使いは、いくら精査されてもいかなる秘密も暴露したことがないらしい。一八六九年に生きていたトマス・ハクスリーにとって、脳の手品はアラジンの魔法のランプと同程度に不可思議なものであった。現代に生きる私たちにとっても、神経科学の劇的な進歩にもかかわらず、依然として不可思議なものである点に変わりはない。

なぜ私たちは、お手上げの状態にあるのか？　陽動作戦という魔法使いの基本ツールのせいであることが考えられる。つまり、私たちは誤った手がかりを与えられ、ここを、すなわち脳（あるいは環境と相互作用する身体を持つ脳）を探すよう誘導されているのだ。脳が、あるいは身体化された脳が意識の魔術を繰り出しているのだと信じ込まされているのである。要するに騙されているということだ。

本書は多くの紙数を割いて、それがいかに生じているのかを概観してきた。進化は、真実を隠し適応的行動を導くべく私たちの知覚を形作り、時空の内部に存在する物体から構成されるインターフェースを私たちに与えた。そしてこのインターフェースの内部で生じる因果関係を推論する能力を与えてくれた。この推論はおおむね当たる。手元のキューボールをこう突けば、あそこの8番球に軽く当たって、それをポケットに沈めることができるだろう。そうすれば賭けに勝てる。あの洞窟にいるクマとハチミツの奪い合いをすれば、おそらくハチミツも自分の命も失うだろう。などといった具合に。因果関係の把握は、首尾よくパートナーにできるか袖にされるか、獲物を捕らえるか逃がすか、生きるか死ぬかなど、複雑かつ生死がかかった状況のもとで適応度利得がどの程度得られるのかを教えてくれる。私たちはそれを真剣に受け取るし、受け取るべきだ。だがそれはフィクションである。命を救うフィクションではあるとしても。ビデオゲームの仮想世界で「このマシンガンでヘリを落とす」「この盾で敵の一突きをかわす」「このハンドルを握ってトラックを運転する」などと因果関係を把握することで、コンピューター内部のトランジスターや機械語の動作に関する洞察が得られるわけではないのと同じように、私たちのインターフェースの内部で作用している仮想的な因果関係を把握することで、実在の働きに関する洞察が得られるわけではない。

物理学者たちは、「時空とそれが持つ物体には見込みがない」と認識している。[*1] 原理的に言って、アインシュタインの時空は物理学の基盤ではあり得ない。時空、物体、その性質、さらには因果関係のフィクションが、より根源的な基盤から芽生えてくる新たな理論が必要とされているのだ。

ほとんどの科学や技術にとって、この架空の因果関係は便利なものである。私たちのインターフェースを理解し利用するのに役立つからだ。だが意識的経験を理解したいのなら、このフィクションは邪魔になる。進化によって最高に輝かしい頭脳にも組み込まれているこの罠は、人類の進歩に対する最大の障害物と化している。このフィクションは、「驚異の仮説」が示すように、意識が一群のニューロンから生じると主張するあらゆる意識の理論に取り込まれている。また、意識的経験が神経細胞の微小管における特定の量子状態の組織的な崩壊によって生じるとする、ロジャー・ペンローズとスチュワート・ハメロフの仮説の核心をなす。[*2] さらに言えば、おのおのの意識的経験が、神経的なものか否かを問わず、情報を統合する何らかの因果的構造と同一であるとする、ジュリオ・トノーニとクリストフ・コッホの仮説の核心をなしている。[*3] それらの仮説はどれも、意識的経験の厳密な説明を何も提起していない。いかなる量子状態の組織的な崩壊が、ショウガの味を生むのか？　情報を統合するどの因果的構造が松においなのか？　その答えは得られていないし、永遠に得られはしないだろう。これらの仮説は、時空内の物体が観察されなくても存在し、因果的な力を持つと仮定することで、解決不可能な難題を自らに課していると言えるだろう。この仮定は、インターフェースの内部ならみごとに通用する。しかし、その埒外では完全に効力を失う。それらの仮説は、身体化された脳のような物質的システムから、いかに

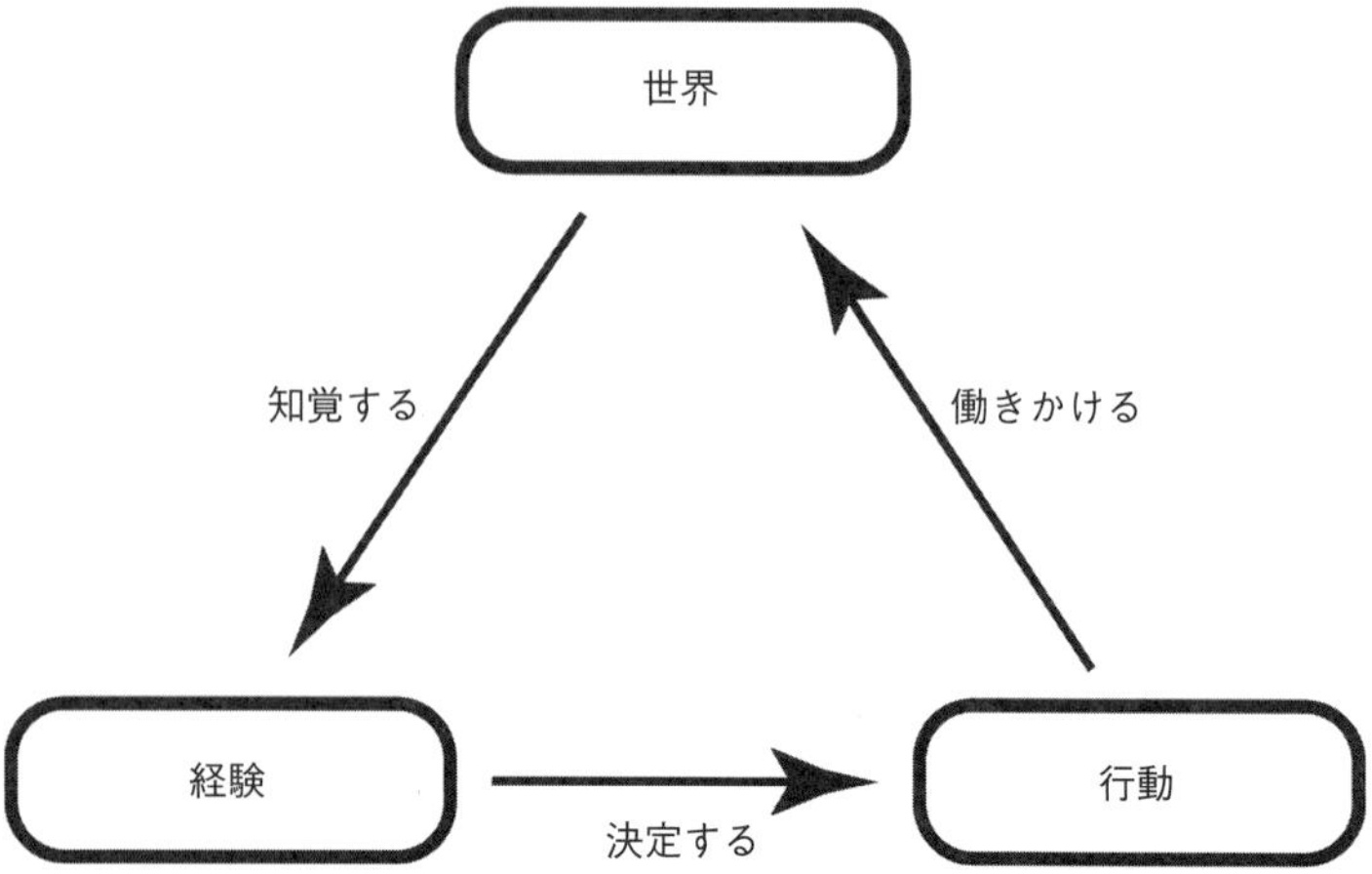

図41：「知覚する／決定する／働きかける（PDA）」ループ。©DONALD HOFFMAN

意識的経験が生じるのかを説明することができない。

　時空の内部に存在する物体を前提とするいかなる理論も意識的経験を説明しないのなら、私たちはどこから始めればよいのか？　これまで苦労して手に入れてきた心、物質、ならびにそれらの相関に関するデータを厳格な理論へと統合するために、いかなる新たな基盤が必要とされているのか？　この問いは、第7章で最初に取り上げた図（図41参照）を用いて言い換えることができる。私は知覚し、決定し、世界に働きかける意識的主体であり、時空の内部に存在する物体をめぐる私の経験は、客観的世界（その世界は時空の内部に存在する物体で構成されているわけではない）における自己の行動を導くインターフェースにすぎなかったとする。その場合、問いは、「その世界とは何か？」「図41の〈世界〉と書かれたボックスには何を置くべきだろうか？」というものになる。

　この形態の問い自体が、のちに誤りであることが判明するかもしれない前提に立脚している。「私は意識的経験を享受している」、具体的に言えば「ミントティーの味や麦芽クッキーの香りを経験している」「ミントティーを飲み、麦芽クッキーを食べているところを経験している」などといった考えは間違っているのかもしれない。そのような経験は存在せず、妄想にすぎないのかもしれない。ここでの問題は、自分の意識的経験に関する信念が絶対確実なものであるか否かではない。精神物理学によれば、絶対確実な信念を抱いている人などいない。自分が何かを経験しているという信念そのものが間違っているのかもしれないという点が、ここでの問題なのである。

その可能性を除外することはできない。だが、自分は意識的経験を享受しているという信念が間違っているのなら、あらゆる信念が間違っているように思える。食べて、飲んで、楽しむことそれ自体が、妄想にすぎないと認めるべきなのか。

この可能性は、ひとまず脇に置くこととし、私たちが意識的経験を持つこと、私たちには間違える可能性があり、意識的経験に関する信念には一貫性がないこと、そして意識的経験の本質や属性が科学の追及すべき妥当な主題であることを認めたとする。さらには、意識的に気づいていようがいまいが私たちの経験は、意思決定や行動に必要な情報を与えるものとし、その考えも科学的探究によって洗練され改訂されていくべきものだとしよう。つまり、私たちは知覚し、決定し、世界に働きかける意識的主体であるとする。意識的主体という概念は、広く共有されている直観に基づく。だがそれは、より正確に定義され、科学の荒波に耐えられる概念に鍛え上げられねばならない。[*4]

すると残った問いは、「客観的な世界とは何か?」である。

もしかすると私たちの世界は、映画の『マトリックス』や『13F』、あるいはゲームの「シムピープル」シリーズに描かれているようにコンピューターシミュレーションであり、私たちはそこに宿るアバターにすぎないのかもしれない。もしかすると別世界のオタクがこの世界と私たちを作り出し、操って楽しんでいるのかもしれない。しかも、このオタクとその世界それ自体、より低次の世界に住むオタクのデジタルゲームのコンテンツなのかもしれない。そのような世界が、最初のシミュレーションが動くもっとも根源的なレベルに至るまで、何重にも続いていることも考えられよう。この根源的なレベルは、たった一人の苛立ったアーティストが作り出したのかもしれないし、私たちの想像を超えた輝かしい文明の営為によって生じたのかもしれない。あるいは物理の新たな法則によって、創造性と喜びが苦痛に勝るような魅力的な生命形態が生み出されるかどうかを検証する科学実験として始まったのかもしれない。

この可能性は、哲学者のニック・ボストロムやデイヴィッド・チャーマーズのような本格的な思想家にも、イーロン・マスクのようなハイテク起業家によっても否定されてはおらず、そこには非常に興味深い側面がある。たとえば時空は、コンピューターの画面のようにピクセルで構成されているのかもしれない。また三次元空間は、ビデオゲームの仮想世界のようにホログラフ的膨張なのかもしれない。

意識的経験は、コンピューターシミュレーションから湧き上がってくることがあるのか？　それを肯定する科学者や哲学者はいる。だが、それがいかにして生じるかを説明できる科学的理論はない。たった今私が味わっているコーヒーの味などといった特定の意識的経験のおのおのが、特定のコンピュータープログラムであると主張する人もいる。しかし、そのようなプログラムは見つかっていないし、いかなる原理がプログラムと経験を結びつけられるのかを説明できる人もいない。現時点では、この仮説は何も言っていないに等しく、科学的理論ではない。

私がコーヒーを飲む際にはいつも感じるような種類の味などといった、意識的経験の種類のそれぞれが、一群のプログラムをなすと主張する人もいる。だがこれに関しても、そのような一群のプログラムは見つかっていないし、いかなる原理が一群のプログラムと経験を結びつけられるのかを説明できる人もいない。要するに誰も、シミュレーションがいかに意識的経験を引き起こすのかを説明することができないでいる。シミュレーションは意識のハードプロブレムに突き当たらざるを得ない。世界がシミュレーションであると想定する限り、意識的経験の起源に関する問いは謎のまま残るだろう。

ここまで見てきたように、特定の意識的経験が神経活動の特定のパターンと緊密に相関することは、実験によって検証されている事実である。しかし神経回路を基盤とするいかなる科学的理論も、意識の起源を説明できていない。スティーブン・ピンカーは、次のような状況と折り合っていかねばならないと述べている。「主観的な感覚は神経回路に由来するという理論の最後の一滴は、説明しようのない実在に関する事実として記述されなければならないのかもしれない」[*5]

おそらくピンカーは正しいのだろう。主観的経験の起源の探究を神経回路から着手すると、説明はどこかで止まってしまう。だが、もっとうまく説明できる仮説が他にあるのだろうか？

このような難題に直面した科学者は、「当該データを説明するもっとも単純な提案を採用せよ」という、一四世紀の修道士オッカムのウィリアムの助言に従おうとする。オッカムの剃刀と呼ばれるこの金言は、モーダストーレンス［妥当な推論形式の一種］のような論理を記述するものではなく[*6]、ときに人を誤らせる。ヘルムホルツクラブの会合で、フランシス・クリックはその種の誤りを見つけて、「多くの人々が、オッカムの剃刀で自分ののどを掻き切ってきた」と言った。

とはいえオッカムの剃刀は、正当にも輝かしい支持者を得てきた。アインシュタインは、一九三四年に次のように擁護している。「どんな理論にせよ、その究極的な目標は、経験から得られるデータの妥当な表現を一つも捨て去ることなく、できるだけ単純で数少ない、それ以上還元することのできない基本的な構成要素を形成することにある」[*7]。哲学者のバートランド・ラッセルは一九二四年に次のように述べている。「可能な限り、未知の実体に関する推論の代わりに既知の実体から紡ぎ出された説明を用いよ」[*8]

意識の科学にオッカムの剃刀を適用すると、二股をかけた二元論より一元論を採用するよう、つまり二種類ではなく一種類の実体に基づいて構築された理論を採用するよう要請される。この助言に従って、意識に関する科学的理論のほとんどが、物理主義を擁護している。そして実在の基本的な構成要素が、時空とその非意識的［「unconscious」の訳で前章までは「無意識」と訳してきたが、おもに「意識と無縁な」という意味で使われている本章に限っては、「非意識」と訳した］な内容物《コンテンツ》（クォークや電子などの粒子や、重力や電磁気などの場）から成ると想定している。意識は、これらの非意識的な実体から何らかのあり方で生じる、もしくは引き起こされる、あるいはそれと同一でなければならない。かくして物理主義者は、「意識的経験は、それ自体非意識的な構成要素から作り出された一群のニューロンから生じる」とする「驚異の仮説」に沿った理論を求めているのだ。

すでに見たように、物理主義者による意識の理論の構築はすべて失敗してきた。彼らは、いかなる科学的理論も構築できず、その構築方法に関する有望な着想も持っていない。これまでなされてきたあらゆる試みで、非意識的な要素から意識が現れようとするまさにその瞬間に、奇跡が起こり、帽子からウ

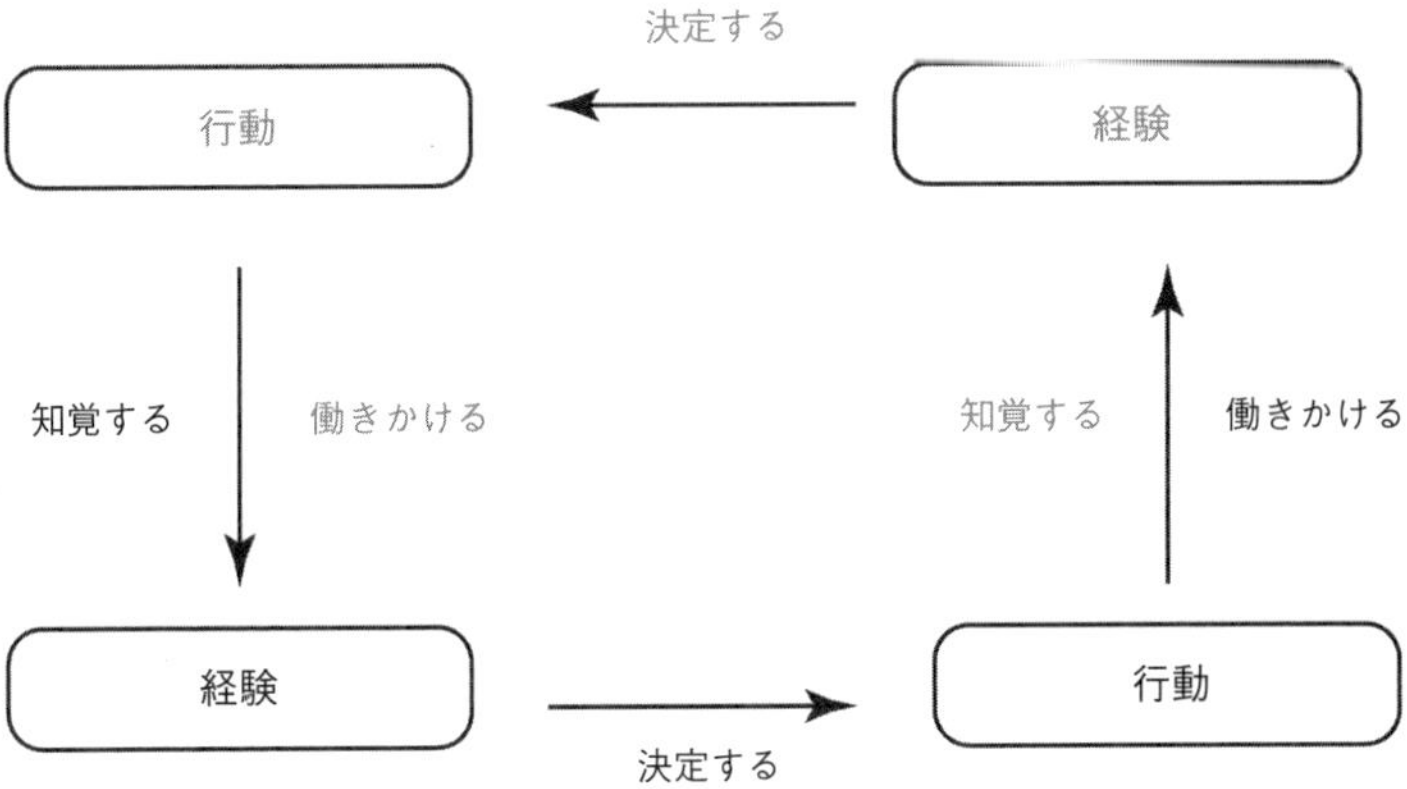

図42：相互作用する二つの主体。©DONALD HOFFMAN

サギが飛び出してきた。思うに彼らの失敗は原理的なもので、そもそも非意識的な要素から意識をひねり出すことなど不可能だ。

世に出回っている一元論は、物理主義だけではない。意識的経験と、それに基づいて行動する意識的主体が存在することを認めるなら、私たちは、空間の内部に存在する物体ではなく意識的主体を基盤とし、世界全体がこの意識的主体から構成されるとする、意識に関する科学的理論を構築することができる[*9]。

たとえば、二つの意識的主体から成るおもちゃの世界を考えてみよう。その場合、各主体にとっての外部の「世界」とは、他方の主体である。ゆえに状況は、相互作用する二者の意識的主体で完結する。その様子は図42に示されている。濃い文字で書かれているのが一方の主体で、薄い文字で書かれているのが他方の主体である。一方の主体の行動は、他方の主体の行動に影響を及ぼす。そのため、一本の矢印の両脇に「知覚する」「働きかける」と表記されている。

もちろん私たちは、三者、四者、あるいは無限の主体から構成されるネットワークを持つ、もっと複雑な世界を考えることができる。ある主体がネットワークの内部で知覚するあり方は、他の主体がいかに働きかけてくるかに依存する。私はこの一元論を「意識的実在主義《コンシャスリアリズム》」と呼んでいる。コンシャスリアリズムとITPは互いに独立した仮説であり、したがってたとえば、「私たちの知覚インターフェースの背後にある実在は、根本的に意識的なものではない」と主張したければ、それはそれで可能である「コンシャスリアリズムとITPは互いに独立しているがゆえに、この主張はITPには抵触しないが、コンシャスリアリズムには抵触する」。

コンシャスリアリズムを科学にするためには、意識的経験、意識的主体《コンシャスエージェント》、そのネットワークと動力学《ダイナミクス》を記述する数学的理論が必要になる。[*10] そして、いかに意識的主体が時空、物体、物理的ダイナミクス、進化的ダイナミクスを生み出しているのかを示さなければならない。[*11] 私たちは量子論、一般相対性理論、さらにはそれらの理論の数学的に正確な一般化に立ち戻らなければならないのだ。

読者は次のように言うかもしれない。「だが、意識を数学に還元する者は誰であれ、豊かな意識との接触を失い、おのれのインテリ石頭に埋没してしまうのではないか」

そんなことはない。意識の科学は、生きた意識から切り離される必要はない。それは気象学を雷雨から、疫学を人間の苦しみから切り離す必要がないのと同じだ。むしろ逆に、生きた対象に対する関心が、厳格さや深い洞察を求める科学的探究を鼓舞するのである。

読者はそれに対し、次のように反論するかもしれない。「そうではあれ、科学にふさわしい存在論は、物理主義である。意識を基盤に据える存在論はいんちき療法だ。物理主義を否定し、コンシャスリアリズムを肯定することは、トンデモ科学を擁護するようなものである」

事実、大勢の科学者が物理主義を擁護している。ときにそれが科学や技術の進歩に貢献してきたことを考えると、コンシャスリアリズムのような他の存在論を疑ってかかる科学者を責めることはできない。しかし、科学はいかなる存在論も前提としない。存在論は理論であり、理論を発展させ検証する方法たる科学は、いかなる理論にも特権を与えない。各理論は、生物と同様、生き残るために競争しなければならない。科学の世界を長く支配してきた理論も、かつて繁栄を誇っていた多くの生物と同様、明日にも突如として絶滅するかもしれない。

時空と非意識的な物体を基盤とする物理主義は、長く科学の世界を支配してきた。なぜなら、ホモ・サピエンスは時空の内部に存在する物体という、一見もっともらしい言葉で適応度を知覚するからだ。だが物理主義は、量子重力理論や、意識と生物学的メカニズムの関係の探究などの、科学におけるいくつかの新たな領域には適合しないように思われる。実在を見る生物は、それと同程度に複雑な、適応度を見る生物を支配することはできないとするFBT定理の驚くべき洞察は、物理主義と衝突し、その退場を促す。

「だがコンシャスリアリズムについてはどうなのか？　もっともらしい物理主義を負かせるとしたら、あり得ないことを主張するコンシャスリアリズムしかないのは確かだろう。だが、何も感じない電子が意識的なものであるとか、それどころか意識的な主体であるなどというたわけた主張を、私たちは信じるべきなのか？」

この反論は、コンシャスリアリズムを誤解している。コンシャスリアリズムは、「物体は知覚されていないときにも存在する」、また「物体は知覚されると意識的なものになる」という見方を否定する。

物体は私たちの意識的経験ではあっても、それ自体は意識的なものではない。だからこの反論は、物体には意識を持つものもあると主張する汎心論《パンサイキズム》に対してなされるべきものだ。その主張によれば、たとえば電子は位置やスピンなどの非意識的な性質に加えて、意識も持っているかもしれない。しかし岩は、たとえそれを構成する粒子のおのおのが意識を持っていたとしても、意識を持たないかもしれない。汎心論は二元論を回避できないように思われる。[*12] 卓越した思想家たちが、汎心論を採用してきた。その事実は、意識のハードプロブレムの根深さと、それを解決しようと試みている人々の苦境を明確に示している。[*13]

コンシャスリアリズムは汎心論ではない。その主張は、鏡を覗き込むことでよく理解できる。そこには、自分の目、髪、皮膚、歯など、馴染みのものを見ることができる。だがそこに見ていないものは、無限に豊かで、同様に馴染みのある意識的経験の世界である。そこには夢、恐れ、願望、音楽やスポーツへの愛情、喜びや悲しみ、唇の穏やかな圧力や温かさなどといったものが含まれる。鏡の中に見る顔は三次元のアイコンであるが、私たちは、その背後に三次元を超えた意識的経験の生き生きとした世界が存在することをじかに知っている。このように、人の顔は意識的経験の豊かな世界へと開いた小さな門《ポータル》なのだ。微笑みを構成する湾曲した唇と細められた目は、「よーろーこーび」という文字以上に真の喜びの経験をとらえているわけではない。だが私たちは、この粗悪な翻訳にもかかわらず、友人が微笑むところを見て喜びを共有することができる。私たちは内部者であるがゆえに、誰かの顔が満面の笑みを作っているときに、その背後で何が生じているかをじかに知ることができるのだ。この内部者の利点のおかげで、私たちは二〇種類以上の情動を介して、たとえばしかめ面を見て嫌悪を、あるいは吊り上がった眉を見て驚きを感じるのである。[*14]

私たちは、表情を変えるだけで自分の経験を伝えられる。これは、非常に印象的なデータ圧縮だと言えよう。たとえば愛などの一つの経験に、どのくらいの情報が詰め込まれているのか？　その問いに答えるのはむずかしい。人間は無数の歌や詩を作ることで愛を探求してきたが、どうやらその深さをとらえることには失敗してきたらしい。世代が変わるごとに、さらなる探求を行なって新たな詩や歌を作らねばならないと感じているのだから。しかしその底知れない複雑さにもかかわらず、愛は一瞥しただけで伝わってくる。その種の効率的な表現は、私の経験世界と知覚インターフェースがあなたのものと重なっているからこそ可能なのである。

もちろん、そこには相違もある。色盲の人が経験している視覚世界は、私たちのほとんどが経験している豊かな色彩の世界とは異なる。ソシオパスの情動的経験は、私たちが最悪の瞬間に感じる情動とさえ、おそらくは想像できないほど異なっているに違いない。しかし重なりはしばしばかなりの範囲に及び、通常は私たちのインターフェースの内部にある身体のアイコンの背後に隠されている、他者の意識的な世界への、部分的ではあるにせよ純粋なアクセスが可能になる。

視線を人間からボノボやチンパンジーに向け変えると、これらの動物のアイコンは、その背後に隠されている意識的世界についてごくわずかしか語ってくれない。人間はこれらの霊長類と九九パーセントのDNAを共有しているが、意識的世界に関しては、ほんのわずかしか共有していないように思われる。チンパンジーのアイコンの背後を見て、その意識的世界を垣間見るには、ジェーン・グドールの天才と根気が必要だ。[*15]

だが視線をチンパンジーからネコ、さらにはマウス、アリ、細菌、ウイルス、岩、分子、原子、クォークへと順次向け変えていくと、私たちのインターフェースの内部に出現するそれぞれのアイコンは、その背後に存在する意識の開花について次第に何も語らなくなっていく。ちなみに、ここで言う「背後」とは、「ファイルが、それを示すデスクトップ画面のアイコンの〈背後〉にある」と言う場合と同じ意味である。アリともなると、私たちのアイコンはほとんど何も語らないので、おそらくグドールでさえ、その意識的世界を探ることはできないだろう。さらに細菌ともなれば、アイコンの貧弱さは、そこに意識的世界など存在しないだろうと思わせるに十分なほどである。岩、分子、原子、クォークでは、その疑いはほぼ確信に変わる。私たちが非意識的な基盤を前提とする物質主義をもっともらしく思うのは無理もない。

私たちは騙されてきた。つまり、自分たちのインターフェースの限界を実在に対する洞察だと勘違いしてきたのだ。知覚や記憶の能力には限界がある。しかし私たちは、それらの能力の限界を超える複雑さを持つ意識的主体から構成される無限のネットワークに組み込まれている。したがって私たちのインターフェースは、この複雑さのごく一部以外はすべて無視し、そのごく一部に対しては、自己の能力を賢明に行使しなければならない。「これは詳細に、あれは相応に取り上げよう。そしてそれ以外は無視しよう」などといった具合に。そのため視線を人間からアリ、さらにはクォークに移していくと、私たちの洞察は減退していくのだ。この洞察の減退は、実在それ自体に固有の漸進的貧困化を反映すると考えてはならない。なぜならこの減退は、私たちの知覚、すなわちインターフェースに生じるものだからである。それにもかかわらず私たちは、それを外部化して実在に押しつける。まさにこの誤った物象化から、物質主義の存在論が頭をもたげてくるのだ。

コンシャスリアリズムはこの減退を、非意識的な実在ではなく、私たちのインターフェースという本来あるべきところに帰属させる。視線が人間からアリを経てクォークに移っていくにつれ、アイコンの背後に示される意識的世界の見えは次第に薄暗くなっていくが、この事実は意識それ自体が、明暗を調節するスイッチによって薄暗くされていくことを意味するのではない。鏡の中に見る顔はアイコンであり、アイコンであるからにはそれ自体は意識を持たない。しかし私は、そのアイコンの背後に意識的経験という生き生きとした世界が存在することをじかに知っている。同様に、私が川床に見る石はアイコンであり、アイコンである以上は意識的でもなければ意識が宿るわけでもない。それは私自身のものにも劣らないほど生き生きとした意識的経験の世界へのポインターなのであり、そうは見えない理由は私が持つアイコンの制約によって、その世界に臨む窓がひどく曇らされているからである。このような制約の存在は、自分自身と比べて無限に複雑な実在に直面している、いかなる有限な生物の知覚にも予想されるものだ。

私はここまで、意識の理論には正確さが必要であることを強調してきた。今や意識的主体の理論にもっと正確さを加えるときがきた。意識的主体の数学的な定義については補足資料を参照されたい。しかし数学的定義の裏には単純な直観が存在する。

図42（二七七頁）は、二つの主体を描いている。各主体は、自分に可能な一連の経験と行動を持ち、知覚し、決定し、世界に働きかける。行動は経験を生む。それには望ましいものも望ましくないものもある。ライオンからエサを盗めば、苦痛を経験する。イチジクを拾えば、喜びを経験する。このように、

行動は未来の経験に対する賭けと見なすことができる。食べ物や繁殖相手に賭けることもあれば、自分の命を賭けることもある。

賢明な賭けをするためには、どのような選択肢があるのかを知っておかねばならない。競馬で言えばシービスケット［一九三〇年代のアメリカで活躍した実在の競走馬］に、ショウ［三着までに入る一頭を当てる］か、プレイス［二着までに入る一頭を当てる］か、ウィン［単勝］で賭ける、あるいは思い切って一着シービスケット、二着セクレタリー、三着ビッグレッドというトライフェクタ［三連単］で賭けるなどの選択肢がある。

意識的主体は、行動の一覧と、それに続いて生じる経験の一覧を必要とする。数学では、その種の一覧は「可測空間」と呼ばれる。[*16] それは、シービスケットが勝つ確率などといった確率を論じるのに必要とされる最小限の構造である。よって意識的主体の行動や経験の一覧は、「可測空間」と見なせる。それ以上でも以下でもない。それは、実験によって検証可能な意識的主体に関する理論の考案に必要な最小限の構造なのだ。[*17] 行動や経験に関する確率を記述できなければ、実験によって検証可能な予測を理論から導くことはできない。つまり、科学にならない。

意識的主体は動的《ダイナミック》であり、知覚し、決定し、世界に働きかける。意識的主体が知覚すれば、その経験はたいてい変わる。決定すれば、行動は変わる。世界に働きかければ、他の主体の経験が変わりうる。ダイナミクスとは、条件づけられた変化をいう。私はブルーベリーマフィンとバタークロワッサンを見て、後者に決める。すると、マフィンの背後にチョコレートエクレアがあるのに気づき、そちらに手を伸ばす。クロワッサンからエクレアへの私の行動の変化は条件づけられた変化であり、自分の新たな経験、すなわちチョコレートを味わう楽しみに対する期待に依存する。新たな経験をするたびに、新しい行動計画が促される。数学用語で言えば、そのような条件づけられた変化は「マルコフカーネル」と呼ばれる。[*18] 知覚する、決定する、世界に働きかけるという意識的主体のダイナミクスはいずれも、マルコフカーネルである。それ以上でも以下でもない。

要するに、意識的主体は経験と行動の一覧（可測空間）を持つ。それは知覚し、決定し、世界に働きかける。そして、そのそれぞれが条件づけられた変化（マルコフカーネル）をなす。主体の経験の量は重要な要素になる。以上が意識的主体の完全な定義である。数学者なら言うだろうが、それは単純な数学にすぎない。

だが読者は、「その数学とやらは、意識のない機械的な主体も記述できるはずだ。ならば、意識について何も語っていないに等しい」と反論するかもしれない。

この反論は単純な論理的誤謬に基づいている。端的に言えば、「リンゴは数えられる。だからミカンは数えられない」と言っているようなものだ。可測空間は、コインの投擲のような非意識的な事象を記述できる。しかし味や色の経験などの意識的な事象も記述することができる。確率やマルコフカーネルは、偶然や非意識的決定であろうが、自由意志や意識的熟慮であろうが、記述することができるのだ。

意識的主体の定義は数学にすぎない。数学は現実の事象を引き起こす道具ではない。天候の数学的モデルが吹雪や干ばつを引き起こせないのと同じように、意識的主体の数学的モデルは意識を引き起こすことができない。という但し書きをつけたうえで、私は「意識的主体仮説」という大胆な仮説を提起する。この仮説は、「意識のあらゆる側面が、意識的主体によってモデル化されうる」と主張する。[*19]

意識的主体の定義は精緻だが、意識的主体仮説は大胆だ。そのような仮説を提起するのは、それが正しいと確信しているからではなく、何が間違っているのかを正確に知り、可能ならばその誤謬を正したいからである。明確な理論を提起し、大きな目標を掲げ、有能な同僚に論理や実験を用いて叩き落としてもらう。そして叩かれた箇所を修正して理論を改善していく。これは科学の営みの標準的な手順である。

理論は相手の攻撃に耐えねばならないが、味方も必要だ。意識的主体の利点には次のようなものがある。それは万能計算マシンであり、意識的主体で構成されるネットワークは、学習、記憶、問題解決、物体認識を含め、あらゆる知覚的、認知的課題を遂行する能力を持つ。[20] そのようなネットワークがいくつか構築されてきたが、それらは従来の神経ネットワークの代替手段を提供する。[21] つまり、意識的主体という概念は、認知神経科学の理論を構築するための新たな枠組みを提供するのである。この枠組みは、生物が持つニューロンや、それによって構成されるネットワークが認知の基盤をなすという前提を立てない。その代わり、意識を基盤に据え、それに基づいて、いかにして時空や物質や神経活動が、意識的主体の持つ知覚インターフェースの構成要素として生じうるのかを解明することを課題とする。

意識的主体は相互に結合して、新たな意識的主体を形成する能力を持つ。さらにはこうして生まれた新たな意識的主体同士が結合して、さらに高次の意識的主体が形成されることもある。このような高次の意識的主体への結合は、無限に続く。複数の主体が相互作用するとき、各主体はそれ自体の個体性を維持しつつ、互いに結合して新たな主体を生む。相互作用するにあたり各主体が行動から経験をより効率的に予測できればできるほど、関係する主体が合同で呈するダイナミクスはそれだけ緊密に統合化され、それによって生じる新たな主体は統合度を増す。そして高次の主体の決定や行動は、その生成に参加した低次の主体のダイナミクスに影響を及ぼすことがある。

意識的主体の決定は、それ自体のレベルでの自己の判断に加え、その生成に参加した低次の主体の判断にも影響される。それ自体のレベルでの主体の決定は、ダニエル・カーネマンが言うところの、明示的で努力を要する「システム２」の決定に、また、その主体の生成に参加した低次の主体の決定は、より情動的、行動的、自動的な「システム１」の決定に対応するものと見なせる。[*22]

複数の主体をより複雑な主体へと統合する過程は無限に続きうるが、複雑な主体をより単純な主体へと分解する過程は無限には続かない。意識的主体の階層には底辺が存在する。その底辺には、もっとも基本的な主体である「一ビット」主体が存在し、この主体は二つの経験と二つの行動しか持たない。一ビット主体のダイナミクスや、二つの一ビット主体間の相互作用のダイナミクスは完全に分析することができる。[*23] この主体の底辺においては、プランクスケール［プランク単位系で表される長さ、質量、時間の量］の物理に基づいて時空の基盤との結びつきを解明し、いかに主体が時空というデスクトップ画面を立ち上げているのかを見極めることが期待される。

知覚のインターフェース理論（ＩＴＰ）によれば、私たちと実在のあいだには間仕切り《スクリーン》、つまりインターフェースが存在する。この間仕切りを突き破って実在を垣間見ることは可能なのだろうか？　コンシャスリアリズムは、「イエス。私たちは実在に遭遇したことがあるし、それは私たちに似ている」と答える。私たちは意識的主体であり、よって実在である。インターフェースの埒外には、カント的な本体《ヌーメノン》、つまり私たちの探究をまったく受けつけない永遠の謎が存在するのではない。そこには自分たちに似た主体、意識的主体が存在する。その多様さは、これまで地球上に誕生し、かつて存在したことを示す無数の化石化した形見を地層に残してきた生物の目のくらむような多様性をはるかに凌駕する。未知の色を、一つも具体的に思い浮かべることができない私たちは、この多種多様な主体が享受しているさまざまな経験の、ほんの一部を思い浮かべることができるにすぎない。しかしその多様さにもかかわらず、それらの多種多様な主体と私たちは、主体、それも意識的主体であるという一つの事実を共有している。

読者は次のように反論するかもしれない。「とはいえあなたは、以前の章で誰も見ていないときでも存在するものとして〈実在〉を定義したのではなかったのか。そして意識的経験は、何らかの主体が観察しているときにのみ存在するのではないのか？　ならばコンシャスリアリズムを提起し、実在が意識的主体から構成されると主張するのは矛盾していないのか？」

実のところ、私は議論を進めるうえで、ほとんどの物理主義者に受け入れられている実在の概念を採用した。それから私は、これまたほとんどの物理主義者に受け入れられている進化の科学の前提を用いて物理主義と、それが擁護する実在の概念に対する反証をあげた。反証を提起し終えた今、私は新たな存在論と、独自の経験と構造を持つ意識的主体を中心とする新たな実在の概念を提唱したい。

コンシャスリアリズムは、人間の想像力には限界があるとしても、実在、意識的主体、そしてそれらのあいだの相互作用を記述する科学の構築が可能であると主張する。私たちが具体的に想像できるのは、せいぜい三次元空間にすぎないが、科学的理論は、それを超える次元を持つ、私たちの想像を凌駕する空間の概念を恒常的に動員してきた。同様に、私たちはホモ・サピエンスという生物種に限定された一定の狭い範囲内でのみ、意識的経験を具体的に想像することができるが、私たちの想像力を凌駕する経験を持つ主体を含め、あらゆる意識的主体を対象とする科学的理論を考案することができる。

ＩＴＰとコンシャスリアリズムは、脳と意識的経験の関係に関する従来の問題を枠づけ直す。第1章で、分離脳患者を取り上げた。ジョー・ボーゲンが脳梁を切断したとき、彼のメスは、一個の統合された脳を切り離された二つの半球へと分離したのである。この言い方は、インターフェースを物理主義者の用語で置き換えて、ボーゲンが行なった脳梁離断術を記述したものである。実のところコンシャスリアリズムに従えば、彼のメスは一つの意識的主体を二つの主体に分離したのだ。一つの高次の主体を形成した二つの主体の豊かな相互作用は、分離によって貧弱なものになった。すでに述べたように、私たちのインターフェースは、その背後にある意識的な領域に関する大雑把な洞察をもたらしてくれることがある。微笑みは喜びを、重々しい声音は悲しみを告知する。ここにおいて、私たちのインターフェースは、それが持つ脳のアイコンとともに、主体や主体同士の結合に関する大雑把な洞察をもたらしてくれる。つまり脳梁によって結びつけられた二つの肉のかたまりは、二つの主体が相互作用しながら一つの新たな主体を形成していることを、また、脳梁離断術によって切り離された二つの肉のかたまりは、かつては統合されていた一つの主体が二つの別の主体に分かれたことを教えてくれる。

おのおのの半球を密接に観察すれば、私たちのインターフェースは、数十億のニューロンから構成されるネットワークを見せてくれる。このレベルであれば、相互作用しながら高次の主体を形成している意識的主体の領域に関して大雑把な洞察が得られるかもしれない。だが、さらに各ニューロンやその化学作用、最終的には物理作用に視点を移していくにつれ、いかなる洞察も得られなくなるだろう。

神経科学者は次のように反論するかもしれない。「認知神経科学は、私たちの心的プロセスの大部分が非意識的なものであることを明らかにしている。私たちは、理解する、話す、決定する、学ぶ、歩く、目に入ってきた視覚刺激を視覚世界に変換するなどといった高度なプロセスに気づいていない。この非意識的な処理の広大な領域は、実在がもっぱら意識的主体から構成されるとするコンシャスリアリズムの主張と必然的に矛盾する。かくしてコンシャスリアリズムは、非意識的プロセスの暗礁に乗り上げて座礁せざるを得ない」

この反論もまた、インターフェースの制約を実在に関する洞察と取り違えている。私は友人と話すとき、その人には意識があると想定する。友人の意識をじかに経験することは、私にはできない。それは私にはアクセス不可能であり、せいぜいその人であるとはどのようなことかを推測できるだけである。だが、私が友人の意識を意識することができないから、友人は意識を持たないと結論するのは間違っている。同様に、私が自分の持つ心的プロセスのいくつかを意識することができないから、それらのプロセスは非意識的だと結論するのは間違いである。私は自分の持つ多くの心的プロセスに気づいていないとしても、それらのプロセスは、私を形成している他の低次の主体には意識されているのかもしれない。

意識的主体はさまざまな経験を享受し、驚くほど多様な他の多数の主体とネットワークを構成する。だから一つの主体にとって、他の主体の多種多様な経験の大部分は経験することができない。このことは、さまざまな階層に属する、低次の主体から構成される主体にとりわけよく当てはまる。一つの主体は、自己を形成するすべての主体が持つあらゆる経験を経験するのに必要な資源を欠く。そのためせいぜい自分自身の一連の経験を用いて、自己の主体の形成の様相を大まかに描くことができるにすぎない。こうして私たちは、時空のキャンバスに身体、脳、ニューロン、化学物質、粒子を描き込む。それから一歩下がって自分の作品を称賛し、ここには意識あるものは何もないと結論する。その態度は、物理主義を助長し、意識の問題を謎に変える単純な間違いである。

意識的主体を単なる一連の経験と等置してはならない。それは決定し、世界に働きかける。しかし行動は、定義上経験から区別される。それゆえ主体を表す図［図41］では、「経験」と「行動」のおのおのに対し、個別にボックスが割り当てられているのである。それによって示されるのは、「意識的主体は気づきの能力を持ちながら、自己に対する気づきを持たない、すなわち自分の決定や行動に気づいていないことがありうる」ということだ。自己に気づくためには、主体は経験や知覚インターフェースの一部を自己の決定や行動を表象することにつぎ込まねばならない。そしてそのインターフェースは、主体自身の決定や行動を表象するアイコンを持たねばならない。主体が自己を見る場合、自らのインターフェースを介して、曇ったガラスを通すかのようにぼんやりと、したがって必然的に不完全に見ることになる。

自己を完全に記述することのできる意識的主体は存在しない。そうしようとする試みそれ自体が主体にさらなる経験をつけ加え、この新たな経験に照らしての決定や行動がさらに複雑なものになる。このより複雑化した決定や行動をとらえるためにさらなる経験が必要になり、かくして不完全性の悪循環は続く。したがって意識的主体は、少なくともある程度は自己に意識されない部分を残さなければならない。ここで、コンシャスリアリズムは意識的経験のみならず、意識的主体も根本的なものと見なすという点を思い出されたい。主体は、いかに経験のレパートリーが増えようが、それ自体を完全に経験することはできない。この制約から、哲学的な難問、個人的な不安、セラピストの繁栄が生じているのだ。

とはいえ、自己を作り出すことにはすぐれた理由がある。自分の行動やその結果を経験できれば、学ぶことができる。その行動がこのひどい経験につながったのなら、その行動はすべきでないことを学べる。自分の内的な決定や行動に関する経験が豊かになればなるほど、それだけ私たちは外界と緻密なやり取りができるようになる。また他の主体について知るためには、まず自己を知らねばならない。その意味において、あらゆる知識は身体化されているのだ。

コンシャスリアリズムは、それとは別の約束手形を支払わねばならない。それは、意識的主体のダイナミクスをいくつかの基本的な原理に基づいて正確に記述し、このダイナミクスがホモ・サピエンスのインターフェースに投影された場合、現代の物理学や進化の科学としていかに顕現するのかを示さなければならない。この条件は、主体のダイナミクスを記述する理論に強い実証的な制約を課す。つまり、このダイナミクスの時空インターフェースへの反映は、現代の物理学と進化の科学を支持するすべてのデータを説明できなければならない。さらには、実験によって検証可能な新たな予測を立てられなければならない。

いかなる原理や主体のダイナミクスが、そのような役割を担えるのか？　その答えは、現時点では定かでない。しかし興味をそそる道のりが、意識的主体から自然選択を経由し物理に通じている。物理の基本法則は、あらゆるものが崩壊すると告げている。詩人のウィリアム・ドラモンド（一五八五―一六四九）が述べるように、「月下に存在するもののすべてが朽ちる。そして、死すべき者たちがこの世にもたらしたものは、長い年月が経つうちに無に帰するだろう」。もっと厳密に言えば、この法則、すなわち熱力学第二法則は、「いかなる閉鎖系においても、エントロピーの総量は決して減少しない」

と告げる。エントロピーがもたらす崩壊は、生命の情け容赦のない敵、腐敗と死の使者である。それに対して生命はたった一つの防御手段しか持っていない。進化心理学者のジョン・トゥービー、レダ・コスミデス、クラーク・バレットは、それについて次のように述べる。「自然選択は、生物の個体群を熱力学的に高次の機能秩序へと押し上げる、また、それなくしては必ずや生じるはずの無秩序の増大を打ち消しさえする、唯一知られた自然のプロセスである」[*24]

エントロピーとは、あなたが欠いている情報である。たとえて言えば、二〇の質問［もの当てゲームで、回答者は答えを導くために、イエスかノーかで回答可能な質問を最大で二〇問まで行なえる］で、自分の知識の間隙を埋めるためにしなければならない、イエスかノーかで答えられる質問の数と考えればよい。しかし意識的経験という通貨でやり取りされる情報は、意識的主体が売買する商品でもある。おそらく意識的主体のダイナミクスは暗号通貨のダイナミクスに似ているのだろうが、ただし通貨として意識的経験が用いられるのだ。二重支払の禁止は、ホモ・サピエンスの時空インターフェースに投影された場合には物理の保存則として現れるのかもしれない。あるいはもしかすると、物理学者で発明家のフェデリコ・ファジンが主張するように、意識的主体の主たる目標は、相互理解なのかもしれない。[*25] それが正しければ、意識的主体のダイナミクスは、共有情報を増大させる相互作用を選好するはずだ。そしてこのダイナミクスが、主体のネットワークからホモ・サピエンスのインターフェースに投影されると、自然選択による進化として顕現するのかもしれない。この仮説は、「Hoffman」より「Google」のほうが、検索ヒット数が多い理由を説明するソーシャルネットワーク理論から、適応度関数に関する進化生物学の理論に至る洞察を結びつける研究の有望な指針になるかもしれない。

コンシャスリアリズムは、神経科学を始めとする現代の科学を支配している物理主義とは劇的に異なる存在論を提示する。ただし劇的に異なりはするが、劇的に新しいわけではない。コンシャスリアリズムとITPの主要な考えの多くは、パルメニデス、ピタゴラス、プラトンら古代ギリシャの哲学者や、ライプニッツ、カント、ヘーゲルら近代ドイツの哲学者、さらには仏教、ヒンズー教のような東洋の宗教、あるいはイスラム教、ユダヤ教、キリスト教の神秘主義的な流派に至るまで、すでに過去の遺産に見出すことができる。イギリスの哲学者で司祭でもあったジョージ・バークリーは、主要な考えのいくつかを次のようにうまく要約している。「知覚されることにいかなる関係も持たない、思考しない事物の絶対的な存在などというものは、まったくもって不可解に思われる。存在するとは知覚されることだ。事物は、それを知覚する心や思考者を欠いては存在しないだろう[26]」

意識的主体とコンシャスリアリズムが何か革新的な考えに寄与しているとするなら、それは古来の哲学や宗教のさまざまな考えを、正確かつ検証可能な意識の理論へと統合する点にある。それによって古来の考えは、科学的方法の用心深い監視のもとで洗練されていくはずだ。

科学は、哲学や宗教的実践と同じように人間の行なう営為である。だから無謬ではない。科学をエセ科学から区分しようとする試みの多くが、論議の対象になっている[27]。科学が提供するのは、至適基準として通用する信念ではなく、人間の本性を探究する方法から力を引き出しながら、さまざまな信念をふるいにかける強力な手段である。人間は議論する生物だ。自分がすでに信じている考えを擁護する議論を展開することに長け、自分が信じていない考えを退けようとする人間の傾向は、数々の実験で検証されており、その理由は進化の理論が説明してくれる[28]。推論能力は、真実を追求するために進化したのではなく、社会的な説得の道具として進化したのだ。そのため私たちの推論には、自分がすでに信じ込んでいる見解を支持する情報を選択しようとするバイアスを始めとして、さまざまな欠陥がつきまとう。科学的方法はそれをうまく利用してきた。科学者の一人ひとりが自分の見解を擁護し、他の科学者の対立する見解を反駁してきた。私たちの理性は、そのような論争的文脈のもとでもっとも鋭利な効果を発揮する。かくしておのおのの見解は、その支持者が提供する、推論と証拠に基づく最高のサポートを得ることができ、その批判者がぶつけてくる、推論と証拠に基づく最高の反論に耐えることができるのだ。この推論能力の研磨に、自分が提起する考えは正確であるべき、しかも可能な限り数学的に正確であるべきだとする要請を加えれば、科学という不死鳥は、人間の本性に起因する欠陥の澱のなかからよみがえるだろう。

科学は実在に関する理論ではなく探究方法であり、人間の本性のすぐれた側面を取りまとめ、理性、正確さ、生産的な対話、実証性の行使を促す。また韜晦《とうかい》、欺瞞、独断、傲慢に陥りがちな私たちの傾向を緩和してくれる。意味、目的、価値、美、精神性など、人間の想像力に訴えかけるいかなる問いの探究も、科学による統合の最大限の恩恵を受けるに値する。よりよい理解が得られる最大の機会を自ら放棄する理由などない。

科学や宗教を研究する著名な学者のなかには、そのような考えをとらない人もいる。米国科学アカデミーは一九九九年に刊行された『科学と創造論（*Science and Creationism*）』で、次のような提起を行なっている。「科学は、自然界の事実を記述し、さまざまな事実を結びつけ説明する理論を構築しようとする。それに対して宗教は、人間的な目的、意味、価値という、等しく重要ながらまったく異なる領域を対象にしている。事実の領域に属する科学は、それらの主題を照らし出せたとしても解明することはできない」。同様に進化生物学者のスティーブン・ジェイ・グールドは、「科学と宗教は人間の経験における二つの異なる領域を占める。これら二つの領域を結びつけるべきだとする要求は、おのおのの分野の栄光を減じる結果になろう」と主張している。*29

リチャード・ドーキンスはその考えに反対し、次のように述べている。「宗教は科学の領域から離れて、道徳と価値の分野に専念すべきだとするグールドらの主張は、まったく非現実的だ。超自然的存在を持つ宇宙は、それを持たない宇宙とは根本的に、そして質的に異なるだろう。その違いは必然的に科学的なものである。宗教は存在をめぐる主張をする。これは科学的な主張を意味する」*30

私はドーキンスの見解に同意する。宗教的なものであろうがなかろうが、思考のシステムを真剣に検討しようとするのなら、私たちはそのシステムを最善の探究方法、すなわち科学の方法で調査すべきである。それが真剣な扱いというものだ。

神、善、実在、意識などの主題は、人間の概念、よって科学的方法の対象とされる限定された範囲を超えると言われてきた。そう主張し、その言葉どおりそれらの主題に関してはそれ以上何も言わない人と議論するつもりは、私にはない。しかしそれ以上何か言うのであれば、「言葉にできることは、明確に言える」はずであり、科学的方法で探究できるはずである。科学は人間の本性を記述できるのか？ 私たちは科学的方法を用いて、人間の本性に関する理論を提起し洗練させていくことができるという意味で、私はその問いに肯定的に答える。だが、仮に科学には人間の本性を記述する能力がないのなら、ましてや英語のような不正確な言語で記述できるはずはない。つまり科学的方法にまさる、人間の本性の説明方法は存在しない。高みから降臨してきた、しかし検証も議論もできない説明は、説明ではない。だが、読者は次のように反論するかもしれない。「意識の研究には一人称の経験が欠かせない。だからそれは、三人称の観点から得られた客観的なデータを必要とする科学ではとらえられない」

この主張は誤っている。科学は存在論ではなく、一人称の経験が成立する以前から存在し、三人称の観点から研究しなければならない時空や物体を対象にしているのではない。科学は方法であり、存在論を検証し棄却することができる。私たちの知覚が自然選択によって進化したのなら、FBT定理に従って、私たちは物理主義に基づく存在論を捨てなければならない。そして時空や物体が、ホモ・サピエンスによって用いられている知覚インターフェースである点を認識しておかねばならない。時空や物体は一人称の経験なのだ。時空の内部に存在する物体を対象とする科学的研究は、最新の技術を駆使する大規模な科学者のチームによってなされても、必ずや一人称の経験の研究にならざるを得ない。

私が見ている月は私のインターフェースのアイコンであり、あなたが見ている月はあなたのインターフェースのアイコンである。知覚されなくても存在し、よって三人称の観点から観察されなければならない客観的な月などというものは存在しない。存在するのは一人称の観点からの観察結果だけである。しかし、それは科学を逸脱するわけではない。それどころか、一人称の観点からの科学はかつて存在した唯一のデータ科学であり、この科学はさまざまな一人称の観察結果を比較して、それらが一致するか否かを検証する。一致すれば、観察結果とそれによって裏づけられる理論の信頼度が増す。しかし実験の対象になるいかなる物体もインターフェースのアイコンであり、インターフェースを超越した実在の構成要素ではない。物体や計測値をめぐる科学者間の意見の一致は、それらが誰も観察していなくても存在することを意味するのではない。

コンシャスリアリズムは、「時空や物体ではなく意識こそが根本的な実在であり、それは意識的主体のネットワークとして定義される」という大胆な主張を提起する。[*31] とはいえコンシャスリアリズムは、おのれの立場を固めるために、いくつかの課題に真剣に取り組まねばならない。つまり量子重力論の基礎となり、私たちの時空インターフェースと物体がいかに出現するのか、またこのインターフェースの内部でいかに進化が可能になるのか、さらには人間の心理がどのように進化したのかを説明しなければならない。

コンシャスリアリズムは、SFのテーマに新たな光を当てる。人工知能（AI）はリアルな意識を生めるのか？ 物理主義者は素粒子には意識がないと考えているが、内的ダイナミクスによって妥当な複雑性が生じれば、感覚能力のないシステムである物体から意識が生まれうると推測する者もいる。高度なAIは、リアルな意識の火を灯すことができると考えているのだ。

それに対してコンシャスリアリズムは、いかなる物体も意識を持たないと主張する。私が岩を見ると、岩は私の意識的経験の一部になる。しかし岩それ自体に意識はない。私が友人のクリスを見ると、私は自分が作り出したアイコンを見るが、アイコンそれ自体は意識を持たない。私が持つクリスのアイコンは、意識的主体の豊かな世界に臨む小さなポータルを開く。たとえば微笑んでいるクリスのアイコンは幸福な主体を示唆する。私は、岩を見るときにも意識的主体と相互作用しているが、私が持つ岩のアイコンは、岩の経験への洞察も、それに臨むポータルも提供してくれない。

したがってコンシャスリアリズムは、AIをめぐる問いを改める。新たな問いは、「私たちは意識的主体の領域に臨む新たなポータルを開くためのインターフェースを構築できるのか？」になる。トランジスターをいくら寄せ集めても、意識的主体の領域への洞察は得られない。しかし、その領域に臨む新たなポータルを開くＡＩを、トランジスターを組み合わせてプログラミングすることができるのだろうか？　私見では可能だと思う。私の考えでは、顕微鏡や望遠鏡が私たちのインターフェースの内部に新たな展望を開いたように、ＡＩは意識に臨む新たなポータルを開けるはずだ。

私はまた、コンシャスリアリズムによって科学と精神性《スピリチャリティ》のあいだに立ちはだかる壁を突き破ることができると考えている。イデオロギーに依拠するこの障壁は、「科学は精神性を受け付けない物理主義の存在論を必要とし、精神性は科学の方法を受け付けない」という陳腐な誤解に基づく無用な妄想である。私は、やがて両者のあいだでぎごちない休戦協定が結ばれ、最終的には和解に至ると予想している。科学者は、簡単には物理主義からコンシャスリアリズムへと乗り換えないだろう。宗教信者は、古代の聖典を権威の座から誤りがちな霊感の泉へと降格させ、因習を打破する議論や科学的方法に基づく緻密な実験を支持することを躊躇するだろう。だが最終的には、両者とも価値あるものは何も失っておらず、しかも「私たちは誰なのか？」「私たちはどこにいるのか？」「何のために私たちはこの世界に存在しているのか？」などの、私たちにとってもっとも重要な問いに対するより明晰な回答が得られることを認めるだろう。

私は、意識的主体同士が結びついて、漸次的に複雑な意識的主体が形作られていくと述べた。このプロセスは、経験、決定、行動に関して無限の潜在性を持つ無限の主体を導く。無限の意識的主体という概念は、神をめぐる宗教的な概念に似ているように聞こえるかもしれないが、意識的主体が正確な数学的記述の対象になると考える点で決定的な違いがある。私たちは、そのような無限の主体や、それと私たちのような有限存在の関係を記述する原理を証明することができる。そしてその過程で、科学的神学とでも呼ぶべきものを構築していける。科学的神学は、数学的に正確な神に関する概念を提起して洗練させ、科学的実験によって検証することができる。たとえば私の考えでは、無限の意識的主体は全知全能でもなければ偏在するわけでもなく、その無限性において唯一の存在でもない。科学的神学は、古来の諸宗教の持つ神聖不可侵な性質をつまみ食いしたものではなく、最適な認知的、実験的ツールを駆使して前述の重要な問いに答えようとする。科学的神学の抽象的な発見は、一般の人々が用いることのできる実践的な手段へと転換されなければならない。宗教は、認知神経科学や進化心理学の知見を取り入れた進化する科学になることができ、その日常生活への健全な適用も進化していくことだろう。

科学的神学に基づく神の理論には、物理法則を無視する魔術師を仕立て上げる必要はない。その法則は非意識的な実在ではなく、有限か無限かを問わず、ホモ・サピエンスの持つ時空インターフェースの言語やデータ構造に投影される意識的主体のダイナミクスを記述する。物理法則は、追放された意識の亡霊が、その存在を証明するために超自然的なトリックを繰り出さざるを得なくなるような機械の記述ではない。意識は、それ自体が意識のダイナミクスの投影である科学的法則を無視する必要などない。

あなたは友人たちと、バーチャルリアリティゲームセンターにバレーボールをしに行ったとしよう。ヘッドセットとボディスーツを装着すると、照りつける陽光のもと、バレーボールネットが張られた砂浜に、風にそよぐヤシの木やカモメの鳴き声に囲まれながら水着姿のあなたのアバターが立っている光景が眼前に展開する。ゲームは始まる。あなたはボールをサーブし、やがて友人の一人が、のどが渇いたからしばらく抜けるがすぐに戻ってくると言う。友人は、ヘッドセットとボディスーツをはずす。彼のアバターは砂浜に崩れ落ちて動かなくなる。まったく反応がない。しかし彼に問題はない。ただバーチャルリアリティのインターフェースから離脱しただけだからだ。

私たちが死ぬときには、ただホモ・サピエンスの時空インターフェースから離脱するだけなのか？その答えは、私にはわからない。だが私たちは、コンシャスリアリズムという理論と意識的主体に関する数学を手にしている。だから科学的に考えてみよう。

コンシャスリアリズムによれば、意識は実在の基盤をなす性質である。私は、その考えがコペルニクス革命によってもたらされた、「それは私たち自身に関係するものではない」という重要なメッセージを見落とす時代遅れの見方だと警告されたことがある。私たちはかつて、あらゆるものごとが私たちに関係するものであり、それゆえ宇宙の中心には地球が存在しなければならないと考えていた。その考えが間違いであることをコペルニクスとガリレオが発見したとき、私たちは天文学の見方を変えざるを得なくなったが、それより重要なこととして、自分たち自身に関する概念も変えねばならなくなった。私たちは、舞台の中心に立っているのではなく、広大な宇宙の片隅に浮かぶ何の変哲もない小さな岩に張りついているのだ。そもそも私たちは役者ですらない。その点でコンシャスリアリズムは間違っていると、私は警告されたのである。コンシャスリアリズムは実在の中心に意識を置くことで、私たちや私たちの意識が宇宙の存在理由をなすと無邪気にも信じていた、コペルニクス以前の時代に逆行しようとしているというのだ。

この批判は、コンシャスリアリズムを誤解している。コンシャスリアリズムは、無限に多様な意識的経験を持つ、大部分が私たちの想像力をはるかに超えた無数の意識的主体の存在を前提とし、人間の意識に中心的な役割を担わせたりはしない。人間は、特別な意識的主体でもなければ、中心的な意識的主体でもない。意識が根本的なものであるという言明は、人間の意識が根本的なものである、もしくは特別なものであることを意味しない。

またこの批判は、コペルニクス革命を誤解している。人類は、宇宙における自分たちの位置づけに関して知覚に惑わされていたことに間違いはない。しかしもっと深い教訓として、知覚は宇宙それ自体の性質に関して私たちを惑わせる場合があるのだ。私たちには、知覚の制約や特異性を実在に関する純然たる洞察と取り違える傾向が見られる。ガリレオはこの教訓を得て、その原因をいくつか指摘した。「思うに味、におい、色などは、(……)意識に宿っている。したがってこの世から生物が取り除かれたら、これらの性質はすべて、拭い去られてしまうだろう」。ガリレオは、人間の持つ味やにおいや色の知覚が、客観的な味、におい、色に対する純然たる洞察であるとする考えを否定した。彼の主張によれば、実在の世界には味もにおいも色も存在しない。それらは私たちが持つ知覚の性質にすぎない。

ガリレオはかくして教訓を得て、正しい方向に大幅に進んだあと、立ち止まってしまった。彼は依然として、空間の内部に存在する物体と、その形や位置や運動の知覚が、実在の真の性質に対する純然たる洞察であると考えていたのだ。私たちのほとんどは、この考えに同意するだろう。

しかし自然選択に基づく進化の理論は同意しない。それはコペルニクス革命がガリレオの想像を超えて拡張されると説く。物体、形、空間、時間は意識の内部に存在する。生物が取り除かれれば、それらの性質はすべて消滅するだろう。物理学はその見解に異議を唱えないはずだ。それどころか物理学者は、

「時空には見込みがない」ことを認めている。時空は、そこで生命のドラマが展開される根源的な舞台ではない。

ならば時空とは何か？　本書は読者に赤い錠剤を差し出す。時空はあなたのバーチャルリアリティであり、自分で作り出したヘッドセットである。あなたが見ている物体は、あなたが発明したものだ。あなたが一瞥することで作り出し、目を閉じることで破壊しているのである。

私たちは、このヘッドセットをかぶってこれまで生きてきた。それをはずしたら何が起こるのか？

謝辞

研究は、知識の群島で島から島へと跳躍することによって啓発される。運がよければ、新たな鉱脈が見つかるかもしれないし、はるか彼方に存在する生態系や大陸に関する魅力的な情報が得られるかもしれない。

同僚の探検家たちからの助言は、とても役立つ。そのような助言を提供してくれた次の探検家たちに感謝の言葉を述べたい。クリス・アンダーソン、パトリック・ベンダー、ジョーダン・ビレン、エリー・ブアマン、リンゼイ・ボウマン、キーズ・ブルワー、アンドリュー・バートン、オーガスト・ブラドレー・センネイム、デイヴィッド・チャーマーズ、ディーパック・チョプラ、アニー・デイ、ダン・デネット、ヨッヘン・ディートリヒ、ゾーイ・ドレイソン、マイク・ズムラ、フェデリコ・ファジン、クリス・フィールズ、スコット・フィッシャー、ピート・フォーリー、ジョイ・ゲング、グレッグ・ヒコック、ペリー・ホーバーマン、デイヴィッド&ロレッタ・ホフマン、イヴ・アイシャム、ペートル・ジャナタ、グレッグ・ケンドル、ヴァージニア・クーン、スティーヴ・ラック、ブライアン・マリオン、ジャスティン・マーク、アンドリュー・マクニーリー、リー・ミラー、ジェニファー・ムーン、ルイス・ナレンス、ダレン・ペシェク、スティーブン・ピンカー、ジグムント・ピズロ、シェタン・プラカシュ、ロバート・プレントナー、V・S・ラマチャンドラン、ドン・サーリ、マニシュ・シン、ヨルグ・ヴァラシェクの諸氏である。

本書の主たる概念は、マニシュ・シン、シェタン・プラカシュと共同で執筆した「知覚のインターフェース理論」という表題の二〇一五年の論文に発表した。この論文は『*Psychonomic Bulletin & Review*』誌の特別号に掲載されている。この論文にはいくつかの入念なコメントが寄せられている。それに関して、バート・アンダーソン、ジョナサン・コーエン、シモン・エデルマン、ジェイコブ・フェルドマン、クリス・フィールズ、E・J・グリーン、グレッグ・ヒコック、ジョン・ハメル、スコット・ジョーダン、ヤン・ケンデリンク、ゲイリー・ルプヤン、ライナー・マウスフェルト、ブライアン・マクローリン、ジグムント・ピズロ、マシュー・シュレシンジャーに感謝したい。特別号を編纂し、われわれの論文を編集してくれたグレッグ・ヒコックにはもう一度お礼の言葉を述べる。

本書の初期の草稿に目を通してコメントしてくれた以下の友人、学生、同僚に感謝する。ルジェロ・アルテア、クリス・アンダーソン、エマ・ブラント、アンドリュー・バートン、ディーパック・チョプラ、コールマン・ドブソン、マズィヤール・エスファハニアン、フェデリコ・ファジン、クリス・フィールズ、ピート・フォーリー、マックス・ジョーンズ、グレッグ・ケスティン、ジャック・ルーミス、エリン・マッケオン、シェタン・プラカシュ、ロバート・プレントナー、ロブ・リード、ジェネサ・レイエス、マニシュ・シン、トニー・ソブラド、マシュー・ティリス、ジャネル・ヴォー、マイク・ウェブスター、エミリー・ワンの諸氏である。

このプロジェクトに着手するよう激励してくれたジョン・ブロックマンとカティンカ・マトソン、そして出版社との交渉を担当してくれたマックス・ブロックマンには特にお礼を述べたい。また文章を整理し主たる概念の説明をわかりやすくしてくれたノートン社の担当編集者クイン・ドゥにも感謝する。

本書で取り上げられている私の業績は、カリフォルニア大学アーヴァイン校から取得したサバティカル休暇と、フェデリコ&エルヴィア・ファジン財団の寛大な贈り物によって促進された。両者に感謝の言葉を述べたい。

最後に、つねに激励と忍耐と愛情をもって私を援助してくれた妻のジェラリン・ソウザに感謝する。

巻末注

はじめに

＊1　Taylor, C. C. W. 1999. "The atomists," in A. A. Long, ed., *The Cambridge Companion to Early Greek Philosophy* (New York: Cambridge University Press), 181–204, doi: 10.1017/CCOL0521441226.009.

＊2　Plato, *The Republic*, Book VII［『国家』藤沢令夫訳、岩波書店、２００８年］.

＊3　このように「時空」は物理学の専門用語である。以後、物理学や情報理論の専門的な問題を強調したい場合には時空という言葉を、私たちの知覚経験における空間と時間それぞれの個別的な側面を強調したい場合には「空間と時間」という表現を用いる。

＊4　Chamovitz, D. 2012. *What a Plant Knows* (New York: Scientific American / Farrar, Straus and Giroux)［『植物はそこまで知っている——感覚に満ちた世界に生きる植物たち』矢野真千子訳、河出書房新社、２０１７年］.

＊5　Wiltbank, L. B., and Kehoe, D. M. 2016. "Two cyanobacterial photoreceptors regulate photosynthetic light harvesting by sensing teal, green, yellow and red light," mBio 7 (1): e02130-15, doi: 10.1128/mBio.02130-15.

＊6　これはもちろん映画『マトリックス』（米・一九九九年）に言及している。そこでは、赤い錠剤か青い錠剤かの選択が主人公の運命を変える。

第1章　謎

＊1　Bogen, J. 2006. "Joseph E. Bogen," in L. Squire, ed., *The History of Neuroscience in Autobiography, Volume 5* (Amsterdam: Elsevier), 47–124.

＊2　Leibniz, G. W. 1714/2005. *The Monadology* (New York: Dover)［『モナドロジー——他二篇』谷川多佳子，岡部英男訳、岩波書店、２０１９年］.

＊3　Huxley, T. 1869. *The Elements of Physiology and Hygiene: A Text-book for Educational Institutions* (New York: Appleton), 178.

＊4　James, W. 1890. *The Principles of Psychology* (New York: Henry Holt), 1:146, 147.

＊5　Freud, S. 1949. *An Outline of Psycho-Analysis*, trans. J. Strachey (London: Hogarth Press), 1.

＊6　Crick, F. 1994. *The Astonishing Hypothesis* (New York: Scribner's), 3［『ＤＮＡに魂はあるか——驚異の仮説』中原英臣，佐川峻訳、講談社、１９９５年］.

＊7　Sperry, R.W. 1974. "Lateral specialization of cerebral function in the surgically separated hemispheres," in R. McGuigan and R. Schoonover, eds., *The Psychophysiology of Thinking* (New York: Academic Press), 213.

＊8　Ledoux, J. E., Wilson, D. H., and Gazzaniga, M. S.1977. "A divided mind: Observations on the conscious properties of the separated hemispheres," *Annals of Neurology* 2: 417–21.

＊9　https://www.youtube.com/watch?v=PFJPtVRlI64.

＊10　Desimone, R., Schein, S. J., Moran, J., and Ungerleider, L. G. 1985. "Contour, color and shape analysis beyond the striate cortex," *Vision Research* 25: 441–52; Desimone, R., and Schein,

S. J. 1987. “Visual properties of neurons in area V4 of the macaque: Sensitivity to stimulus form,” *Journal of Neurophysiology* 57: 835–68; Heywood, C. A., Gadotti, A., and Cowey, A. 1992. “Cortical area V4 and its role in the perception of color,” *Journal of Neuroscience* 12: 4056–65; Heywood, C. A., Cowey, A., and Newcombe, F. 1994. “On the role of parvocellular (P) and magnocellular (M) pathways in cerebral achromatopsia,” *Brain* 117: 245–54; Lueck, C. J., Zeki, S., Friston, K. J., Deiber, M.-P., Cope, P., Cunningham, V. J., Lammertsma, A. A., Kennard, C., and Frackowiak, R. S. J. 1989. “The colour centre in the cerebral cortex of man,” *Nature* 340: 386–89; Motter, B. C. 1994. “Neural correlates of attentive selection for color or luminance in extrastriate area V4,” *Journal of Neuroscience* 14: 2178–89; Schein, S. J., Marrocco, R. T., and de Monasterio, F. M. 1982. “Is there a high concentration of color-selective cells in area V4 of monkey visual cortex?” *Journal of Neurophysiology* 47: 193–213; Shapley, R., and Hawken, M. J. 2011. “Color in the cortex: Single- and double-opponent cells,” *Vision Research* 51: 701–17; Yoshioka, T., and Dow, B. M. 1996. “Color, orientation and cytochrome oxidase reactivity in areas V1, V2, and V4 of macaque monkey visual cortex,” *Behavioural Brain Research* 76: 71–88; Yoshioka, T., Dow, B. M., and Vautin, R. G. 1996. “Neuronal mechanisms of color categorization in areas V1, V2, and V4 of macaque monkey visual cortex,” *Behavioural Brain Research* 76: 51–70; Zeki, S. 1973. “Colour coding in rhesus monkey prestriate cortex,” *Brain Research* 53: 422–27; Zeki, S. 1980. “The representation of colours in the cerebral cortex,” *Nature* 284: 412–18; Zeki, S. 1983. “Colour coding in the cerebral cortex: The reaction of cells in monkey visual cortex to wavelengths and colours,” *Neuroscience* 9: 741–65; Zeki, S. 1985. “Colour pathways and hierarchies in the cerebral cortex,” in D. Ottoson and S. Zeki, eds., *Central and Peripheral Mechanisms of Colour Vision* (London: Macmillan).

＊11 Sacks, O. 1995. *An Anthropologist on Mars* (New York: Vintage Books), 34〔『火星の人類学者』吉田利子訳，早川書房，２００１年〕.

＊12 同　上, 28; Zeki, S. 1993. *A Vision of the Brain* (Boston: Blackwell Scientific Publications), 279〔『脳のヴィジョン』中原英臣，河内十郎訳，医学書院，１９９５年〕.

＊13 Penfield, W., and Boldrey, E. 1937. “Somatic motor and sensory representation in the cerebral cortex of man as studied by electrical stimulation,” *Brain* 60(4): 389–443.

＊14 Ramachandran, V. S. 1998. *Phantoms in the Brain* (New York: William Morrow)〔『脳のなかの幽霊』山下篤子訳，角川書店，２０１０年〕.

＊15 Chalmers, D. 1998. “What is a neural correlate of consciousness?” in T. Metzinger, ed., *Neural correlates of consciousness: Empirical and conceptual questions* (Cambridge, MA: MIT Press), 17–40; Koch, C. 2004. *The Quest for Consciousness: A Neurobiological Approach* (Englewood, CO: Roberts & Company Publishers)〔『意識の探求――神経科学からのアプローチ』土谷尚嗣，金井良太訳，岩波書店，２００６年〕.

＊16 因果関係の謎については次の文献を参照されたい。Beebee, H., Hitchcock, C., and Menzies, P., eds. 2009. *The*

Oxford Handbook of Causation (Oxford, UK: Oxford University Press).

＊17 Tagliazucchi, E., Chialvo, D. R., Siniatchkin, M., Amico, E., Brichant, J-F., Bonhomme, V., Noirhomme, Q., Laufs, H., and Laureys, S. 2016. "Large-scale signatures of unconsciousness are consistent with a departure from critical dynamics," *Journal of the Royal Society, Interface* 13: 20151027.

＊18 Chalmers, D. 1998. "What is a neural correlate of consciousness?" in T. Metzinger, ed., *Neural correlates of consciousness: Empirical and conceptual questions* (Cambridge, MA: MIT Press), 17–40; Koch, C. 2004. *The Quest for Consciousness: A Neurobiological Approach* (Englewood, CO: Roberts & Company Publishers)〔『意識の探求』既出〕.

＊19 Aru, J., Bachmann, T., Singer, W., and Melloni, L. 2012. "Distilling the neural correlates of consciousness," *Neuroscience and Behavioral Reviews* 36: 737–46.

＊20 Kindt, M., Soeter, M., and Vervliet, B. 2009. "Beyond extinction: Erasing human fear responses and preventing the return of fear," *Nature Neuroscience* 12(3): 256–58; Soeter, M., and Kindt, M. 2015. "An abrupt transformation of phobic behavior after a post-retrieval amnesic agent," *Biological Psychiatry* 78: 880–86.

＊21 Denny, C. A., et al. 2014. "Hippocampal memory traces are differentially modulated by experience, time, and adult neurogenesis," *Neuron* 83: 189–201; Cazzulino, A. S., Martinez, R., Tomm, N. K., and Denny, C. A. 2016. "Improved specificity of hippocampal memory trace labeling," *Hippocampus*, doi: 10.1002/hipo.22556.

＊22 Blackmore, S. 2010. *Consciousness: An Introduction* (New York: Routledge); Chalmers, D. 1996. *The Conscious Mind* (Oxford, UK: Oxford University Press); Revonsuo, A. 2010. *Consciousness: The Science of Subjectivity* (New York: Psychology Press).

＊23 トノーニの統合情報理論はそのような法則を提起していると反論する読者もいるかもしれない（Oizumi, M., Albantakis, L., and Tononi, G. 2014. "From the phenomenology to the mechanisms of consciousness: Integrated information theory 3.0," *PLOS Computational Biology* 10: e1003588）。だが、その見方は正しくない。彼の理論は、チョコレートの味のような特定の意識的経験と特定のタイプの脳活動を結びつける法則を何ら提起していない。また、特定の脳活動が変化したときに、どのようなタイプの経験が変化するのかを説明する法則も提起していない。同じことは、（意識的経験を含めた）心的状態を、生物的なものであるか否かを問わず計算システムの機能的プロセスに結びつける、機能還元主義的な心の理論にも当てはまる。特定の意識的経験（あるいは特定のタイプの意識的経験）と特定の機能的プロセスのあいだの同一性を一つでも発見した機能還元主義者はただの一人もいない。また、スクランブリング原理に従えば機能還元主義はおそらく正しくない（Hoffman, D. D. 2006a. "The scrambling theorem: A simple proof of the logical possibility of spectrum inversion," *Consciousness and Cognition* 15: 31–45; Hoffman, D. D. 2006b. "The Scrambling Theorem unscrambled: A response to commentaries," *Consciousness and Cognition* 15: 51–53）。さらにスクランブリング原理は、情報を用いてアフォーダンス［環境が生物に与える意味］をリアルタイムで知覚し行動を導くことと意識的経験

が同一ではないことを示唆する。たとえばチェメロは、「身体化された認知を探究する科学では、情報を用いてアフォーダンスをリアルタイムで知覚し行動を導くことは、意識的経験を持つことに等しい。動物がいかに情報を用いて、自身の生態的地位で知覚し行動しているかの説明は、その動物の意識的経験を説明することでもある」と主張している（Chemero, A. 2009. *Radical Embodied Cognitive Science* [Cambridge, MA: MIT Press]）。スクランブリング原理は、この同一性の主張が誤りであることを証明する。さらに言えば、特定の意識的経験（あるいは特定のタイプの意識的経験）と、リアルタイムでアフォーダンスを知覚し行動を導くための特定の情報の使用のあいだの同一性を一つでも発見した、身体化された認知の支持者はただの一人もいない。それどころか、そのような同一性を説明する原理は一つも提案されていない。なぜリアルタイムでアフォーダンスを知覚し行動を導く特定の情報の使用が、たとえばバニラの味の意識的経験になるのか？　なぜそれは、チョコレートの味や滑らかな氷柱の手触りの意識的経験にはならないのか？　いかなる科学的原理が、バニラの味以外の意識的経験を排除しているのか？　そのような科学的原理が提起されたことはない。スクランブリング原理によれば、そもそもそのような原理は存在しないのだ。

＊24　Chomsky, N. 2016. *What Kind of Creatures Are We?* (New York: Columbia University Press).

＊25　Anscombe, G. E. M. 1959. *An Introduction to Wittgenstein's Tractatus* (New York: Harper & Row), 151.

＊26　Lovejoy, A. O. 1964. *The Great Chain of Being* (Cambridge, MA: Harvard University Press)［『存在の大いなる連鎖』内藤健二訳、筑摩書房、２０１３年］.

＊27　Galilei, G. 1623. *The Assayer*, trans. in Drake, S. 1957. *Discoveries and Opinions of Galileo* (New York: Doubleday), 274.

第2章　美

＊1　Gwynne, D. T., and Rentz, D. C. F. 1983. "Beetles on the Bottle: Male Buprestids Make Stubbies for Females," *Journal of Australian Entomological Society* 22: 79–80; Gwynne, D. T. 2003. "Mating mistakes," in V. H. Resh and R. T. Carde, eds., *Encyclopedia of Insects* (San Diego: Academic Press)．地球上に生息する動物のおよそ四分の一は甲虫である（Bouchard, P., ed. 2014. *The Book of Beetles* [Chicago: University of Chicago Press]）。

＊2　Wilde, O. 1894. *A Woman of No Importance* (London: Methuen, Third Act).

＊3　Langlois, J. H., Roggman, L. A., and Reiser-Danner, L. A. 1990. "Infants' differential social responses to attractive and unattractive faces," *Developmental Psychology* 26: 153–59.

＊4　Doyle, A. C. 1891/2011. *The Boscombe Valley Mystery* (Kent, England: Solis Press)［『ボスコム渓谷の惨劇』宝島社、２０１０年］.

＊5　シャーバート・グーラーの写真は、https://en.wikipedia.org/wiki/File:Sharbat_Gula.jpg で確認することができる。

＊6　Peshek, D., Sammak-Nejad, N., Hoffman, D. D., and Foley, P. 2011. "Preliminary evidence that the limbal ring influences facial attractiveness," *Evolutionary Psychology* 9: 137–46.

＊7　同上。

＊8 Peshek, D. 2013. "Evaluations of facial attractiveness and expression," PhD diss., University of California–Irvine.

＊9 Cingel, N. A. van der. 2000. *An Atlas of Orchid Pollination: America, Africa, Asia and Australia*(Rotterdam: Balkema), 207–8.

＊10 Gronquist, M., Schroeder, F. C., Ghiradella, H., Hill, D., McCoy, E. M., Meinwald, J., and Eisner, T. 2006. "Shunning the night to elude the hunter: Diurnal fireflies and the 'femmes fatales,' " *Chemoecology* 16: 39–43; Lloyd, J. E. 1984. "Occurrence of aggressive mimicry in fireflies," *Florida Entomologist* 67: 368–76.

＊11 Sammaknejad, N. 2012. "Facial attractiveness: The role of iris size, pupil size, and scleral color," PhD diss., University of California–Irvine.

＊12 Carcio, H. A. 1998. *Management of the Infertile Woman* (Philadelphia: Lippincott Williams & Wilkins); Rosenthal, M. S. 2002. *The Fertility Sourcebook*. 3rd edition (Chicago: Contemporary Books).

＊13 Buss, D. M. 2016. *Evolutionary Psychology: The New Science of the Mind*, 5th edition (New York: Routledge), Figure 5.1.

＊14 Kenrick, D. T., Keefe, R. C., Gabrielidis, C., and Cornelius, J. S. 1996. "Adolescents' age preferences for dating partners: Support for an evolutionary model of life-history strategies," *Child Development* 67: 1499–1511.

＊15 虹彩の幅と目の幅の比は、一方の顔が〇・四二、他方が〇・四八であった。

＊16 Sammaknejad, N. 2012. "Facial attractiveness: The role of iris size, pupil size, and scleral color," PhD diss., University of California–Irvine.

＊17 この考えが最初に提起されたのは、次の文献によってである。Trivers, R. L. 1972. "Parental investment and sexual selection," in B. Campbell, ed. *Sexual Selection and the Descent of Man*: 1871–1971, 1st edition (Chicago: Aldine), 136–79. 他には次の文献を参照されたい。Woodward, K., and Richards, M. H. 2005. "The parental investment model and minimum mate choice criteria in humans," *Behavioral Ecology* 16(1): 57–61.

＊18 Trivers, R. L. 1985. *Social Evolution* (Menlo Park, CA: Benjamin/Cummings)〔『生物の社会進化』中嶋康裕，福井康雄，原田泰志訳、産業図書、１９９１年〕; Masonjones, H. D., and Lewis, S. M. 1996. "Courtship behavior in the dwarf seahorse *Hippocampus zosterae*," *Copeai* 3: 634–40.

＊19 Jones, I. L., and Hunter, F. M. 1993. "Mutual sexual selection in a monogamous seabird," *Nature* 362: 238–39; Jones, I. L., and Hunter, F. M. 1999. "Experimental evidence for a mutual inter- and intrasexual selection favouring a crested auklet ornament," *Animal Behavior* 57(3): 521–28; Zubakin, V. A., Volodin, I. A., Klenova, A. V., Zubakina, E. V., Volodina, E. V., and Lapshina, E. N. 2010. "Behavior of crested auklets (Aethia cristatella, Charadriiformes, Alcidae) in the breeding season: Visual and acoustic displays," *Biology Bulletin* 37(8): 823–35.

＊20 Smuts, B. B. 1995. "The evolutionary origins of patriarchy," *Human Nature* 6: 1–32.

＊21 Buss, D. M. 1994. "The strategies of human mating," *American Scientist* 82: 238–49; Gil-Burmann, C., Pelaez, F., and Sanchez, S. 2002. "Mate choice differences according to sex and age: An analysis of personal advertisements in Spanish newspapers," *Human Nature* 13: 493–508; Khallad, Y. 2005. "Mate selection in Jordan: Effects of sex, socio-economic status, and culture," *Journal of Social and Personal Relationships*, 22: 155–68; Todosijevic, B., Ljubinkovic, S., and Arancic, A. 2003. "Mate selection criteria: A trait desirability assessment study of sex differences in Serbia," *Evolutionary Psychology* 1: 116–26; Moore, F. R., Cassidy, C., Smith, M. J. L., and Perrett, D. I. 2006. "The effects of female control of resources on sex-differentiated mate preferences," *Evolution and Human Behavior* 27: 193–205; Lippa, R. A. 2009. "Sex differences in sex drive, sociosexuality, and height across 53 nations: Testing evolutionary and social structural theories," *Archives of Sexual Behavior* 38: 631–51; Schmitt, D. P. 2012. "When the difference is in the details: A critique of Zentner and Mtura Stepping out of the caveman's shadow: Nations' gender gap predicts degree of sex differentiation in mate preferences," *Evolutionary Psychology* 10: 720–26; Schmitt, D. P., Youn, G., Bond, B., Brooks, S., Frye, H., Johnson, S., Klesman, J., Peplinski, C., Sampias, J., Sherrill, M., and Stoka, C. 2009. "When will I feel love? The effects of culture, personality, and gender on the psychological tendency to love," *Journal of Research in Personality* 43: 830–46.

*22 Buss, D. M., and Schmitt, D. P. 1993. "Sexual strategies theory: An evolutionary perspective on human mating," *Psychological Review* 100: 204–32; Brewer, G., and Riley, C. 2009. "Height, relationship satisfaction, jealousy, and mate retention," *Evolutionary Psychology* 7: 477–89; Courtiol, A., Ramond, M., Godelle, B., and Ferdy, J. 2010. "Mate choice and human stature: Homogamy as a unified framework for understanding mate preferences," *Evolution* 64(8): 2189–2203; Dunn, M. J., Brinton, S., and Clark, L. 2010. "Universal sex differences in online advertisers' age preferences: Comparing data from 14 cultures and 2 religious groups," *Evolution and Human Behavior* 31: 383–93; Ellis, B. J. 1992. "The evolution of sexual attraction: Evaluative mechanisms in women," in J. Barkow, L. Cosmides, and J. Tooby, eds., *The Adapted Mind* (New York: Oxford), 267–288; Cameron, C., Oskamp, S., and Sparks, W. 1978. "Courtship American style: Newspaper advertisements," *Family Coordinator* 26: 27–30.

*23 Rhodes, G., Morley, G., and Simmons, L. W. 2012. "Women can judge sexual unfaithfulness from unfamiliar men's faces," *Biology Letters* 9: 20120908.

*24 Leivers, S., Simmons, L. W., and Rhodes, G. 2015. "Men's sexual faithfulness judgments may contain a kernel of truth," *PLoS ONE* 10(8): e0134007, doi: 10.1371/journal.pone.0134007.

*25 Thornhill, R., Gangestad, S. W. 1993. "Human facial beauty: Averageness, symmetry and parasite resistance," *Human Nature* 4: 237–69; Thornhill, R., and Gangestad, S. W. 1999. "Facial attractiveness," *Trends in Cognitive Science* 3: 452–60; Thornhill, R., and Gangestad, S. W. 2008. *The Evolutionary Biology of Human Female Sexuality* (New York: Oxford University Press); Penton-Voak, I. S., Perrett, D. I., Castles, D. L., Kobayashi, T., Burt, D. M., Murray, L. K., and

Minamisawa, R. 1999. “Female preference for male faces changes cyclically,” *Nature* 399: 741–42.

*26 Muller, M. N., Marlowe, F. W., Bugumba, R., and Ellison, P. T. 2009. “Testosterone and paternal care in East African foragers and pastoralists,” *Proceedings of the Royal Society*, B 276: 347–54; Storey, A. E., Walsh, C. J., Quinton, R. L., and Wynne-Edwards, K. E. 2000. “Hormonal correlates of paternal responsiveness in new and expectant fathers,” *Evolution and Human Behavior* 21: 79–95.

*27 DeBruine, L., Jones, B. C., Frederick, D. A., Haselton, M. G., Penton-Voak, I. S., and Perrett, D. I. 2010. “Evidence for menstrual cycle shifts in women’s preferences for masculinity: A response to Harris (in press), ‘Menstrual cycle and facial preferences reconsidered,’ ” *Evolutionary Psychology* 8: 768–75; Johnston, V. S., Hagel, R., Franklin, M., Fink, B., and Grammer, K. 2001. “Male facial attractiveness: Evidence for a hormone-mediated adaptive design,” *Evolution and Human Behavior* 22: 251–67; Jones, B. C., Little, A. C., Boothroyd, L. G., DeBruine, L. M., Feinberg, D. R., Law Smith, M. J., Moore, F. R., and Perrett, D. I. 2005, “Commitment to relationships and preferences for femininity and apparent health in faces are strongest on days of the menstrual cycle when progesterone level is high,” *Hormones and Behavior* 48: 283–90; Little, A. C., Jones, B. C., and DeBruine, L. M. 2008. “Preferences for variation in masculinity in real male faces change across the menstrual cycle,” *Personality and Individual Differences* 45: 478–82; Vaughn, J. E., Bradley, K. I., Byrd-Craven, J., and Kennison, S. M. 2010. “The effect of mortality salience on women’s judgments of male faces,” *Evolutionary Psychology* 8: 477–91.

*28 Johnston, L., Arden, K., Macrae, C. N., and Grace, R. C. 2003. “The need for speed: The menstrual cycle and personal construal,” *Social Cognition* 21: 89–100; Macrae, C. N., Alnwick, K. A., Milne, A. B., and Schloerscheidt, A. M. 2002. “Person perception across the menstrual cycle: Hormonal influences on social-cognitive functioning,” *Psychological Science* 13: 532–36; Roney, J. R., and Simmons, Z. L. 2008. “Women’s estradiol predicts preference for facial cues of men’s testosterone,” *Hormones and Behavior* 53: 14–19; Rupp, H. A., James, T. W., Ketterson, E. D., Sengelaub, D. R., Janssen, E., and Heiman, J. R. 2009. “Neural activation in women in response to masculinized male faces: Mediation by hormones and psychosexual factors,” *Evolution and Human Behavior* 30: 1–10; Welling, L. L., Jones, B. C., DeBruine, L. M., Conway, C. A., Law Smith, M. J., Little, A. C., Feinberg, D. R., Sharp, M. A., and Al-Dujaili, E. A. S. 2007. “Raised salivary testosterone in women is associated with increased attraction to masculine faces,” *Hormones and Behavior* 52: 156–61.

*29 Feinberg, D. R., Jones, B. C., Law Smith, M. J., Moore, F. R., DeBruine, L. M., Cornwell, R. E., Hillier, S. G., and Perrett, D. I. 2006. “Menstrual cycle, trait estrogen level, and masculinity preferences in the human voice,” *Hormones and Behavior* 49: 215–22; Gangestad, S. W., Simpson, J. A., Cousins, A. J., Garver-Apgar, C. E., and Christensen, P. N. 2004. “Women’s preferences for male behavioral displays change across the menstrual cycle,” *Psychological Science* 15:

203–7; Gangestad, S. W., Garver-Apgar, C. E., Simpson, J. A., and Couins, A. J. 2007. "Changes in women's mate preferences across the ovulatory cycle," *Journal of Personality and Social Psychology* 92: 151–63; Grammer, K. 1993. "5-a-androst-16en-3a-on: A male pheromone? A brief report," *Ethology and Sociobiology* 14: 201–8; Havlicek, J., Roberts, S. C., and Flegr, J. 2005. "Women's preference for dominant male odour: Effects of menstrual cycle and relationship status," *Biology Letters* 1: 256–59; Hummel, T., Gollisch, R., Wildt, G., and Kobal, G. 1991. "Changes in olfactory perception during the menstrual cycle," *Experentia* 47: 712–15; Little, A. C., Jones, B. C., and Burriss, R. P. 2007. "Preferences for masculinity in male bodies change across the menstrual cycle," *Hormones and Behavior* 52: 633–39; Lukaszewski, A. W., and Roney, J. R. 2009. "Estimated hormones predict women's mate preferences for dominant personality traits," *Personality and Individual Differences* 47: 191–96; Provost, M. P., Troje, N. F., and Quinsey, V. L. 2008. "Short-term mating strategies and attraction to masculinity in point-light walkers," *Evolution and Human Behavior* 29: 65–69; Puts, D. A. 2005. "Mating context and menstrual phase affect women's preferences for male voice pitch," *Evolution and Human Behavior* 26: 388–97; Puts, D. A. 2006. "Cyclic variation in women's preferences for masculine traits: Potential hormonal causes," *Human Nature* 17: 114–27.

＊30 Bellis, M. A., and Baker, R. R. 1990. "Do females promote sperm competition? Data for humans," *Animal Behaviour* 40: 997–99; Gangestad, S. W., Thornhill, R., and Garver, C. E. 2002. "Changes in women's sexual interests and their partners' mate-retention tactics across the menstrual cycle: Evidence for shifting conflicts of interest," *Proceedings of the Royal Society of London B* 269: 975–82; Gangestad, S. W., Thornhill, R., and Garver-Apgar, C. E. 2005. "Women's sexual interests across the ovulatory cycle depend on primary partner developmental instability," *Proceedings of the Royal Society of London B* 272: 2023–27; Haselton, M. G., and Gangestad, S. W. 2006. "Conditional expression of women's desires and men's mate guarding across the ovulatory cycle," *Hormones and Behavior* 49: 509–18; Jones, B. C., Little, A. C., Boothroyd, L. G., DeBruine, L. M., Feinberg, D. R., Law Smith, M. J., Moore, F. R., and Perrett, D. I. 2005. "Commitment to relationships and preferences for femininity and apparent health in faces are strongest on days of the menstrual cycle when progesterone level is high," *Hormones and Behavior* 48: 283–90; Pillsworth, E., and Haselton, M. 2006. "Male sexual attractiveness predicts differential ovulatory shifts in female extra-pair attraction and male mate retention," *Evolution and Human Behavior* 27: 247–58; Guéguen, N. 2009a. "The receptivity of women to courtship solicitation across the menstrual cycle: A field experiment," *Biological Psychology* 80: 321–24; Guéguen, N. 2009b. "Menstrual cycle phases and female receptivity to a courtship solicitation: An evaluation in a nightclub," *Evolution and Human Behavior* 30: 351–55; Durante, K. M., Griskevicius, V., Hill, S. E., Perilloux, C., and Li, N. P. 2011. "Ovulation, female competition, and product choice: Hormonal influences on consumer behavior," *Journal of Consumer Research* 37: 921–35; Durante, K. M., Li, N. P., and Haselton, M. G. 2008. "Changes in women's choice of dress across the ovulatory cycle: Naturalistic and laboratory task-based evidence," *Personality and Social Psychology Bulletin* 34: 1451–60; Haselton, M. G., Mortezaie, M., Pillsworth, E. G., Bleske-Rechek, A., and Frederick, D. A. 2007. "Ovulatory shifts in human female ornamentation: Near ovulation, women dress to impress," *Hormones and Behavior* 51: 40–45; Hill, S. E., and Durante, K. M. 2009. "Do women feel worse to look their best? Testing the relationship between self-esteem and fertility status across the menstrual cycle," *Personality and Social Psychology Bulletin* 35: 1592–601.

*31 Gangestad, S. W., Thornhill, R., and Garver-Apgar, C. E. 2005. "Women's sexual interests across the ovulatory cycle depend on primary partner developmental instability," *Proceedings of the Royal Society of London B* 272: 2023–27; Haselton, M. G., and Gangestad, S. W. 2006. "Conditional expression of women's desires and men's mate guarding across the ovulatory cycle," *Hormones and Behavior* 49: 509–18; Pillsworth, E., and Haselton, M. 2006. "Male sexual attractiveness predicts differential ovulatory shifts in female extra-pair attraction and male mate retention," *Evolution and Human Behavior* 27: 247–58. MHC genes: Garver-Apgar, C. E., Gangestad, S. W., Thornhill, R., Miller, R. D., and Olp, J. J. 2006. "Major histocompatibility complex alleles, sexual responsivity, and unfaithfulness in romantic couples," *Psychological Science* 17: 830–35.

*32 Bradley, M. M., Miccoli, L., Escrig, M. A., and Lang, P. J. 2008. "The pupil as a measure of emotional arousal and autonomic activation," *Psychophysiology* 45: 602–7; Steinhauer, S. R., Siegle, G. S., Condray, R., and Pless, M. 2004. "Sympathetic and parasympathetic innervation of pupillary dilation during sustained processing," *International Journal of Psychophysiology* 52: 77–86.

*33 Van Gerven, P. W. M., Paas, F., Van Merriënboer, J. J. G., and Schmidt, H. G. 2004. "Memory load and the cognitive pupillary response in aging," *Psychophysiology* 41(2): 167–74; Morris, S. K., Granholm, E., Sarkin, A. J., and Jeste, D. V. 1997. "Effects of schizophrenia and aging on pupillographic measures of working memory," *Schizophrenia Research* 27: 119–28; Winn, B., Whitaker, D., Elliott, D. B., and Phillips, N. J. 1994. "Factors affecting light-adapted pupil size in normal human subjects," *Investigative Ophthalmology & Visual Science* (March 1994) 35: 1132–37.

*34 Tombs, S., and Silverman, I. 2004. "Pupillometry: A sexual selection approach," *Evolution and Human Behavior* 25: 221–28.

*35 Wiseman, R., and Watt, C. 2010. "Judging a book by its cover: The unconscious influence of pupil size on consumer choice," *Perception* 39: 1417–19.

*36 Laeng, B., and Falkenberg, L. 2007. "Women's pupillary responses to sexually significant others during the hormonal cycle," *Hormones and Behavior* 52: 520–30.

*37 Sammaknejad, N. 2012. "Facial attractiveness: The role of iris size, pupil size, and scleral color." PhD diss., University of California–Irvine.

*38 Caryl, P. G., Bean, J. E., Smallwood, E. B., Barron, J. C.,

Tully, L., and Allerhand, M. 2008. "Women's preference for male pupil-size: Effects of conception risk, sociosexuality and relationship status," *Personality and Individual Differences* 46: 503–8.

*39 同上。

*40 Kobayashi, H., and Kohshima, S. 2001. "Unique morphology of the human eye and its adaptive meaning: Comparative studies on external morphology of the primate eye," *Journal of Human Evolution* 40: 419–35; Hinde, R. A., and Rowell, T. E. 1962. "Communication by posture and facial expression in the rhesus monkey," *Proceedings of the Zoological Society of London* 138: 1–21.

*41 Provine, R. R., Cabrera, M. O., Brocato, N. W., and Krosnowski, K. A. 2011. "When the whites of the eyes are red: A uniquely human cue," *Ethology* 117: 1–5.

*42 Gründl, M., Knoll, S., Eisenmann-Klein, M., and Prantl, L. 2012. "The blue-eyes stereotype: Do eye color, pupil diameter, and scleral color affect attractiveness?" *Aesthetic Plastic Surgery* 36: 234–40; Provine, R. R., Cabrera, M. O., and Nave-Blodgett, J. 2013. "Red, yellow, and super-white sclera: Uniquely human cues for healthiness, attractiveness, and age," *Human Nature* 24: 126–36.

*43 Watson, P. G., and Young, R. D. 2004. "Scleral structure, organization and disease. A review," *Experimental Eye Research* 78: 609–23.

*44 Sammaknejad, N. 2012. "Facial attractiveness: The role of iris size, pupil size, and scleral color." PhD diss., University of California–Irvine.

*45 Goto, E. 2006. "The brilliant beauty of the eye: Light reflex from the cornea and tear film," *Cornea* 25 (Suppl 1): S78–81; Goto, E., Dogru, M., Sato, E. A., Matsumoto, Y., Takano, Y., and Tsubota, K. 2011. "The sparkle of the eye: The impact of ocular surface wetness on corneal light reflection," *American Journal of Ophthalmology* 151: 691–96; Korb, D. R., Craig, J. P., Doughty, M., Guillon, J. P., Smith, G., and Tomlinson, A. 2002. *The Tear Film: Structure, Function and Clinical Examination* (Oxford, UK: Butterworth-Heinemann).

*46 同上。

*47 Breakfield, M. P., Gates, J., Keys, D., Kesbeke, F., Wijngaarden, J. P., Monteiro, A., French, V., and Carroll, S. B. 1996. "Development, plasticity and evolution of butterfly eyespot patterns," *Nature* 384: 236–42; French, V., and Breakfield, P. M. 1992. "The development of eyespot patterns on butterfly wings: Morphogen sources or sinks?" *Development* 116: 103–9; Keys, D. N., Lewis, D. L., Selegue, J. E., Pearson, B. J., Goodrich, L. V., Johnson R. L., Gates, J., Scott, M. P., and Carroll, S. B. 1999. "Recruitment of a hedgehog regulatory circuit in butterfly eyespot evolution," *Science* 283: 532–34; Monteiro, A. 2015. "Origin, development, and evolution of butterfly eyespots," *Annual Review of Entomology* 60: 253–71; Reed, R. D., and Serfas, M. S. 2004. "Butterfly wing pattern evolution is associated with changes in a Notch/Distal-less temporal pattern formation process," *Current Biology* 14: 1159–66.

*48 Costanzo, K., and Monteiro, A. 2007. "The use of chemical and visual cues in female choice in the butterfly *Bicyclus* anynana," *Proceedings of the Royal Society B* 274: 845–51; Robertson, K. A., and Monteiro, A. 2005. "Female *Bicyclus anynana* butterflies choose males on the basis of their dorsal UV-reflective eyespot pupils," *Proceedings of the Royal Society B* 272: 1541–46.

*49 Zahavi, A. 1975. "Mate selection—A selection for a handicap," *Journal of Theoretical Biology* 53(1): 205–14; Zahavi, A., and Zahavi, A. 1997. *The Handicap Principle: A Missing Piece of Darwin's Puzzle* (Oxford, UK: Oxford University Press); Koch, N. 2011. "A mathematical analysis of the evolution of human mate choice traits: Implications for evolutionary psychologists," *Journal of Evolutionary Psychology* 9(3): 219–47.

*50 Hamilton, W. 1964. "The genetical evolution of social behaviour. I," *Journal of Theoretical Biology* 7(1): 1–16; Marshall, J. A. R. 2015. *Social Evolution and Inclusive Fitness Theory: An Introduction* (Princeton, NJ: Princeton University Press)．包括適応度の批判については次の文献を参照されたい。Nowak, M. A., Tarnita, C. E., and Wilson, E. O. 2010. "The evolution of eusociality," *Nature* 466: 1057–62; Wilson, E. O. 2012. *The Social Conquest of Earth*. New York: Liveright〔『人類はどこから来て、どこへ行くのか』斉藤隆央、巌佐庸訳、化学同人、２０１３年〕.

*51 Mateo, J. M. 1996. "The development of alarm-call response behavior in free-living juvenile Belding's ground squirrels," *Animal Behaviour* 52: 489–505.

*52 Dawkins, R. 1979. "12 Misunderstandings of kin selection," *Zeitschrift für Tierpsychologie* 51: 184–200; Park, J. H. 2007. "Persistent misunderstandings of inclusive fitness and kin selection: Their ubiquitous appearance in social psychology textbooks," *Evolutionary Psychology* 5(4): 860–73; West, S. A., Mouden, C. E., and Gardner, A. 2011. "Sixteen common misconceptions about the evolution of cooperation in humans," *Evolution and Social Behaviour* 32: 231–62.

*53 Holekamp, K. E. 1986. "Proximal causes of natal dispersal in Belding's ground squirrels," *Ecological Monographs* 56(4): 365–91; Sherman, P. W. 1981. "Kinship, demography, and Belding's ground squirrel nepotism," *Behavioral Ecology and Sociobiology* 8: 251–59.

*54 Dal Martello, M. F., and Maloney, L. T. 2010. "Lateralization of kin recognition signals in the human face," *Journal of Vision* 10(8):9 1–10; Dal Martello, M. F., DeBruine, L. M., and Maloney, L. T. 2015. "Allocentric kin recognition is not affected by facial inversion." *Journal of Vision* 15(13):5 1–11; Maloney, L. T., and Dal Martello, M. F. 2006. "Kin recognition and the perceived facial similarity of children," *Journal of Vision* 6(10): 1047–56.

*55 Buss, D. M. 2016. *Evolutionary Psychology: The New Science of the Mind* (New York: Routledge); Etcoff, N. 1999. *Survival of the Prettiest: The Science of Beauty* (New York: Anchor Books, Random House)〔『なぜ美人ばかりが得をするのか』木村博江訳、草思社、２０００年〕; Perrett, D. 2010. *In Your Face: The New Science of Human Attraction* (New York: Palgrave McMillan)．顔の魅力の評価が遺伝子ではなく人によって異なる環境の違いによるものだとする議論に関しては、次の文献を参照されたい。Germine, L., Russell, R., Bronstad, P. M., Blokland, G. A. M., Smoller, J. W., Kwok, H., Anthony,

S. E., Nakayama, K., Rhodes, G., and Wilmer, J. B. 2015. "Individual aesthetic preferences for faces are shaped mostly by environments, not genes," *Current Biology* 25: 2684–89.

第3章　実在

*1　Hoffman, D. D. 1998. *Visual Intelligence: How We Create What We See* (New York: W. W. Norton)［『視覚の文法——脳が物を見る法則』原淳子，望月弘子訳，紀伊國屋書店，２００３年］; Knill, D. C., and Richards W. A., eds. 1996. *Perception as Bayesian Inference* (Cambridge, UK: Cambridge University Press); Palmer, S. 1999. *Vision Science: Photons to Phenomenology* (Cambridge, MA: MIT Press); Pinker, S. 1997. *How the Mind Works* (New York: W. W. Norton)［『心の仕組み』椋田直子，山下篤子訳，筑摩書房，２０１３年］.

*2　Geisler, W. S., and Diehl, R. L. 2002. "Bayesian natural selection and the evolution of perceptual systems," *Philosophical Transactions of the Royal Society of London B* 357: 419–48.

*3　Geisler, W. S., and Diehl, R. L. 2003. "A Bayesian approach to the evolution of perceptual and cognitive systems," *Cognitive Science* 27: 379–402.

*4　Trivers, R. L. 2011. *The Folly of Fools: The Logic of Deceit and Self-Deception in Human Life* (New York: Basic Books).

*5　Noë, A., and O'Regan, J. K. 2002. "On the brain-basis of visual consciousness: A sensorimotor account," in A. Noë and E. Thompson, eds., *Vision and Mind: Selected Readings in the Philosophy of Perception* (Cambridge, MA: MIT Press), 567–98; O'Regan, J. K., and Noë, A. 2001. "A sensorimotor account of vision and visual consciousness," *Behavioral and Brain Sciences* 24: 939–1031．彼らの考えは，「私たちは〈アフォーダンス〉のような，生存に不可欠の環境的側面（環境内でのあらゆる行動の可能性）を，計算することなしに直接的に知覚する」と論じるギブソンの考えに類似する。Gibson, J. J. 1950. *The Perception of the Visual World* (Boston: Houghton Mifflin); Gibson, J. J. 1960.［『視覚ワールドの知覚』東山篤規，竹澤智美，村上嵩至訳，新曜社，２０１１年］*The Concept of the Stimulus in Psychology, The American Psychologist* 15/1960, 694–703; Gibson, J. J. 1966. *The Senses Considered as Perceptual Systems* (Boston: Houghton Mifflin); Gibson, J. J. 1979.［『生態学的知覚システム——感性をとらえなおす』佐々木正人，古山宣洋，三嶋博之訳，東京大学出版会，２０１１年］*The Ecological Approach to Visual Perception* (Boston: Houghton Mifflin)［『生態学的視覚論——ヒトの知覚世界を探る』古崎敬，古崎愛子，辻敬一郎，村瀬旻訳，サイエンス社，１９８５年］.

*6　Pizlo, Z., Li, Y., Sawada, T., and Steinman, R. M. 2014. *Making a Machine That Sees Like Us* (New York: Oxford University Press).

*7　Loomis, J. M., Da Silva, J. A., Fujita, N., and Fukusima, S. S. 1992. "Visual space perception and visually directed action," *Journal of Experimental Psychology: Human Perception and Performance* 18: 906–21; Loomis, J. M., and Philbeck, J. W. 1999. "Is the anisotropy of 3-D shape invariant across scale?" *Perception & Psychophysics* 61: 397–402; Loomis, J. M. 2014. "Three theories for reconciling the linearity of egocentric distance perception with distortion of shape on the ground plane," *Psychology & Neuroscience* 7: 245–51; Foley, J. M.,

Ribeiro-Filho, N. P., and Da Silva, J. A. 2004. "Visual perception of extent and the geometry of visual space," *Vision Research* 44: 147–56; Wu, B., Ooi, T. L., and He, Z. J. 2004. "Perceiving distance accurately by a directional process of integrating ground information," *Nature* 428: 73–77; Howe, C. Q., and Purves, D. 2002. "Range image statistics can explain the anomalous perception of length," *Proceedings of the National Academy of Sciences* 99: 13184–88; Burge, J., Fowlkes, C. C., and Banks, M. S. 2010. "Natural-scene statistics predict how the figure-ground cue of convexity affects human depth perception," *The Journal of Neuroscience* 30(21): 7269–80; Froyen, V., Feldman, J., and Singh, M. 2013. "Rotating columns: Relating structure-from-motion, accretion/deletion, and figure/ground," *Journal of Vision* 13, doi: 10.1167/13.10.6.

＊8　Marr, D. 1982. *Vision.* (San Francisco: Freeman Press)［『ビジョン――視覚の計算理論と脳内表現』乾敏郎，安藤広志訳、産業図書、１９８７年］.

＊9　同上。

＊10　Pinker, S. 1997. *How the Mind Works* (New York: W. W. Norton).［『心の仕組み』既出］

＊11　Fodor, J. 2000. *The Mind Doesn't Work That Way* (Cambridge, MA: MIT Press).

＊12　Pinker, S. 2005. "So how does the mind work?" *Mind & Language* 20: 1–24.

＊13　同上。

＊14　Hawking, S., and Mlodinow, L. 2012. *The Grand Design* (New York: Bantam)［『ホーキング、宇宙と人間を語る』佐藤勝彦訳、エクスナレッジ、２０１１年］.

＊15　同上。

第4章　感覚

＊1　A 1954 letter of Pauli to Einstein, in Born, M. 1971. *The Born-Einstein Letters* (New York: Walker).

＊2　Bell, J. S. 1964. "On the Einstein Podolsky Rosen paradox," *Physics* 1: 195–200.

＊3　Wilkins, J. S., and Griffiths, P. E. 2012. "Evolutionary debunking arguments in three domains: Fact, value, and religion," in J. Maclaurin and G. Dawes, eds., *A New Science of Religion* (New York: Routledge).

＊4　Darwin, C. 1859. *On the Origin of Species by Means of Natural Selection, or the Preservation of Favoured Races in the Struggle for Life* (London: John Murray, 127)［『種の起源』八杉龍一訳、岩波書店、１９９０年］.

＊5　Darwin, C. 1871. *The Descent of Man, and Selection in Relation to Sex* (London: John Murray, 62)［『人間の由来』長谷川眞理子訳、講談社、２０１６年］.

＊6　Huxley, T. H. 1880. "The coming of age of 'The origin of species,'" *Science* 1: 15–17.

＊7　Dawkins, R. 1976. *The Selfish Gene* (New York: Oxford University Press)［『利己的な遺伝子』日高敏隆、岸由二、羽田節子、垂水雄二訳、紀伊國屋書店、２０１８年］.

＊8　Smolin, L. 1992. "Did the universe evolve?" *Classical and Quantum Gravity* 9: 173–91; Smolin, L. 1997. *The Life of the Cosmos* (Oxford, UK: Oxford University Press)［『宇宙は自ら進化した――ダーウィンから量子重力理論へ』野本陽代訳、日本放送出版協会、２０００年］.

＊9　Dawkins, R. 1983. "Universal Darwinism," in D. S. Bendall, ed., *Evolution from Molecules to Man* (Cambridge, UK: Cambridge University Press); Dennett, D. 1996. *Darwin's Dangerous Idea: Evolution and the Meanings of Life* (New York: Simon & Schuster)［『ダーウィンの危険な思想――生命の意味と進化』石川幹人、大崎博、久保田俊彦、斉藤孝、山口泰司訳、青土社、２００１年］.

＊10　Dennett, D. 1996. *Darwin's Dangerous Idea: Evolution and the Meanings of Life* (New York: Simon & Schuster)［『ダーウィンの危険な思想』既出］.

＊11　Smith, J. M., and Price, G. R. 1973. "The logic of animal conflict," *Nature* 246: 15–18; Nowak, M. A. 2006. *Evolutionary Dynamics: Exploring the Equations of Life* (Cambridge, MA: Belknap Press)［『進化のダイナミクス――生命の謎を解き明かす方程式』竹内康博、佐藤一憲、巌佐庸、中岡慎治訳、共立出版、２００８年］.

＊12　Polis, G. A., and Farley, R. D. 1979. "Behavior and ecology of mating in the cannabilistic scorpion *Paruroctonus mesaensis* Stahnke (Scorpionida: Vaejovidae)," *Journal of Arachnology* 7: 33–46.

＊13　Smith, J. M., and Price, G. R. 1973. "The logic of animal conflict," *Nature* 246: 15–18; Smith, J. M. 1974. "The theory of games and the evolution of animal conflicts," *Journal of Theoretical Biology* 47: 209–21.

＊14　同上。

＊15　同上。

＊16　Nowak, M. A. 2006. *Evolutionary Dynamics: Exploring the Equations of Life* (Cambridge, MA: Belknap Press)［『進化のダイナミクス』既出］.

＊17　同上。

＊18　Prakash, C., Stephens, K., Hoffman, D. D., and Singh, M. 2017. "Fitness beats truth in the evolution of perception," http://cogsci.uci.edu/˜ddhoff/FBT-7-30-17.

＊19　Mark, J. T., Marion, B., and Hoffman, D. D. 2010. "Natural selection and veridical perceptions," *Journal of Theoretical Biology* 266: 504–15; Marion, B. B. 2013. "The impact of utility on the evolution of perceptions," PhD diss., University of California–Irvine; Mark, J. T. 2013. "Evolutionary pressures on veridical perception: When does natural selection favor truth?" PhD diss., University of California–Irvine.

＊20　Marr, D. 1982. *Vision* (San Francisco: Freeman Press)［『ビジョン』既出］.

＊21　同上。

＊22　Hood, B. 2014. *The Domesticated Brain* (London: Penguin); Bailey, D. H., and Geary, D. C. 2009. "Hominid brain evolution: Testing climatic, ecological, and social competition models," *Human Nature* 20: 67–79.

＊23　Nowak, M. A. 2006. *Evolutionary Dynamics: Exploring the Equations of Life* (Cambridge, MA: Belknap Press)［『進化のダイナミクス』既出］.

＊24　Mark, J. T. 2013. "Evolutionary pressures on veridical perception: When does natural selection favor truth?" PhD diss., University of California–Irvine; Hoffman, D. D., Singh, M., and Mark, J. T. 2013. "Does evolution favor true perceptions?" *Proceedings of the SPIE 8651, Human Vision and Electronic Imaging XVIII*, 865104, doi: 10.1117/12.2011609.

*25　Hoffman, D. D., Singh, M., and Prakash, C. 2015. "The interface theory of perception," *Psychonomic Bulletin and Review* 22: 1480–1506.

*26　藁人形論法の誤りは、非形式的誤謬［推論に何らかの間違いのある論証］である。論争の相手が立ててもいない議論を反駁することで、相手の議論を否定したとする主張を指す。

*27　Webster, M. A. 2014. "Probing the functions of contextual modulation by adapting images rather than observers," *Vision Research* 104: 68–79; Webster, M. A. 2015. "Visual adaptation," *Annual Reviews of Vision Science* 1: 547–67.

*28　Marion, B. B. 2013. "The impact of utility on the evolution of perceptions," PhD diss., University of California–Irvine.

*29　Mausfeld, R. 2015. "Notions such as 'truth' or 'correspondence to the objective world' play no role in explanatory accounts of perception," *Psychonomic Bulletin & Review* 6: 1535–40.

*30　Duret, L. 2008. "Neutral theory: The null hypothesis of molecular evolution," *Nature Education* 1(1): 218.

*31　Cohen, J. 2015. "Perceptual representation, veridicality, and the interface theory of perception," *Psychonomic Bulletin & Review* 6: 1512–18.

*32　同上。

*33　Cover, T. M., and Thomas, J. A. 2006. *Elements of Information Theory* (Hoboken, NJ: Wiley)［『情報理論――基礎と広がり』山本博資、古賀弘樹、有村光晴、岩本貢訳、共立出版、２０１２年］.

*34　知覚の内容の哲学に関しては、次の文献を参照されたい。Hawley, K., and Macpherson, F., eds. 2011. *The Admissible Contents of Experience* (West Sussex, UK: Wiley-Blackwell); Siegel, S. 2011. *The Contents of Visual Experience* (Oxford, UK: Oxford University Press); Brogard, B., ed. 2014. *Does Perception Have Content?* (Oxford, UK: Oxford University Press).

*35　Foreword to Dawkins, R. 1976. *The Selfish Gene* (New York: Oxford University Press).［『利己的な遺伝子』既出］

*36　Pinker, S. 1997. *How the Mind Works* (New York: W. W. Norton)［『心の仕組み』既出］.

第5章　錯覚

*1　Hoffman, D. D. 1998. *Visual Intelligence: How We Create What We See* (New York: W. W. Norton)［『視覚の文法』既出］; Hoffman, D. D. 2009. "The interface theory of perception," in S. Dickinson, M. Tarr, A. Leonardis, and B. Schiele, eds., *Object Categorization: Computer and Human Vision Perspectives* (New York: Cambridge University Press), 148–65; Hoffman, D. D. 2011. "The construction of visual reality," in J. Blom and I. Sommer, eds., *Hallucinations: Theory and Practice* (New York: Springer, 7–15); Hoffman, D. D. 2012. "The sensory desktop," in J. Brockman, ed., *This Will Make You Smarter: New Scientific Concepts to Improve Your Thinking* (New York: Harper Perennial), 135–38［『天才科学者はこう考える――読むだけで頭がよくなる１５１の視点』夏目大、花塚恵訳、ダイヤモンド社、２０２０年］; Hoffman, D. D. 2013. "Public objects and private qualia: The scope and limits of psychophysics," in L. Albertazzi, ed., *The Wiley-Blackwell Handbook of Experimental Phenomenology* (New York: Wiley-Blackwell), 71–89; Hoffman,

D. D. 2016. "The interface theory of perception," *Current Directions in Psychological Science* 25(3): 157–61; Hoffman, D. D. 2018. "The interface theory of perception," in *Stevens' Handbook of Experimental Psychology and Cognitive Neuroscience*, 4th edition (Hoboken, NJ: Wiley); Hoffman, D. D., and Prakash, C. 2014. "Objects of consciousness," *Frontiers in Psychology: Perception Science*, http://dx.doi.org/10.3389/fpsyg.2014.00577; Hoffman, D. D., Singh, M., and Prakash, C. 2015. "The interface theory of perception," *Psychonomic Bulletin and Review* 22: 1480–1506; Hoffman, D. D., Singh, M., and Mark, J. T. 2013. "Does evolution favor true perceptions?" Proceedings of the SPIE 8651, *Human Vision and Electronic Imaging XVIII*, 865104, doi: 10.1117/12.2011609; Koenderink, J. J. 2011. "Vision as a user interface," *Human Vision and Electronic Imaging XVI, SPIE* Vol. 7865, doi: 10.1117/12.881671; Koenderink, J. J. 2013. "World, environment, umwelt, and inner-world: A biological perspective on visual awareness," *Human Vision and Electronic Imaging XVIII, SPIE* Vol. 8651, doi: 10.1117/12.2011874; Mark, J. T., Marion, B., and Hoffman, D. D. 2010. "Natural selection and veridical perceptions," *Journal of Theoretical Biology* 266: 504–15; Mausfeld, R. 2002. "The physicalist trap in perception theory," in D. Heyer and R. Mausfeld, eds., *Perception and the Physical World: Psychological and Philosophical Issues in Perception* (New York: Wiley), 75–112; Singh, M., and Hoffman, D. D. 2013. "Natural selection and shape perception: Shape as an effective code for fitness," in S. Dickinson and Z. Pizlo, eds., *Shape Perception in Human and Computer Vision: An Interdisciplinary Perspective* (New York: Springer), 171–85。ウンヴェルト関連の考えに関しては、次の文献を参照されたい。von Uexküll, J. 1909. *Umwelt und Innenwelt der Tiere* (Berlin: Springer-Verlag)［『動物の環境と内的世界』前野佳彦訳、みすず書房、２０１２年］; von Uexküll, J. 1926. *Theoretical Biology* (New York: Harcourt, Brace); von Uexküll, J. 1957. "A stroll through the worlds of animals and men: A picture book of invisible worlds," in C. H. Schiller, ed., *Instinctive Behavior: Development of a Modern Concept* (New York: Hallmark); Boyer, P. 2001. "Natural epistemology or evolved metaphysics? Developmental evidence for early-developed, intuitive, category-specific, incomplete, and stubborn metaphysical presumptions," *Philosophical Psychology* 13: 277–97.

＊2　Shermer, M. 2015. "Did humans evolve to see things as they really are? Do we perceive reality as it is?" *Scientific American* (November), https://www.scientificamerican.com/article/did-humans-evolve-to-see-things-as-they-really-are/.

＊3　Berkeley, G. 1710. *A Treatise Concerning the Principles of Human Knowledge*［『人知原理論』宮武昭訳、筑摩書房、２０１８年］.

＊4　Kant, I. 1781. *Critique of Pure Reason* (New York: American Home Library)［『純粋理性批判』石川文康訳、筑摩書房、２０１４年］.

＊5　Stroud, B. 1999. *The Quest for Reality: Subjectivism and the Metaphysics of Color* (Oxford, UK: Oxford University Press).

＊6　Strawson, P. F. 1990. *The Bounds of Sense: An Essay on Kant's Critique of Pure Reason* (London: Routledge), 38［『意味の限界――「純粋理性批判」論考』熊谷直男，鈴木恒夫，横田

栄一訳、勁草書房、1987年］．

＊7　von Uexküll, J. 1934. *A Foray into the Worlds of Animals and Humans* (Berlin: Springer).

＊8　Plato, *Republic*［『国家』既出］．

＊9　Palmer, S. 1999. *Vision Science: Photons to Phenomenology* (Cambridge, MA: MIT Press).

＊10　たとえば次の文献を参照されたい。Plantinga, A. 2011. *Where the Conflict Really Lies: Science, Religion and Naturalism* (New York: Oxford University Press); Balfour, A. J. 1915. *Theism and Humanism, Being the Gifford Lectures Delivered at the University of Glasgow*, 1914 (New York: Hodder & Stoughton).

＊11　Cosmides, L., and Tooby, J. 1992. "Cognitive Adaptions for Social Exchange," in Barkow, J., Cosmides, L., and Tooby, J., eds., *The adapted mind: Evolutionary psychology and the generation of culture* (New York: Oxford University Press).

＊12　Mercier, H., and Sperber, D. 2011. "Why do humans reason? Arguments for an argumentative argumentative theory," *Behavioral and Brain Sciences* 34: 57–111; Mercier, H., and Sperber, D. 2017. *The Enigma of Reason* (Cambridge, MA: Harvard University Press).

＊13　Shermer, M. 2015. "Did humans evolve to see things as they really are? Do we perceive reality as it is?" *Scientific American* (November), https://www.scientificamerican.com/article/did-humans-evolve-to-see-things-as-they-really-are/.

＊14　ここには適応度利得をめぐって専門的な問題がある。本章で私は、「単に存在する」と「知覚されていないときにも存在する」という、「リアル」という言葉の二つの意味を区別することが役立つと述べた。後者の意味で使われた場合、私はそれを実在と呼び、その意味で「私たちの感覚は、実在ではなく適応度利得を追跡するべく進化した」と主張している。しかし数学的抽象としての適応度利得は、知覚されなくても存在するかもしれない。たとえば私は、夢を見ない深い眠りの状態に置かれていたとする。異論はあるかもしれないが、よって私は何も知覚していない。それでも、「私の適応度利得は、たとえ自分がそれを知覚していなくても依然として存在する」と主張することが可能であるように思われる。ぐっすり眠っているときにベッドから転げ落ちれば、私の適応度は低下するだろう。よって私の適応度利得は客観的であり、知覚されなくても存在すると考えられる。これは妥当な議論だ。だが私の適応度利得は、私が存在しなければ存在しないだろう。「客観的」という言葉は強い意味で使われる場合がある。それを「強く客観的」と呼ぶことにしよう。この場合の「客観的」の意味は、「知覚者がいなくても何かが存在するなら、その何かはリアルである」というものだ。多くの物理学者は、「時空や物体は、それを知覚する生物が出現する前から存在している。それゆえ時空や物体は強く客観的である」と主張する。しかし、生物が存在しない限り存在し得ない適応度利得は、それゆえ強く客観的なものではない。私が「進化は知覚が真実ではなく適応度を追跡するよう生物を形作った」と主張するとき、私が念頭に置いている「真実」とは、多くの物理学者が考えている強く客観的な実在という概念を指している。

第6章　重力

＊1　A 1954 letter of Pauli to Einstein, in Born, M. 1971. *The Born-Einstein Letters* (New York: Walker).

*2　A 1948 letter of Einstein to Born, in Born, M. 1971. *The Born-Einstein Letters* (New York: Walker).

*3　同上。

*4　Bell, J. S. 1964. "On the Einstein Podolsky Rosen paradox," *Physics* 1: 195–200.

*5　Hensen, B., et al. 2015. "Loophole-free Bell inequality violation using electron spins separated by 1.3 kilometres," *Nature* 526: 682–86.

*6　同上。

*7　Giustina, M., et al. 2015. "Significant-loophole-free test of Bell's Theorem with entangled photons," *Physical Review Letters* 115: 250401; Gröblacher, S., Paterek, T., Kaltenbaek, R., Brukner, C., Zukowski, M., Aspelmeyer, M., and Zeilinger, A. 2007. "An experimental test of non-local realism," *Nature* 446: 871–75.

*8　Gröblacher, S., Paterek, T., Kaltenbaek, R., Brukner, C., Zukowski, M., Aspelmeyer, M., and Zeilinger, A. 2007. "An experimental test of non-local realism," *Nature* 446: 871–75.

*9　Bell, J. S. 1966. "On the problem of hidden variables in quantum mechanics," *Reviews of Modern Physics* 38: 447–52; Kochen, S., and Specker, E. P. 1967. "The problem of hidden variables in quantum mechanics," *Journal of Mathematics and Mechanics* 17: 59–87. 文脈依存性の概観については次の文献を参照されたい。Dzhafarov, E., Jordan, S., Zhang, R., and Cervantes, V., eds. 2016. *Contextuality from quantum physics to psychology* (Singapore: World Scientific).

*10　Einstein, A., Podolsky, B., and Rosen, N. 1935. "Can quantum-mechanical description of physical reality be considered complete?" *Physical Review* 47: 777–80.

*11　Cabello, A., Estebaranz, J. M., and García-Alcaine, G. 1996. "Bell-Kochen-Specker Theorem: A proof with 18 vectors," *Physics Letters* A 212: 183. See also Klyachko, A. A., Can, M. A., Binicioglu, S. and Shumovsky, A. S. 2008. "Simple test for hidden variables in spin-1 systems," *Physical Review Letters* 101: 020403.

*12　Formaggio, J. A., Kaiser, D. I., Murskyj, M. M., and Weiss, T. E. 2016. "Violation of the Leggett-Garg inequality in neutrino oscillations," arXiv:1602.00041 [quant-ph].

*13　Rovelli, C. 1996. "Relational quantum mechanics," *International Journal of Theoretical Physics* 35: 1637–78.

*14　同上。

*15　同上。

*16　Fields, C. 2016. "Building the observer into the system: Toward a realistic description of human interaction with the world," *Systems* 4: 32, doi: 10.3390/systems4040032.

*17　Fuchs, C. A., Mermin, N. D., and Schack, R. 2014. "An introduction to QBism with an application to the locality of quantum mechanics," *American Journal of Physics* 82: 749.

*18　同上。

*19　Fuchs, C. 2010. "QBism, the perimeter of quantum Bayesianism," arXiv:1003.5209 v51. Qビズムの要約については次の文献を参照されたい。von Baeyer, H. C. 2016. *QBism: The Future of Quantum Physics* (Cambridge, MA: Harvard University Press) [『QBism――量子×ベイズ――量子情報時代の新解釈』松浦俊輔、木村元訳、森北出版、２０１８年]. Qビズムの批判については次の文献を参照されたい。Fields, C.

2012. "Autonomy all the way down: Systems and dynamics in quantum Bayesianism," arXiv:1108.2024v2 [quant-ph].

*20 Bartley, W. W. 1987. "Philosophy of biology versus philosophy of physics," in G. Radnitzky and W. W. Bartley III, eds., *Evolutionary Epistemology, Theory of Rationality, and the Sociology of Knowledge* (La Salle, IL: Open Court).

*21 同上。

*22 Wheeler, J. A. 1979. "Beyond the black hole," in H. Woolfe, ed., *Some Strangeness in the Proportion: A Centennial Symposium to Celebrate the Achievements of Albert Einstein* (Reading, PA: Addison-Wesley), 341–75.

*23 Wheeler, J. A. 1978. "The 'past' and the 'delayed-choice' double-slit experiment," in A. R. Marlow, ed., *Mathematical Foundations of Quantum Theory* (New York: Academic).

*24 同上。

*25 Eibenberger, S., Gerlich, S., Arndt, M., Mayor, M., and Tüxen, J. 2013. "Matter–wave interference of particles selected from a molecular library with masses exceeding 10,000 amu," *Physical Chemistry Chemical Physics* 15: 14696.

*26 Wheeler, J. A. 1979. "Beyond the black hole," in H. Woolfe, ed., *Some Strangeness in the Proportion: A Centennial Symposium to Celebrate the Achievements of Albert Einstein* (Reading, PA: Addison-Wesley), 341–75.

*27 Jacques, V., Wu, E., Grosshans, F., Treussart, F., Grangier, P., Aspect, A., and Roch, J-F. 2007. "Experimental realization of Wheeler's delayed-choice gedanken experiments," *Science* 315(5814): 966–68; Manning, A. G., Khakimov, R. I., Dall, R. G., and Truscott, A. G. 2015. "Wheeler's delayed-choice gedanken experiment with a single atom," *Nature Physics* 11: 539–42.

*28 同上。

*29 Wheeler, J. A. 1990. "Information, physics, quantum: The search for links," in W. H. Zurek, ed., *Complexity, Entropy, and the Physics of Information, SFI Studies in the Sciences of Complexity*, vol. VIII (New York: Addison-Wesley).

*30 同上。

*31 同上。

*32 Bekenstein, J. D. 1981. "Universal upper bound on the entropy-to-energy ratio for bounded systems," *Physical Review* D 23: 287–98; Bekenstein, J. D. 2003. "Information in the Holographic Universe: Theoretical results about black holes suggest that the universe could be like a gigantic hologram," *Scientific American* (August), 59; Susskind, L. 2008. *The Black Hole War* (New York: Little, Brown) [『ブラックホール戦争――スティーヴン・ホーキングとの20年越しの闘い』林田陽子訳、日経BP社、2009年].

*33 このことは、物理学における未解明の謎の一つである「ローレンツ不変量違反」と呼ばれる問題を引き起こす。

*34 Susskind, L. 2008. *The Black Hole War* (New York: Little, Brown) [『ブラックホール戦争』既出].

*35 同上。

*36 量子情報理論は、従来の情報理論とは異なる。なぜなら、フックス（二〇一〇）が主張するように「量子力学はベイズ確率理論に追加されたものだからだ。それはベイズ確率理論の一般化でも、それに対立するものでもなく、付加物なのである」。とりわけボルンの規則は、「別の（事実に反する）文脈のもと

でなされたであろう、全確率の法則の使用の関数である」。Fuchs, C. 2010. "QBism, the perimeter of quantum Bayesianism," arXiv:1003.5209v51. See also D'Ariano, G. M., Chiribella, G., and Perinotti, P. 2017. *Quantum Theory from First Principles: An Informational Approach* (New York: Cambridge University Press).

*37 Susskind, L. 2008. *The Black Hole War* (New York: Little, Brown)［『ブラックホール戦争』既出］.

*38 同上。

*39 Almheiri, A., Marolf, D., Polchinski, J., and Sully, J. 2013. "Black holes: complementarity or firewalls?" *Journal of High Energy Physics* 2, arXiv:1207.3123.

*40 Harlow, D., and Hayden, P. 2013. "Quantum computation vs. firewalls," *Journal of High Energy Physics* 85, https://arxiv.org/abs/1301.4504.

*41 Bousso, R. 2012. "Observer complementarity upholds the equivalence principle," arXiv:1207.5192 [hep-th].

*42 Gefter, A. 2014. *Trespassing on Einstein's Lawn* (New York: Bantam Books).

*43 Fuchs, C. A., Mermin, N. D., and Schack, R. 2014. "An introduction to QBism with an application to the locality of quantum mechanics," *American Journal of Physics* 82: 749.

*44 Hawking, S., and Hertog, T. 2006. "Populating the landscape: A top-down approach," *Physical Review* D 73: 123527.

*45 同上。

*46 同上。

*47 同上。

*48 Wheeler, J. A. 1982. "Bohr, Einstein, and the strange lesson of the quantum," in R. Q. Elvee, ed., *Mind in Nature: Nobel Conference XVII*, Gustavus Adolphus College, St. Peter, Minnesota (San Francisco: Harper & Row), 1–23.

*49 Fuchs, C. 2010. "QBism, the perimeter of quantum Bayesianism," arXiv:1003.52 09v51.

*50 量子論のその他の解釈に関する概要は、たとえば次の文献を参照されたい。Albert, D. 1992. *Quantum Mechanics and Experience* (Cambridge, MA: Harvard University Press)［『量子力学の基本原理――なぜ常識と相容れないのか』高橋真理子訳、日本評論社、１９９７年］; Becker, A. 2018. *What Is Real? The Unfinished Quest for the Meaning of Quantum Physics* (New York: Basic Books).

*51 https://www.youtube.com/watch?v=U47kyV4TMnE の６分１０秒を参照。また次の動画も参照されたい。https://www.youtube.com/watch?v=82NatoryBBk&feature=youtu.be.

第7章　仮想性

*1 Gross, D. 2005. "Einstein and the search for unification," *Current Science* 89: 2035–40.

*2 同上, 2039.

*3 Cole, K. C. 1999. "Time, space obsolete in new view of universe," *Los Angeles Times*, November 16.

*4 Singh, M., and Hoffman, D. D. 2013. "Natural selection and shape perception: Shape as an effective code for fitness," in S. Dickinson and Z. Pizlo, eds., *Shape Perception in Human and Computer Vision: An Interdisciplinary Perspective* (New York: Springer), 171–85.

*5 Zadra, J. R., Weltman, A. L., and Proffitt, D. R. 2016. "Walkable distances are bioenergetically scaled," *Journal of Experimental Psychology: Human Perception and Performance* 42: 39–51. しかし、そのような結果が出たのは最適コーディング、あるいは実験の需要特性のゆえである可能性も考えられる。たとえば次の文献を参照されたい。Durgin, F. H., and Li, Z. 2011. "Perceptual scale expansion: An efficient angular coding strategy for locomotor space," *Attention, Perception & Psychophysics* 73: 1856–70.

*6 Cover, T. M., and Thomas, J. A. 2006. *Elements of Information Theory* (Hoboken, NJ: Wiley)〔『情報理論』既出〕.

*7 Almheiri, A., Dong, X., and Harlow, D. 2015. "Bulk locality and quantum error correction in AdS/CFT," arXiv:1411.7041v3 [hep-th].

*8 同上。

*9 Pastawski, F., Yoshida, B., Harlow, B., and Preskill, J. 2015. "Holographic quantum error-correcting codes: Toy models for the bulk/boundary correspondence," arXiv:1503.06237 [hep-th]; Pastawski, F., and Preskill, J. 2015. "Code properties from holographic geometries," arXiv:1612.00017v2 [quant-ph].

*10 Pizlo, Z., Li, Y., Sawada, T., and Steinman, R. M. 2014. *Making a Machine That Sees Like Us* (New York: Oxford University Press).

*11 Hoffman, D. D., and Prakash, C. 2014. "Objects of consciousness," *Frontiers in Psychology: Perception Science*, http://dx.doi.org/10.3389/fpsyg.2014.00577; Terekhov, A. V., and O'Regan, J. K. 2016. "Space as an invention of active agents," *Frontiers in Robotics and AI*, doi: 10.3389/frobt.2016.00004.

*12 対称性は群論を用いて数学的に記述することができる。群論はさまざまなエラー訂正コードを構築するにあたり必須のツールになる。たとえば次の文献を参照されたい。Togneri, R., and deSilva, C. J. S. 2003. *Fundamentals of Information Theory and Coding Design* (New York: Chapman & Hall/CRC). また次のニール・スローンの講義を参照されたい。https://www.youtube.com/watch?v=uCeTOjIlfIg.

*13 Pizlo, Z., Li, Y., Sawada, T., and Steinman, R. M. 2014. *Making a Machine That Sees Like Us* (New York: Oxford University Press).

*14 Knill, D. C., and Richards W. A., eds. 1996. *Perception as Bayesian Inference* (Cambridge, UK: Cambridge University Press).

*15 Varela, F. J., Thompson, E., and Rosch, E. 1991. *The Embodied Mind* (Cambridge, MA: MIT Press)〔『身体化された心——仏教思想からのエナクティブ・アプローチ』田中靖夫訳、工作舎、2001年〕.

*16 Chemero, A. 2009. *Radical Embodied Cognitive Science* (Cambridge, MA: MIT Press).

*17 Rubino, G., Rozema, L. A., Feix, A., Araújo, M., Zeuner, J. M., Procopio, L. M., Brukner, C., and Walther, P. 2017. "Experimental verification of an indefinite causal order," *Science Advances* 3: e1602589, arXiv:1608.01683v1 [quant-ph].

*18 同上。

*19 Oizumi, M., Albantakis, L., and Tononi, G. 2014. "From the phenomenology to the mechanisms of consciousness:

Integrated information theory 3.0," *PLOS Computational Biology* 10: e1003588; Hoel, E. P. 2017. "When the map is better than the territory," *Entropy* 19: 188, doi: 10.3390/e19050188; Searle, J. R. 1998. *Mind, Language and Society: Philosophy in the real world* (New York: Basic Books); Searle, J. R. 2015. *Seeing Things as They Are: A Theory of Perception* (New York: Oxford University Press).

*20 Rubino, G., Rozema, L. A., Feix, A., Araújo, M., Zeuner, J. M., Procopio, L. M., Brukner, C., and Walther, P. 2017. "Experimental verification of an indefinite causal order," *Science Advances* 3: e1602589, arXiv:1608.01683v1 [quant-ph].

*21 Cover, T. M., and Thomas, J. A. 2006. *Elements of Information Theory* (Hoboken, NJ: Wiley)〔『情報理論』既出〕.

*22 Fuchs, C. 2010. "QBism, the perimeter of quantum Bayesianism," arXiv:1003.5209 v51' フックスは次のように述べる。複素振幅の用語で書かれたいかなる量子状態も、標準的な確率によって書き換えることができる。量子論は標準的な確率理論を拡張するものではなく、その内部における1つのモデルにすぎない。

*23 主観的なネッカーの立方体が最初に発表されたのは次の論文によってである。Bradley, D. R., and Petry, H. M. 1977. "Organizational determinants of subjective contour: The subjective Necker cube," *American Journal of Psychology* 90: 253–62.

*24 Van Raamsdonk, M. 2010. "Building up spacetime with quantum entanglement," *General Relativity and Gravitation* 42: 2323–29; Swingle, B. 2009. "Entanglement renormalization and holography," arXiv:0905.1317 [cond-mat.str-el]; Cao, C., Carroll, S. M., and Michalakis, S. 2017. "Space from Hilbert space: Recovering geometry from bulk entanglement," *Physical Review* D 95: 024031.

*25 Morgenstern, Y., Murray, R. F., and Harris, L. R. 2011. "The human visual system's assumption that light comes from above is weak," *Proceedings of the National Academy of Sciences USA* 108(30): 12551–3, doi: 10.1073/pnas.1100794108.

*26 「Body Optics™」の事例は、次を参照されたい。http://leejeans-ap.com/bodyoptixdenim/en/index.html, https://www.forbes.com/sites/rachelarthur/2017/09/20/lee-jeans-visual-science-instagram/#220b69987fb2.

第8章 ポリクローム

*1 Koenderink, J. 2010. *Color for the Sciences* (Cambridge, MA: MIT Press).

*2 Pinna, B., Brelstaff, G., and Spillmann, L. 2001. "Surface color from boundaries: A new 'watercolor' illusion," *Vision Research* 41: 2669–76.

*3 van Tuijl, H. F. J. M., and Leeuwenberg, E. L. J. 1979. "Neon color spreading and structural information measures," *Perception & Psychophysics* 25: 269–84; Watanabe, T., and Sato, T. 1989. "Effects of luminance contrast on color spreading and illusory contour in the neon color spreading effect," *Perception & Psychophysics* 45: 427–30.

*4 Albert, M., and Hoffman, D. D. 2000. "The generic-viewpoint assumption and illusory contours," *Perception* 29: 303–12; Hoffman, D. D. 1998. *Visual Intelligence: How We Create What We See* (New York: W. W. Norton)〔『視覚の文

法』既出〕．

＊5　動画は http://www.cogsci.uci.edu/˜ddhoff/BB.mp4 で見ることができる。

＊6　Cicerone, C., and Hoffman, D. D. 1997. "Color from motion: Dichoptic activation and a possible role in breaking camouflage," *Perception* 26: 1367–80; Hoffman, D. D. 1998. *Visual Intelligence: How We Create What We See* (New York: W. W. Norton)〔『視覚の文法』既出〕．

＊7　Labrecque, L. I., and Milne, G. R. 2012. "Exciting red and competent blue: The importance of color in marketing," *Journal of the Academy of Marketing Science* 40: 711–27.

＊8　Chamovitz, D. 2012. *What a Plant Knows* (New York: Scientific American / Farrar, Straus and Giroux)〔『植物はそこまで知っている』既出〕．

＊9　同上。

＊10　同上。

＊11　同上。

＊12　Wiltbank, L. B., and Kehoe, D. M. 2016. "Two cyanobacterial photoreceptors regulate photosynthetic light harvesting by sensing teal, green, yellow and red light," mBio 7(1): e02130-15, doi: 10.1128/mBio.02130-15.

＊13　Palmer, S. E., and Schloss, K. B. 2010. "An ecological valence theory of human color preference," *Proceedings of the National Academy of Sciences of the USA* 107: 8877–82; Palmer, S. E., Schloss, K. B., and Sammartino, J. 2013. "Visual aesthetics and human preference," *Annual Review of Psychology* 64: 77–107.

＊14　「クロマチュア」という用語は、二〇〇九年に私が造語したものである。次のＣＮＮの記事で言及されている。https://www.cnn.com/2018/04/26/health/colorscope-benefits-of-a-colorful-life/index.html.

＊15　エディントン数と呼ばれる、観察可能な宇宙の粒子の総数は、ダークマターを除いておよそ10^{80}である。画像の各ピクセルが（赤、緑、青にそれぞれ８ビットずつ）２４ビットで構成される色を持つとすると、各ピクセルは１６、７７７、２１６種類の色を持てる。その場合、ピクセルで構成される区画は、エディントン数を凌駕する数のクロマチュアを持つことができる。

＊16　Imura, T., Masuda, T., Wada, Y., Tomonaga, M., and Okajima, K. 2016. "Chimpanzees can visually perceive differences in the freshness of foods," *Nature* 6: 34685, doi: 10.1038/srep34685.

＊17　Cytowic, R. E., and Eagleman, D. M. 2009. *Wednesday Is Indigo Blue: Discovering the Brain of Synesthesia* (Cambridge, MA: MIT Press)〔『脳のなかの万華鏡――「共感覚」のめくるめく世界』山下篤子訳、河出書房新社、２０１０年〕．

＊18　Nabokov, V. 1951. *Speak, Memory* (New York: Harper & Bros.)〔『記憶よ、語れ――自伝再訪』若島正訳、作品社、２０１５年〕．

＊19　Cytowic, R. E., and Eagleman, D. M. 2009. *Wednesday Is Indigo Blue: Discovering the Brain of Synesthesia* (Cambridge, MA: MIT Press)〔『脳のなかの万華鏡』既出〕．

＊20　Cytowic, R. E. 1993. *The Man Who Tasted Shapes* (Cambridge, MA: MIT Press)〔『共感覚者の驚くべき日常――形を味わう人、色を聴く人』山下篤子訳、草思社、２００２年〕．

*21 Cytowic, R. E., and Eagleman, D. M. 2009. *Wednesday Is Indigo Blue: Discovering the Brain of Synesthesia* (Cambridge, MA: MIT Press)〔『脳のなかの万華鏡』既出〕.

*22 同上。

*23 Asher, Julian E., Lamb, Janine A., Brocklebank, Denise, Cazier, Jean-Baptiste, Maestrini, Elena, Addis, Laura, Sen, Mallika, Baron-Cohen, Simon, and Monaco, Anthony P. 2009. "A whole-genome scan and fine-mapping linkage study of auditory-visual synesthesia reveals evidence of linkage to chromosomes 2q24, 5q33, 6p12, and 12p12," *American Journal of Human Genetics* 84(2): 279–85; Tomson, S. N., Avidan, N., Lee, K., Sarma, A. K., Tushe, R., Milewicz, D. M., Bray, M., Lealc, S. M., and Eagleman, D. M. 2011. "The genetics of colored sequence synesthesia: Suggestive evidence of linkage to 16q and genetic heterogeneity for the condition," *Behavioural Brain Research* 223: 48–52. また共感覚には、重要な環境の影響があることも考えられる。共感覚経験における色が、冷蔵庫に貼るカラーマグネットの影響を子どもの頃に受けたことによって決まるという次の報告もある。Witthoft, N., and Winawer, J. 2006. "Synesthetic colors determined by having colored refrigerator magnets in childhood," *Cortex* 42(2): 175–83.

*24 Novich, S. D., Cheng, S., and Eagleman, D. M. 2011. "Is synesthesia one condition or many? A large-scale analysis reveals subgroups," *Journal of Neuropsychology* 5: 353–71.

*25 Hubbard, E. M., and Ramachandran, V. S. 2005. "Neurocognitive mechanisms of synesthesia," *Neuron* 48: 509–20; Ramachandran, V. S., and Hubbard, E. M. 2001. "Psychophysical investigations into the neural basis of synaesthesia," *Proceedings of the Royal Society of London B* 268: 979–83.

*26 Rouw, R., and Scholte, H. S. 2007. "Increased structural connectivity in grapheme-color synesthesia," *Nature Neuroscience* 10: 792–97.

*27 Smilek, Daniel, Dixon, Mike J., Cudahy, Cera, and Merikle, Philip M. 2002. "Synesthetic color experiences influence memory," *Psychological Science* 13(6): 548.

*28 Tammet, D. 2006. *Born on a Blue Day* (London: Hodder & Stoughton)〔『ぼくには数字が風景に見える』古屋美登里訳、講談社、２０１４年〕.

*29 Banissy, M. J., Walsh, V., and Ward, J. 2009. "Enhanced sensory perception in synaesthesia," *Experimental Brain Research* 196: 565–71.

*30 Havlik, A. M., Carmichael, D. A., and Simner, J. 2015. "Do sequence-space synaesthetes have better spatial imagery skills? Yes, but there are individual differences," *Cognitive Processing* 16(3): 245–53; Simner, J. 2009. "Synaesthetic visuo-spatial forms: Viewing sequences in space," *Cortex* 45: 1138–47; Simner, J., and Hubbard, E. M., eds. 2013. *The Oxford Handbook of Synesthesia* (Oxford, UK: Oxford University Press).

*31 Cytowic, R. E. 1993. *The Man Who Tasted Shapes* (Cambridge, MA: MIT Press)〔『共感覚者の驚くべき日常』既出〕.

*32 同上。

*33 この例はロブ・リードによる。

*34 Corcoran, Aaron J., Barber, J. R., and Conner, W. E. 2009. "Tiger moth jams bat sonar," *Science* 325 (5938): 325–27, doi: 10.1126/science.1174096.

第9章 精査

*1 Tovée, M. J. 2008. *An Introduction to the Visual System* (Cambridge, UK: Cambridge University Press).

*2 Li, Z. 2014. *Understanding Vision: Theory, Models, and Data* (Oxford, UK: Oxford University Press).

*3 Rensink, R. A., O'Regan, J. K., and Clark, J. J. 1997. "To See or Not to See: The Need for Attention to Perceive Changes in Scenes," *Psychological Science* 8: 368–73.

*4 たとえば次を参照されたい。https://www.youtube.com/watch?v=VkrrVozZR2c.

*5 Itti, L. 2005. "Quantifying the contribution of low-level saliency to human eye movements in dynamic scenes," *Visual Cognition* 12: 1093–1123; Wolfe, J. M., and Horowitz, T. S. 2004. "What attributes guide the deployment of visual attention and how do they do it?" *Nature Reviews Neuroscience* 5: 495–501; Wolfe, J. M. and DiMase, J. S. 2003. "Do intersections serve as basic features in visual search?" *Perception* 32: 645-656.

*6 マーケティングにおける視覚的注意の役割については、次の文献を参照されたい。Wedel, M., and Pieters, R., eds. 2008. *Visual Marketing: From Attention to Action* (New York: Lawrence Erlbaum).

*7 Li, Z. 2014. *Understanding Vision: Theory, Models, and Data* (Oxford, UK: Oxford University Press); Sprague, T., Itthipuripat, S., and Serences, J. 2018. "Dissociable signatures of visual salience and behavioral relevance across attentional priority maps in human cortex," *Journal of Neurophysiology* http://dx.doi.org/10.1101/196642. ここでは、ニューロンは知覚されていなくても存在し、シグナルの送信などの活動が可能であるかのような書き方をした。これは、私たちが持つインターフェースの言語を用いた、便宜的な表現にすぎない。

*8 Navalpakkam, V., and Itti, L. 2007. "Search goal tunes visual features optimally," *Neuron* 53: 605–17.

*9 New, J., Cosmides, L., and Tooby, J. 2007. "Category-specific attention for animals reflects ancestral priorities, not expertise," *Proceedings of the National Academy of Sciences* 104: 16598–603.

*10 たとえばParas and Webster (2013) は、1/fノイズ［パワーが周波数に反比例する雑音］のイメージを被験者に見せ、暗い箇所が二つあるだけで、顔の知覚表象が引き起こされ、イメージの残りの部分を顔として再解釈するよう仕向けられることを見出した。Paras, C., and Webster, M. 2013. "Stimulus requirements for face perception: An analysis based on 'totem poles,'" *Frontiers in Psychology* 4: 18, http://journal.frontiersin.org/article/10.3389/fpsyg.2013.00018/full.

*11 Barrett, D. 2010. *Supernormal Stimuli: How Primal Urges Overran Their Evolutionary Purpose* (New York: W. W. Norton).

*12 Najemnik, J., and Geisler, W. 2005. "Optimal eye movement strategies in visual search," Nature 434: 387–91; Pomplun, M. 2006. "Saccadic selectivity in complex visual search displays," *Vision Research* 46: 1886–1900.

*13 Doyle, J. F., and Pazhoohi, F. 2012. "Natural and augmented breasts: Is what is not natural most attractive?"

Human Ethology Bulletin 27: 4.
＊14　Rhodes, G., Brennan, S., and Carey, S. 1987. "Identification and ratings of caricatures: Implications for mental representations of faces," *Cognitive Psychology* 19(4): 473–97; Benson, P. J., and Perrett, D. I. 1991. "Perception and recognition of photographic quality facial caricatures: Implications for the recognition of natural images," *European Journal of Cognitive Psychology* 3(1): 105–35.
＊15　Barrett, D. 2010. *Supernormal Stimuli: How Primal Urges Overran Their Evolutionary Purpose* (New York: W. W. Norton).
＊16　典型的な例は次の文献を参照されたい。Etcoff, N., Stock, S., Haley, L. E., Vickery, S. A., and House, D. M. 2011. "Cosmetics as a feature of the extended human phenotype: Modulation of the perception of biologically important facial signals," *PLoS ONE* 6(10): e25656; doi: 10.1371/journal.pone.0025656.
＊17　Jacobs, G. H. 2009. "Evolution of color vision in mammals," *Philosophical Transactions of the Royal Society B* 364: 2957–67; Melin, A. D., Hiramatsu, C., Parr, N. A., Matsushita, Y., Kawamura, S., and Fedigan, L. M. 2014. "The behavioral ecology of color vision: Considering fruit conspicuity, detection distance and dietary importance," *International Journal of Primatology* 35: 258–87; Hurlbert, A. C., and Ling, Y. 2007. "Biological components of sex differences in color preference," *Current Biology* 17(16): R623–R625.
＊18　New, J., Krasnow, M. M., Truxaw, D., and Gaulin, S. J. C. 2007. "Spatial adaptations for plant foraging: Women excel and calories count," *Proceedings of the Royal Society, B* 274: 2679–84.
＊19　Jaeger, S. R., Antúnez, L., Gastón, Aresb, Johnston, J. W., Hall, M., and Harker, F. R. 2016. "Consumers' visual attention to fruit defects and disorders: A case study with apple images," *Postharvest Biology and Technology* 116: 36–44.

第10章　コミュニティ

＊1　Gross, D. 2005. "Einstein and the search for unification," *Current Science* 89: 2035–40; Cole, K. C. 1999. "Time, space obsolete in new view of universe," *Los Angeles Times*, November 16.
＊2　Hameroff, S., and Penrose, R. 2014. "Consciousness in the universe: A review of the 'Orch OR' theory," *Physics of Life Reviews* 11: 39–78.
＊3　Oizumi, M., Albantakis, L., and Tononi, G. 2014. "From the phenomenology to the mechanisms of consciousness: Integrated information theory 3.0," *PLOS Computational Biology* 10: e1003588; Hoel, E. P. 2017. "When the map is better than the territory," *Entropy* 19: 188, doi: 10.3390/e19050188.
＊4　「意識的主体」の正確な定義は、補足説明を参照されたい。
＊5　Pinker, S. 2018. *Enlightenment Now: The Case for Reason, Science, Humanism, and Progress* (New York: Viking)［『21世紀の啓蒙——理性、科学、ヒューマニズム、進歩』橘明美，坂田雪子訳、草思社、2019年］.
＊6　命題論理において、「モーダストーレンス」は妥当な推論形式の一つをなす。それによればPがQを含意する場合、PでなければQでもない。具体例をあげよう。パットは、八〇年間

生きてきたのなら、三〇年間は生きてきた。パットはまだ三〇年間生きていない。ゆえにパットはまだ八〇年間生きていない。

＊7 Einstein, A. 1934. "On the method of theoretical physics," *Philosophy of Science* 1: 163–69.

＊8 Russell, B. 1924/2010. *The Philosophy of Logical Atomism* (New York: Routledge)［『論理的原子論の哲学』高村夏輝訳、筑摩書房、２００７年］.

＊9 「意識的主体」の正確な定義は、補足説明を参照されたい。

＊10 これらの問題の進展については、次の文献を参照されたい。Fields, C., Hoffman, D. D., Prakash, C., and Singh, M. 2017. "Conscious agent networks: Formal analysis and application to cognition," *Cognitive Systems Research* 47: 186–213.

＊11 これらの問題の進展については、次の文献を参照されたい。Fields, C., Hoffman, D. D., Prakash, C., and Prentner, R. 2017. "Eigenforms, interfaces and holographic encoding: Toward an evolutionary account of objects and spacetime. *Constructivist Foundations* 12(3): 265–74.

＊12 汎心論の概要については、オンラインで閲覧できる「スタンフォード哲学百科事典」を参照されたい。ときに、汎心論は二元論ではないと主張されることがある。この主張を支持するためには、二元論的でない、数学的に厳密な汎心論の科学的理論が構築されねばならない。現時点では、そのような理論は存在しない。意識の統合情報理論（ＩＩＴ）は、汎心論を含意するものとしてとらえられることが多い。ＩＩＴによれば、「経験とは還元不可能な最大の概念構造（ＭＩＣＳ：クオリア空間における概念の配置）であり、それを生成する一連の構成要素から一つの複合体が生じる。ＩＩＴに従えば、ＭＩＣＳは経験の質を規定する」。しかしここまで述べてきたように、ＩＩＴは、ガーリックのにおいなどのたった一つの経験に関してさえ、ＭＩＣＳに関する複合体を特定することができないでいる。それが可能になるまでは、特定の物理系とそれに対応する経験に関して、いかなる検証可能な科学的予測も立てることができない。ＩＩＴについては、次の文献を参照されたい。Oizumi, M., Albantakis, L., and Tononi, G. 2014. "From the phenomenology to the mechanisms of consciousness: Integrated information theory 3.0," *PLOS Computational Biology* 10: e1003588; Hoel, E. P. 2017. "When the map is better than the territory," Entropy 19: 188, doi: 10.3390/e19050188.

＊13 たとえば次の文献を参照されたい。Clarke, D. S., ed. 2004. *Panpsychism: Past and Recent Selected Readings* (New York: University of New York Press).

＊14 Du, S., Tao, Y., and Martinez, A. M. 2014. "Compound facial expressions of emotion," *Proceedings of the National Academy of Sciences* 111(15): E1454–E1462.

＊15 Goodall, J. 2011. *My Life with the Chimpanzees* (New York: Byron Preiss Visual Publications)［『チンパンジーの森へ――ジェーン・グドール自伝』庄司絵里子訳、地人書館、１９９４年］.

＊16 Revuz, D. 1984. *Markov Chains* (Amsterdam: North-Holland).

＊17 より専門的な言い方をすれば、可測空間に関する事象の集合は、可算和のもとで閉じたσ集合代数である。これは可算直和のもとで閉じたσ-加法族として一般化できる。次の文献を参照されたい。Gudder, S. *Quantum Probability* (San Diego: Academic Press). さらには有限加法族まで一般化することができる。

＊18　Revuz, D. 1984. *Markov Chains* (Amsterdam: North-Holland).

＊19　Hoffman, D. D., and Prakash, C. 2014. "Objects of consciousness," *Frontiers in Psychology: Perception Science*, http://dx.doi.org/10.3389/fpsyg.2014.00577.

＊20　同上。

＊21　Fields, C., Hoffman, D. D., Prakash, C., and Prentner, R. 2017. "Eigenforms, interfaces and holographic encoding: Toward an evolutionary account of objects and spacetime," *Constructivist Foundations* 12(3): 265–74; Fields, C., Hoffman, D. D., Prakash, C., and Singh, M. 2017. "Conscious agent networks: Formal analysis and application to cognition," *Cognitive Systems Research* 47: 186–213.

＊22　Kahneman, D. 2011. *Thinking, Fast and Slow* (New York: Farrar, Straus and Giroux)［『ファスト&スロー――あなたの意思はどのように決まるか?』村井章子、友野典男訳、早川書房、２０１４年］.

＊23　それらはアフィン群AGL（４、２）を形成し、幾何代数G（４、２）、つまり共形時空代数で作用する。Hoffman, D. D., and Prakash, C. 2014. "Objects of consciousness," *Frontiers in Psychology: Perception Science*, http://dx.doi.org/10.3389/fpsyg.2014.00577.

＊24　Tooby, J., Cosmides, L., and Barrett, H. C. 2003. "The second law of thermodynamics is the first law of psychology: Evolutionary developmental psychology and the theory of tandem, coordinated inheritances: Comment on Lickliter and Honeycutt (2003)," *Psychological Bulletin* 129: 858–65.

＊25　Faggin, F. 2015. "The nature of reality," *Atti e Memorie dell'Accademia Galileiana di Scienze, Lettere ed Arti*, Volume CXXVII (2014–2015) (Padova: Accademia Galileiana di Scienze, Lettere ed Arti)彼は、意識的主体ではなく意識的ユニットという言葉を用いている。

＊26　Berkeley, G. 1710. *A Treatise Concerning the Principles of Human Knowledge*［『人知原理論』既出］.

＊27　科学とエセ科学を区別するにあたっての問題については、次の文献を参照されたい。Pigliucci, M., and Boudry, M., eds. 2013. *Philosophy of Pseudoscience: Reconsidering the Demarcation Problem* (Chicago: University of Chicago Press); Dawid, R. 2013. *String Theory and the Scientific Method* (Cambridge, UK: Cambridge University Press).

＊28　たとえばMercier and Sperber(2011)に次のようにある。「われわれの仮説に従えば、推論の機能は論争的な性質を持つ。つまり説得を意図した議論を案出し評価するためのものである」。またTappin, van der Leer, and McKay(2017)には次のようにある。「われわれは欲求バイアスを見出した。人は、自分が望む結果と整合する証拠が得られた場合、（整合しない証拠が得られた場合に比べ）自己の信念を更新することが多い。このバイアスは、証拠がその人が持つ既存の信念と一致するか否かとは関係なく作用する。（……）われわれは、信念の更新における独立した確証バイアスを示す証拠を限定的ながら見出した」。Mercier, H., and Sperber, D. 2011. "Why do humans reason? Arguments for an argumentative theory," *Behavioral and Brain Sciences* 34: 57–111; Tappin, B. M., van der Leer, L., and McKay, R. T. 2017. "The heart trumps the head: Desirability bias in political belief revision," *Journal of Experimental Psychology: General*, doi: 10.1037/xge0000298.

＊29　Gould, S. J. 2002. *Rocks of Ages: Science and Religion in the Fullness of Life* (New York: Ballantine Books)〔『神と科学は共存できるか?』狩野秀之，古谷圭一，新妻昭夫訳，日経ＢＰ社，２００７年〕.

＊30　Dawkins, R. 1998. "When religion steps on science's turf," *Free Inquiry* 18(2): 18–19.

＊31　Hoffman, D. D., and Prakash, C. 2014. "Objects of consciousness," *Frontiers in Psychology: Perception Science*, http://dx.doi.org/10.3389/fpsyg.2014.00577.

補足説明　正確に

＊1　Hoffman, D. D., and Prakash, C. 2014. "Objects of consciousness," *Frontiers in Psychology: Perception Science*, http://dx.doi.org/10.3389/fpsyg.2014.00577; Fields, C., Hoffman, D. D., Prakash, C., and Prentner, R. 2017. "Eigenforms, interfaces and holographic encoding: Toward an evolutionary account of objects and spacetime," *Constructivist Foundations* 12(3): 265–74; Fields, C., Hoffman, D. D., Prakash, C., and Singh, M. 2017. "Conscious agent networks: Formal analysis and application to cognition," *Cognitive Systems Research* 47: 186–213.

＊2　Revuz, D. 1984. *Markov Chains* (Amsterdam: North-Holland).

＊3　Hoffman, D. D., and Prakash, C. 2014. "Objects of consciousness," *Frontiers in Psychology: Perception Science*, http://dx.doi.org/10.3389/fpsyg.2014.00577; Fields, C., Hoffman, D. D., Prakash, C., and Prentner, R. 2017. "Eigenforms, interfaces and holographic encoding: Toward an evolutionary account of objects and spacetime," *Constructivist Foundations* 12(3): 265–74; Fields, C., Hoffman, D. D., Prakash, C., and Singh, M. 2018. "Conscious agents networks: Formal analysis and application to cognition," *Cognitive Systems Research* 47: 186–213.

＊4　同上。

＊5　Doran, C., and Lasenby, A. 2003. *Geometric Algebra for Physicists* (New York: Cambridge University Press), section 10.7.

＊6　スモールワールド・ネットワークの進化については，次の文献を参照されたい。Jarman, N., Steur, E., Trengove, C., Tyuykin, I. Y., and van Leeuewn, C. 2017. "Self-organization of small-world networks by adaptive rewiring in response to graph diffusion," *Nature Reports* 7: 13158, doi: 10.1038/s41598-017-12589-9); Newman, M. E. J. 2010. *Networks: An Introduction* (New York: Oxford University Press).

訳者あとがき

本書は、*The Case Against Reality: Why Evolution Hid the Truth from Our Eyes*（W. W. Norton & Company, 2019）の全訳である。ただしもっぱら専門家向けに書かれている巻末の数学的補足説明（原書でおよそ三頁分）のみは、青土社と相談のうえ、無理に直訳せず英文のまま掲載することとした。ご了承願いたい。なお同文中にある「conscious agents」は本文中では「意識的主体」と、また「conscious realism」はカナ表記で「コンシャスリアリズム」と訳されている。著者のドナルド・ホフマンは、カリフォルニア大学アーヴァイン校教授で認知科学を専攻している。既存の訳書には、『視覚の文法――脳が物を見る法則』（原淳子，望月弘子訳、紀伊國屋書店、二〇〇三年）がある。なお本書を読めばわかるとおり、著者は大学で教鞭を取るだけでなく、企業のマーケティング活動を支援したり、法廷で専門家として証言したりするなど、実践的な活動にも従事している。そのような活動を行なっていることもあってか、本書も理論的側面と実践的側面がバランスよく織り合わされている。

次に本書の構成を紹介しよう。それにあたりまず強調しておきたいのは、必ずしもやさしいとは言えない本書の主題を段階的に理解していけるよう、章を追うごとに難度が上がっていくような構成がとられている点である。これは、アカデミックな世界のみならず、広告業界や法廷などで、人を説得することが求められる実践活動にも従事している著者の豊富な経験を反映するものであるように思われる。

本書の大まかな流れは次のとおりである。第1章では脳の活動がいかにして意識的経験を生むのかという問題提起がなされる。第2章は、進化のレンズを通して美や魅力について考える。特に目に焦点が絞られており、自撮り画像《セルフィー》に写った目をいかに編集すれば美しく見せられるかなどといった実践的なアドバイスもなされる。以上の二つの章はいわば準備体操であり、第3章からは理論的側面が次第に色濃くなっていく。第3章では、「太陽は誰かが見る前から存在していた」と主張するフランシス・クリックや、著者の指導教官の一人で「私たちは実在に関する真の記述を見るよう進化してきた」と主張するデイヴィッド・マーらが提起する、著者のものとは異なる実在の見方が取り上げられる。第4章では、「進化の過程で、適応度戦略は真実戦略を打ち破る」、つまり「知覚が真実（実在）をありのままに見るべく進化する可能性は、生物や環境が複雑になればなるほどゼロに近づく」と主張する、進化ゲーム理論に依拠するFBT定理が、また第5章では「知覚系は、ラップトップパソコンのデスクトップ画面のようにユーザーインターフェースとして機能する」と主張する知覚のインターフェース（ITP）理論が紹介される。そして本書の白眉とも言える第6章では、おもに進化生物学の知見をベースに構築された著者の理論の裏づけを、量子論やホログラフィック原理、あるいはホーキングらが提唱するトップダウン宇宙論などの理論物理学の成果に求める。この章を読めば、著者の理論を背景にそれらの理論物理学の成果をとらえることで、後者の持つ意味や意義がより明確になるような印象すら受けるはずだ。それに続く第7、8、9章はいわば応用編で、読者自らの目を通して、ここまでに得られた知識の確認を行なっていく。したがってこれら三つの章は、第2章とともに実践的な意義も大きい。最終章では今後あるべき実在の科学の見取り図が描かれる。

次に「インターフェース」と「実在」という本書に登場する二つのキーワードについて簡単に説明し

つつ、著者の基本的な主張を確認しておこう。「インターフェース」とは、一般には二つのシステム間の境界を指す。「インターフェース」の重要性は、その両側に存在する二つのシステムが、互いに他のシステムの持つ実際の構造やメカニズム（IT業界では実装と呼ばれる）を斟酌せずに相互作用することを可能にする点にある。本書においてインターフェースによって画される二つのシステムとは、「経験し行動する主体としての人間」と、以下に説明する「実在の世界」が該当する。著者の主張では、一方のシステム「主体としての人間」は、人間独自のユーザーインターフェース（知覚系）を介して他方のシステム「実在の世界」と相互作用する。そしてインターフェースとして機能する知覚系の役割は、実在の真の構造やメカニズム（実装）を開示することではなく、生き残って子孫を残す可能性を示す適応度を報告することにある。

「実在」は「reality」ならびに「objective reality」の訳である。「reality」は一般には「現実」と訳されることが多いが、本書ではそのようなあいまいな意味で使われているのではなく、ユーザーインターフェースの背後に控える何ものか、つまり哲学では伝統的に「イデア」や「物自体」などと呼ばれてきた「実在」を指している。なお「真実（truth）」「世界（world）」「リアル（real）なXX」などの表現も、同様の意味で用いられている。またそれに関連する「真の（true）知覚」「真正な（veridical）知覚」という表現は、実在をありのままに見る能力、あるいはありのままではないとしても実在の構造をある程度回復し再構築する能力を持つ知覚を指している。しかし著者の主張によれば、そのような真実を見る知覚は、適応度を見る知覚を選好する自然選択によって淘汰される。この点で著者の主張は徹底している。というのも色、音、においなどの物体の属性のみならず物体それ自体も適応度を報告するインターフェースのアイコンであると論じるからだ。いやそれどころか、空間と時間でさえ実在の本質的な側面ではなく、適応度メッセージを記述するフォーマットにすぎないと主張する。著者によれば「知覚は、おりに触れて過大評価や過小評価をしたり、あるいはその他の様態で間違ったりすることがあるというのではなく、空間、時間、物体を含め、私たちの知覚の語彙は、実在を記述する能力を持たないと、私は考えているのである（八八頁）」。とはいえ著者は、「実在は存在しない」とする独我論を提起しているのでは決してなく、「実在は確かに存在する。だがその実在とは、私たちが知覚している、時間と空間の内部に存在する物体のようなものではまったくない（一一一頁）」と考える。では著者にとって実在とはいったい何か？　それについては第10章で詳しく述べられる。この最終章は斬新な理論が提起されている本書のなかでももっとも大きな論議を呼ぶことが予想される章であり、「訳者あとがき」の最後で簡単に補足説明しておく。

このように本書は、主体としての人間と実在の関係を問う、科学的側面と哲学的側面の両面を備えた本であると見なせる。そこで思い起こされるのは、二一世紀に入った今日、哲学界隈では相対主義的なポストモダンの時代から新実在論の時代へと移行していることだ。新実在論の最近の隆盛ぶりは、訳者が最近の一年間で読んだそれに関連する一般書が片手を超えることにも見て取れる。そこで新実在論の考えと著者の考えの重なりを示す例を一つあげておこう。まず新実在論の考えを示す好例として、最近刊行された篠原雅武著『「人間以後」の哲学——人新世を生きる』（講談社選書メチエ、二〇二〇年）から引用しよう。そこには次のようにある。「世界は、人間の尺度、理解といったものを離れたところで、人間の願いや希望といったものとは無関係に存在しているという感覚が、人びとのあいだで潜在的に高まっている。人間は、広大な非人間的世界のなかの、ごく一部に住みついている。この現実感覚にふさわしい世界像の形成が、現代において求められている。人間的尺度を離れたところで、人間世界を一部とする非人間的世界の拡がりにおいて、私たちが生きているところについて考えることが求められている。世界像の形成は、通常の知覚を離れたところに漂っている、不確かだが、それでもリアルなものをかたちにしていくことで、可能になるだろう（七〇頁）」

この記述と次の本書の記述を比較されたい。「（……）一定の実在の理論を提起して、それが私たちのインターフェース内にどう出現するのかを予測しなければならない。（……）思うにこの試みに成功すれば、生物と非生物の区別が、実在の本質に関する洞察に基づくのではなく、自分たちが持つ時空インターフェースの限界の産物であることが判明するかもしれない。私たちのインターフェースの限界をひとたび考慮に入れれば、生命、非生命を問わない実在の統合的な記述が見出されるだろう（一九六頁）」。「コンシャスリアリズム［著者の提起する実在論］は、無限に多様な意識的経験を持つ、大部分が私たちの想像力をはるかに超えた無数の意識的主体の存在を前提とし、人間の意識に中心的な役割を担わせたりはしない。人間は、特別な意識的主体でもなければ、中心的な意識的主体でもない（三〇二頁）」。あとで説明するように著者は「意識的主体」という汎心論的ともとれる概念を導入している点では特異であるとしても、新実在論と著者の理論のあいだには、人間の世界を非人間的な世界に包摂されるものとして見る点で、大きな重なりがあることが以上の文章からわかるはずだ。

ではなぜ今そのような主張が、哲学者と科学者の両方から出されるようになったのかについて考えてみよう。理由は何であれ二〇世紀終盤に相対主義的なポストモダンの時代が退潮したあと、旧実在論が復活することは時代の風潮が許さなかった。イデアや物自体を扱う旧実在論は、人間経験の外部に実在を立てるとしても、視点は人間の側にあったと見なせるように思われる。たとえば、オンラインで参照できる『ブリタニカ国際大百科事典 小項目事典』の「(プラトンの)洞窟の比喩」に次のようにある。「哲学的教育はいわば地下の薄明に馴れた人間の魂が、より明らかな真実在(イデア)の世界(可思惟的世界)へ、さらに太陽に象徴される可思惟的世界(ノエトン)そのものを成立させる究極的存在(善のイデア)へと転回するようにしむけるのである」。このような考えをとった場合、「〈真実在〉や究極的存在(善のイデア)を知るわれわれの言うことこそ絶対的に正しいのだ」と考える、人間中心主義的、自己中心的な思い込みにとらわれることは必定であろう。まさにそのような姿勢が近現代の病理をなしていると言えるかもしれない。しかし二一世紀に入った今や、そのような人間中心主義は立ち行かなくなっている。それに関して篠原氏は前掲書で次のように指摘している。「地球温暖化、人新世、パンデミックの脅威、AIの進化、内戦と国家崩壊といった問題群が新たに浮上するなか、人間の意識や言語と相関するものとして構築された人為的秩序は、じつは脆く、崩壊すれすれの状態で成り立っているものであるだけでなく、人間から遠のく世界の一部分として、つまりは人間ならざるものたちが織り成す相互連関の網の目としての世界のただなかに存在するものであることが、新たに発見されようとしている。それにともなって、哲学的考察のあり方も、根本的に変わらざるを得ない(三〜四頁)」。本書の興味深さの一つは、そのような認識が哲学者ではなく科学者によって提示されている点にある。したがって本書を読めば、科学に関心のある読者は科学的視点から新実在論の持つ意義を理解し、また哲学に関心のある読者は、科学の観点からそれを再度見直すことができるはずである。

最後に、実在を意識的主体としてとらえる仮説「コンシャスリアリズム」を提起する最終章について簡単に触れておこう。著者自身、今後の議論の叩き台としてコンシャスリアリズムを提起したという趣旨のことを述べているが、それでも以下の点は補足しておく必要があるだろう。著者は「コンシャスリアリズムは汎心論ではない（二八〇頁）」とはっきりと述べている。汎心論は物体に意識や心があることを前提とするのに対し、著者の考えからすれば物体はインターフェースのアイコンにすぎず、心や意識を持たないというようなところが、著者がそう考える理由であるように思われる。しかしコンシャスリアリズムは、そのインターフェースの背後に意識的主体を据える。そこで訳者は、その考えを一種の「アドバンスト汎心論」と見なしたら間違いなのかと尋ねたところ、著者はあからさまな否定も肯定もせず次のように答えてくれた。「ほとんどの汎心論は明らかに二元論であり、物体が非物質的な経験も持つと仮定している。問題は、〈汎心論〉という言葉がさまざまな見方を擁護するために使われてきた点にある。私が〈コンシャスリアリズム〉という用語を造語した理由は、その種のあいまいさを回避するためであった」

ところで汎心論は先にあげた新実在論とともに哲学界隈では大きな注目を集めるようになりつつある分野の一つである。汎心論を支持する哲学者の一人フィリップ・ゴフの最新刊『*Galileo's Error: Foundations for a New Science of Consciousness*』（Pantheon, 2019）によれば、ここ一〇年のあいだに意識の科学は汎心論に対して、それ以前よりはるかにオープンな姿勢を示すようになったという（本書では否定的にとらえられているジュリオ・トノーニの意識の統合情報理論（ＩＩＴ）などを例にあげている）。また日本でも最近になって、本書の版元である青土社から『現代思想２０２０年6月号 特集＝汎心論―21世紀の心の哲学―』が刊行されている。ちなみにこの特集号に掲載されている「実在論的な一元論」という、代表的な汎心論者の一人ゲイレン・ストローソンが著した論文をぜひ読まれたい。というのも、本書の著者は先にあげた質問に対する回答のなかで、ゲイレン・ストローソン氏に「自分の唱える汎心論はコンシャスリアリズムと同じだ」と言われたことがあるとも述べているからである。

いずれにせよ、汎心論との重なりに関する微妙な問題は置くとしても、ここまで述べてきたことからもわかるように、本書が科学的にも哲学的にもきわめてコンテンポラリーな本である点に間違いはなく、ポピュラーサイエンス書のファンにも、最新の哲学に興味のある読者にも等しく推薦できる。また科学にも哲学にも特に強い関心を抱いていない読者であっても、本書を読めば、自撮り画像を魅力的に編集する方法、自社の製品をアピールするためにはどのような広告を提示すればよいかなどといった実践的なノウハウについて学ぶことができ、十分に意義を見出せるだろう。

最後に、青土社と、担当編集者の篠原一平氏、ならびにいくつかの質問に答えていただいた著者のドナルド・ホフマン氏にお礼の言葉を述べたい。

二〇二〇年八月

高橋洋

索引

か行

さ行

た行

な行

は行

ま行

や行

ら行

わ行

補足説明
正確に
間違う権利

This brief appendix presents the mathematical definition of a conscious agent. Conscious agents can form networks to perform any cognitive task. For those wanting more details, several papers develop the properties of conscious agents and their applications.[1]

> **DEFINITION.** A *conscious agent*, C, is a seven tuple $C = (X, G, W, P, D, A, T)$, where X, G, and W are measurable spaces, $P: W \times X \to X$, $D: X \times G \to G$, and $A: G \times W \to W$ are Markovian kernels,[2] and T is a totally ordered set.

The space X of a conscious agent represents its possible conscious experiences, G its possible actions, and W the world. The perception kernel P describes how the state of the world influences its state of perception; the decision kernel D describes how the state of its perception influences its choice of action; and the action kernel A describes how its action influences the state of the world. The counter T increments with each new decision of the conscious agent. The requirement that X, G, and W are measurable spaces is made to allow the use of probabilities and probabilistic predictions, which are essential to science. This requirement can be relaxed, without losing probabilistic prediction: σ-algebras, which are closed under countable union, can be relaxed to finite additive classes, which are closed under finite disjoint union.

Just as any effective computation can, according to the Church-Turing thesis, be couched in the formalism of a Turing machine, so also any aspect of consciousness and agency can, according to the conscious-agent thesis, be couched in the formalism of a conscious agent.[3] This is an empirical proposal that one can try to refute by counterexample. Conscious realism isthe hypothesis that the world, W, is a network of interacting conscious agents.

Conscious agents can combine in several ways to form new, perhaps more complex, conscious agents.[4] For instance, because Markovian kernels can be composed to create a new, single Markovian kernel, the decision kernel of one conscious agent can be replaced by another entire conscious agent; and similarly for the perception and action kernels. This is possible because perception, decision, and action are each modeled as a Markovian kernel. Thus, although the basic definition of conscious agent may appear at first to put a strong divide between perceptions, decisions, and actions, in fact it allows for their intermixing.

Two agents, $C_1 = (X_1, G_1, W, P_1, D_1, A_1, T_1)$ and $C_2 = (X_2, G_2, W, P_2, D_2, A_2, T_2)$ that interact as depicted in Figure 42 combine to form a single agent. According to conscious realism, this entails that the interaction of any agent with the rest of the world can be modeled as a two-agent interaction. We can compress any two-agent interaction into $G(2,4)$, the conformal geometric algebra for a spacetime with signature (1, 3). $G(2,4)$ has a standard orthogonal basis $\{\gamma_0, \gamma_1, \gamma_2, \gamma_3, e, \bar{e}\}$, with $\gamma_0^2=e^2=1$ and $\gamma_1^2=\gamma_2^2=\gamma_3^2=\bar{e}^2=-1$; it has graded subspaces of dimensions 1, 6, 15, 20, 15, 6, and 1. Its rotor group is isomorphic to the Lie group SU(2,2).[5]

For two finite agents whose measurable spaces each have cardinality N, we order the elements of each measurable space, and associate to each element its index in this arbitrary but fixed order. We let $t_1 \in \{0, \ldots, N - 1\}$ denote the index of an element of T_1; we let t_2 denote the index of an element in T_2; and similarly, mutatis mutandis, for x_1, g_1, x_2 and g_2. Then we can map this pair of agents and its dynamics into a discrete spacetime using the mapping $\kappa : X_1 \times G_1 \times T_1 \times X_2 \times G_2 \times T_2 \rightarrow G(2,4)$ given by $(x_1, g_1, t_1, x_2, g_2, t_2) \mapsto t_1 \gamma_0 + t_2 e + x_1 \gamma_1 + g_1 \gamma_2 + x_2 \gamma_3 + g_2 \bar{e}$. Here the geometric algebra is over the ring $\mathbb{Z}^N$. The map κ takes T_1 into γ_0, X_1 into γ_1, G1into γ_2, T_2 into e, X_2 into γ_3, G_2 into e and induces a compression of the Markovian dynamics of conscious agents into a spacetime dynamics. Thus is a fundamental bridge between the objective reality of interacting conscious agents and the representation of that reality in a spacetime interface of some conscious agent, say agent C_1. If this interface occupies a subset of X_1, and if X_1 has cardinality N then its representation of $G(2,4)$ must be over a ring Z^M, with $M < N$; in fact, M must be substantially smaller than N. This case is necessarily self-referential, because γ_0, γ_1, γ_2 and represent respectively T_1, X_1, and G_1.

A simple network is a pair of "one-bit" conscious agents, for which N=2. Its compression into a discrete spacetime may correspond to the Planck scale. Two one-bit agents can combine to comprise a two-bit agent, for which N=4. A pair of two-bit agents have a compression into spacetime that is richer than the one-bit case. Two two-bit agents can combine to comprise a four-bit agent, and so on ad infinitum. In the limit we approach a continuous

spacetime representation. In this process, we compress the infinite complexity of the network of conscious agents into a spacetime data format. The network dynamics of conscious agents is compressed into dynamics within spacetime. For instance, perhaps a dynamical evolution of conscious agents toward small-world networks may appear in spacetime as the dynamics of gravity.[6]

The case against reality
why evolution hid the truth from our eyes
by Donald Hoffman

First Edition

世界はありのままに見ることができない
なぜ進化は私たちを真実から遠ざけたのか

2020 年 10 月 10 日　第一刷発行
2023 年 2 月 10 日　第三刷発行

著　者　ドナルド・ホフマン
訳　者　高橋洋

発行者　清水一人
発行所　青土社

〒 101-0051　東京都千代田区神田神保町 1-29　市瀬ビル
［電話］03-3291-9831（編集）　03-3294-7829（営業）
［振替］00190-7-192955

印刷・製本　双文社印刷
装丁　松田行正

ISBN978-4-7917-7315-2　Printed in Japan